职业院校汽车类专业规划教材

汽车维护与保养

主　编　姜绍忠　阎文兵
参　编　姜　山　杜海兴
　　　　刘　茹　耿　杰

机械工业出版社

本书按照汽车维修企业的实际工作任务编写，以现代汽车的清洁、检查、紧固、调整、润滑和补给六大维护与保养作业为主线，系统地介绍了我国汽车维护与保养的相关法律法规和标准，汽车4S店售后服务业务中汽车维护与保养的基础知识，各项维护与保养作业的具体项目、主要内容、操作步骤、注意事项、使用材料及训练方法等。

通过对本书的学习，读者可掌握汽车的基本维护与保养技术，能够独立完成基本维护与保养项目及操作。

本书图文并茂，可操作性强，可作为职业院校汽车检测与维修技术专业及应用技术大学相关专业的教学用书，也可供汽车维修行业的从业人员、汽车驾驶人员以及汽车运营管理人员学习参考。

图书在版编目（CIP）数据

汽车维护与保养/姜绍忠，阎文兵主编. —北京：机械工业出版社，2015.12（2017.8重印）

职业院校汽车类专业规划教材

ISBN 978-7-111-52374-1

Ⅰ.①汽…　Ⅱ.①姜…②阎…　Ⅲ.①汽车-车辆修理-高等职业教育-教材②汽车-车辆保养-高等职业教育-教材　Ⅳ.①U472

中国版本图书馆CIP数据核字（2015）第300776号

机械工业出版社（北京市百万庄大街22号　邮政编码100037）

策划编辑：陈玉芝　责任编辑：陈玉芝　版式设计：霍永明

责任校对：樊钟英　封面设计：张　静　责任印制：常天培

唐山三艺印务有限公司印刷

2017年8月第1版第2次印刷

184mm×260mm·12.5印张·292千字

3001—6000册

标准书号：ISBN 978-7-111-52374-1

定价：29.80元

凡购本书，如有缺页、倒页、脱页，由本社发行部调换

电话服务

服务咨询热线：010-88379833

读者购书热线：010-88379649

网络服务

机 工 官 网：www.cmpbook.com

机 工 官 博：weibo.com/cmp1952

教育服务网：www.cmpedu.com

金 书 网：www.golden-book.com

前言

在我国，汽车尤其是家用轿车保有量不断增加，汽车结构不断更新，在给汽车的维修与保养工作带来新问题、新挑战的同时，也为汽车维修与保养行业的发展提供了广阔的空间。汽车维修企业如雨后春笋般蓬勃发展起来，对相关高技能人才的需求也越来越多。各类职业院校纷纷开设了此类专业，培养专门的汽车维修人员。

我国石油资源日趋紧缺，车用燃料逐步依赖进口且依赖程度逐年增加，再加上车辆排放控制越来越严格等因素，均使我国加大了对《汽车维护、检测、诊断技术规范》的执行力度。为确保行车安全，降低能源消耗，减少环境污染，大幅度延长汽车大修间隔里程和车辆使用寿命，我国现行的“定期检测、强制维护、视情修理”的汽车维修原则，以及“以养代修”的新观念，也越来越被广大车主和汽车维修企业接受。

本书结合我国现行汽车“七分养护，三分修理”的维修理念，以现代汽车的清洁、检查、紧固、调整、润滑和补给六大维护与保养作业为主线，详细介绍了汽车定期维护和非定期维护的作业项目、操作要领和技术要求等内容，并将各项汽车维护与保养作业所需的通用和专用工量具、保养设备等作为汽车维护与保养的基础性内容，单独设章编写。

本书采取“一体化”教学模式，以丰田车系和大众车系为例，以实际工作中的具体工作任务为内容，以应用知识为主，集零部件结构，各系统的保养、维修和检测于一体，较系统地介绍了当前现代小型汽车的维护与保养知识。

本书理论与实践并重，项目设置符合汽车维护与保养的市场要求。项目实施部分采用的都是汽车维修技师现场操作的实例图片，直观易懂。同时，本书对相关任务的理论知识介绍由浅入深，能很好地指导实际操作。本书章节编排合理，内容系统、连贯、完整，图文并茂，实操性强，与现代汽车4S店作业同步，具有较强的实用性。也可供汽车维修行业的从业人员、汽车驾驶人员以及汽车运营管理人员学习参考。

本书由姜绍忠和阎文兵主编，姜山、杜海兴、刘茹和耿杰参与编写。天津职业技术师范大学董霖、赵月月、许占才和赵志彭协助完成本书的整理和校对工作。

由于编写水平所限，书中难免有不妥甚至错误之处，敬请广大读者给予批评指正！

编　者

目录

学习单元1 汽车维护概论

汽车使用一定里程和时间后，根据汽车维护技术评定标准，应按照规定的工艺流程、作业范围、作业项目和技术要求进行预防性作业即为汽车维护。汽车维护的目的是保持车辆技术状况良好，确保车辆行车安全，充分发挥汽车的使用效能和降低运行消耗，以取得良好的经济效益、社会效益和环境效益。

学习任务 汽车维护的意义、原则、分类及作业范围

【任务目标】

1）理解现代汽车维护的意义及目的。

2）了解我国现行汽车维护原则。

3）了解现代汽车维护的分类，熟悉汽车维护作业的规范和范围。

【任务描述】

通过组织学生考察某汽车维修企业，了解其工作内容、企业工作性质及组织形式，着重了解我国现行汽车维护制度、原则、分类、作业内容、规范和周期等。

【相关知识】

交通部《汽车运输业车辆技术管理规定》（交通部13号令）强调车辆技术管理坚持以预防为主和技术与经济相结合的原则，对汽车的维修制度推行“预防为主、定期检测、强制维护、视情修理”的方针。

一、汽车维修制度的内容

1. 汽车维修制度

汽车维修制度包括汽车维护与汽车修理两部分。

（1）汽车维护　汽车维护是指定期地对汽车的各部分进行检查、清洁、润滑、紧固、调整或更换某些零件所进行的一些日常工作，目的在于保持车容整洁、车况良好和消除故障隐患，防止车辆早期损坏。汽车维护作业一般占维修企业70%左右的工作量。

（2）汽车修理　汽车修理是指为恢复汽车各部分规定的技术状况和工作能力所进行的活动的总称。修理是汽车有形损耗的补偿，它包括故障诊断、拆卸、鉴定、更换、修复、装

配、磨合、试验等作业。汽车修理作业一般占维修企业30%的工作量。

2. 汽车维护与汽车修理的区别

(1) 作业技术措施不同　汽车维护以计划预防为主，通常采取强制实施的作业；汽车修理是按计划视需要进行的作业。

(2) 作业时间不同　汽车维护通常是在车辆发生故障之前进行的作业；汽车修理通常是车辆发生故障之后进行的作业。

(3) 作业目的不同　汽车维护通常是降低零件磨损速度，预防故障发生，延长汽车使用寿命；汽车修理通常维修出现故障或失去工作能力的机件、总成，恢复汽车良好的技术状况、工作能力，延长使用寿命。

3. 汽车维护与修理的关系

汽车维护和汽车修理是密切相关的。修理中有维护，维护中有修理。在车辆维护过程中可能发现某一部位或机件有发生故障或损坏的前兆，因而可利用维护时机，对其进行修理。而在修理的过程中，对一些没有损坏的机件也要进行维护。因此，汽车维护和汽车修理的关系是辩证的。在日常工作中，坚持以维护为重点，克服"重修轻保"、"以修代保"的不良倾向，三分修、七分养。

二、汽车维护的意义及目的

随着现代汽车制造业的不断进步，新技术、新工艺、新材料得到广泛应用，使得汽车的性能和使用寿命都有了很大提高。但无论汽车的性能有多么卓越，随着其行驶里程的增加，汽车零部件都会逐渐产生磨损，技术状况会不断变差。

由图1-1-1可以看出，零件磨损可分为三个阶段。

第一阶段：磨合期（*Oa* 段）。由于新零件及修复件表面较为粗糙，工作时零件表面的凸起点会划破油膜，在零件表面上产生强烈的刻、划、粘接等作用，同时从零件表面上脱落下来的金属及氧化物颗粒会引起严重的磨料磨损。所以该阶段的磨损速度较快，随着磨合时间的增加，零件表面质量不断提高，磨损速度相应降低。

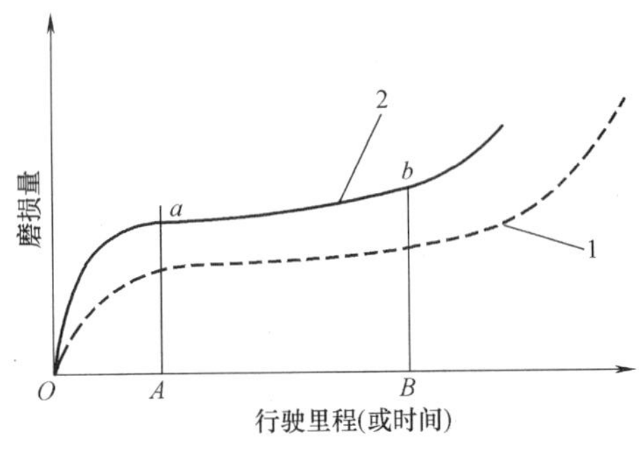

图1-1-1　汽车零部件的磨损曲线

1—使用方法得当、保养适时的磨损曲线

2—使用方法不当、保养不及时的磨损曲线

第二阶段：正常工作期（*ab* 段）。经过磨合期的磨合，零件的表面粗糙度降低，适油性及强度增强，所以在正常工作期零件的磨损变得非常缓慢。

第三阶段：极限磨合期（曲线 *b* 点以后）。磨损的不断积累，造成的极限磨损期零件的配合间隙过大，油压降低，正常的润滑条件被破坏，零件之间的相互冲击也随着增加，零件的磨损急剧上升，此时如不及时进行调整或修理，会造成事故性损坏。

由图1-1-1还可以看出，在相同的里程内，情况1（虚线）的磨损量就比情况2（实线）的小，其使用寿命就比情况2的长。由此可见，只有根据磨损规律制定切实可行的维护保养措施，才能使汽车零部件保持完好的技术状态。这便是汽车维护的意义所在。

汽车维护的目的在于保持车容整洁、车况良好，及时发现和消除故障隐患，可以有效地延长汽车的使用寿命，防止车辆早期损坏，从而达到下列要求。

1）车辆经常处于良好的技术状况，随时可以出车。

2）在合理使用条件下，不会因机件损坏而影响行车安全。

3）在运行过程中，降低燃料、润滑油以及配件和轮胎的消耗。

4）减少车辆噪声和排放污染物对环境的污染。

5）各部总成的技术状况尽量保持均衡，以延长汽车大修间隔里程。

三、现代汽车维护的原则

根据交通部《汽车运输业车辆技术管理规定》，汽车维护应贯彻“预防为主、定期检测、强制维护、视情况修理”的原则，即汽车维护必须遵照交通运输管理部门或生产厂家规定的行驶里程或时间间隔，按期强制执行，不得拖延，并在维护作业中遵循汽车维护分级和作业范围的有关规定，以保证维护质量。

汽车维护是预防性的，保持车容整洁、车况良好，及时发现和消除故障和隐患，防止汽车早期损坏是汽车维护的基本要求。汽车维护的各项作业是有计划定期执行的，它的内容是依照汽车技术状况变化的规律来安排的，并要在汽车技术状况变坏之前进行，以符合预防为主的原则。

定期检测是指汽车在二级维护前必须用检测仪器或设备对汽车的主要性能和技术状况进行检测与诊断，以了解和掌握汽车的技术状况和磨损程度，并做出技术评定。根据检测结果确定该车的附加作业或小修项目，从而结合二级维护一并进行附加作业或小修。

强制维护是在计划预防维护的前提下所执行的维护制度，是指汽车维护工作必须遵照交通运输管理部门或汽车使用说明书规定的行驶里程或时间间隔按期进行，不得任意拖延，以体现“强制维护”的维护原则。

四、现代汽车维护的分类

在汽车的使用过程中，由于汽车新旧程度、使用地区条件的不同，在各个时期对汽车维护的作业项目也不同。根据《汽车维护、检测、诊断技术规范》（GB/T 18344—2001）的有关规定，汽车维护可分为定期维护和非定期维护两大类。

定期维护分为走合维护、日常维护、一级维护和二级维护四类，取消了整车解体式的三级维护。非定期维护分为按需维护（季节性维护、磨合期保养）和免拆维护（新型维护方法）两类。维护作业以清洁、检查、紧固、调整、润滑和补给六大作业为主，维护范围随着行驶里程的增加逐步扩大，内容逐步加深。

汽车维护是一种计划预防制度，就是在汽车行驶到规定的维护周期时，必须按期强制进行维护。汽车维护作业必须保证维护质量，但维护作业时不准对汽车主要总成进行大拆大卸，只有在发生故障需要解体时，才允许解体。

五、现代汽车维护的主要工作内容

（1）清洁作业　清洁作业是提高汽车维护质量、防止机件腐蚀、减轻零部件磨损和降低燃油消耗的基础，并为检查、紧固、调整、润滑和补给作业做好准备。清洁作业的工作内容包括对燃油、机油、空气滤清器滤芯的清洁，还包括汽车外表的养护以及对有关总成、零部件内外部的清洁作业。

(2) 检查作业　检查作业是汽车维护的重要工作之一。通过对汽车各部位的检查，可确定零部件的变异和损坏情况。检查作业的工作内容主要是检查汽车各总成和机件是否齐全，连接是否紧固，是否存在漏水、漏油、漏气和漏电等现象；利用汽车上的指示仪表、报警装置等车载诊断装置，检查各总成、机构和仪表的技术状况；对影响汽车安全行驶的转向、制动、灯光等工作情况应加强检查；汽车拆检、装配或调整时应检查各主要部件的配合间隙。

(3) 紧固作业　紧固作业是为了使各机件连接可靠，防止机件松动所进行的作业。汽车在运行中，由于振动、颠簸、热胀冷缩等原因，会改变零部件的紧固程度，使零部件失去连接的可靠性。紧固工作的重点应放在负荷重且经常变化的各机件的连接部位上，应及时对各连接螺栓进行必要的紧固和配换。

(4) 调整作业　调整作业是保证各总成和机件长期正常工作的重要环节。调整工作的好坏，对减少机件磨损、保持汽车使用的经济性和可靠性有直接的影响。调整作业的工作内容主要是按技术要求，恢复总成、机件的正常配合间隙及工作性能等。

(5) 润滑作业　润滑作业是为了减少各摩擦副的摩擦力，减轻机件的磨损所进行的作业。润滑作业的工作内容包括按照汽车的润滑图表和规定的周期，用规定牌号的润滑油或润滑脂进行润滑；各油嘴、油杯和通气塞必须配齐，并保持畅通；发动机、变速器、转向器、驱动桥等应按规定补充、更换润滑油。

(6) 补给作业　补给作业是指在汽车维护中，对汽车的燃料及特殊工作液进行加注补充、对蓄电池进行补充充电、对轮胎进行补气等作业。注意，必须选用合适的运行材料，并及时正确地添加燃料或更换冷却液等。

六、现代汽车维护的周期

汽车维护周期是指汽车进行同级维护之间的间隔期（行驶里程或时间）。我国国家标准《汽车维护、检测、诊断技术规范》关于汽车维护周期的规定如下：

日常维护的周期为出车前、行驶中和收车后。汽车一、二级维护周期的确定应该以汽车的行驶里程或时间为基本依据。一级维护周期一般为 2000 ~ 3000km 或按车辆使用说明书的有关规定进行。二级维护周期一般为 10000 ~ 18000km 或按车辆使用说明书的有关规定进行。

汽车的品牌不同，其相应的维护周期可能也不同。例如：上海大众桑塔纳普通型轿车维护规定日常维护、7500km 首次维护、15000km 维护、30000km 维护四种级别；桑塔纳 Vista 型轿车的维护规定为日常维护、7500km（或 6 个月）首次维护、15000km（或 12 个月）、30000km 与 60000km 维护五种级别；一汽丰田卡罗拉轿车维护规定为日常维护、5000km（或 6 个月）首次维护、20000km 以及 40000km 维护四种级别。

七、现代汽车维护作业的规范和范围

1. 维护作业规范

维护作业包括上述所讲的清洁、检查、紧固、调整、润滑和补给等内容，一般除主要总成发生故障必须解体外，不得对车辆总成进行解体，这就明确了维护和修理的界限。进行维护时，不能对汽车主要总成大拆大卸，只有在发生故障需要解体时方可进行解体。很显然，与过去的维护制度相比，现行的维护制度进行了以下调整：

1）取消了整车解体式的三级维护。生产实践证明，对主要总成大拆大卸的工艺方法是不科学的，也是不符合技术经济原则的。同时，“三级维护”作业内容既有维护作业又有修理作业，不便于维护和修理的区分。

2）没有对各级维护周期作统一规定。由省、市、自治区按车型，结合本地区具体情况提出统一的维护周期，但制定了车辆维护技术规范以保证车辆的维护质量。

3）对季节性维护作了规范。当车辆进入冬、夏两季时，一般结合二级维护对车辆进行季节性维护。

2. 维护作业范围

现代汽车各类维护的作业范围见表1-1-1。

表1-1-1 现代汽车各类维护的作业范围

维护种类	作业范围	执行
走合维护	汽车运行初期进行走合维护，以改善零件摩擦表面几何形状和表面层的物理机械性能。一般在3000km左右或依照厂家要求	驾驶人
日常维护	日常维护是各级维护的基础，目的是维持车辆的车容和车况，使车辆处于完整和完好状况，以保证正常运行。日常维护作业以清洁、补给和安全检视为中心内容： ①坚持“三检”，即在出车前、行车中、收车后检视车辆的安全机构及各机件连接的紧固情况 ②保持“四清”，即保持润滑油、空气、燃油和蓄电池的清洁 ③防止“四漏”，即防止漏水、漏油、漏气和漏电 ④螺栓、螺母不松动、不缺少；保持轮胎气压正常；制动可靠，转向灵活；润滑良好；灯光、喇叭正常等	驾驶人
一级维护	一级维护作业中心内容除日常维护作业外，以清洁、润滑和紧固为主，并检查与制动、操纵等安全性相关的部件。一级维护的主要内容包括各总成和连接件的紧固，主要总成和部件的润滑以及在外部检查时发现的一些必要的调整作业。一级维护一般在3000km左右或依照厂家要求进行	维修厂
二级维护	二级维护作业中心内容除一级维护作业外，以检查和调整转向节、转向节臂、制动蹄片、悬架等经过一定时间的使用后容易损坏或变形的部件为主，并拆检轮胎，进行轮胎换位，其目的是使保持车辆在以后的较长运行时间内保持良好的运行性能 二级维护的作业项目较多，除完成一级全部维护作业外，还必须消除一些维护作业中发现的故障和隐患。需要有一定的作业时间，所以二级维护需占用车辆一定的运行时间 二级维护一般在7500~10000km左右或依照厂家要求进行	维修厂
季节性维护	由于冬、夏两季的温差大，为使车辆在冬、夏两季能够合理使用，在换季之前应结合定期维护，并附加一些相应的项目，使汽车适应气候变化了的运行条件，此种附加性的维护称为季节性维护	维修厂
免拆维护	免拆维护是指在突出“不解体”的前提下，用专用设备及保护用品对燃油系统、冷却系统、润滑系统、制动系统、自动变速器等进行的清洁和补给维护	维修厂

【任务工单】

<table>
<tr><td rowspan="2" colspan="1"></td><td rowspan="2">汽车维护与保养</td><td colspan="2">学习单元 1　汽车维护概论</td></tr>
<tr><td colspan="2">学习任务　汽车维护的意义、原则、分类及作业范围</td></tr>
<tr><td>班级：</td><td>日期：</td><td>姓名：</td><td>学号：</td></tr>
<tr><td>自我评价</td><td></td><td>教师评价</td><td></td></tr>
</table>

任务描述：组织学生考察汽车维修企业，了解其工作内容、企业工作性质及组织形式，着重了解我国现行汽车维护制度、原则、分类、作业内容、规范和周期等。

1. 填空题

1）汽车维护是指定期地对汽车的各部分进行______、______、______、______、______和______某些零件所进行的一些日常工作，目的在于保持车容整洁和消除故障隐患，防止车辆早期损坏。

2）汽车维护作业一般占维修企业______左右的工作量。

3）汽车修理包括______、______、______、______、______、______、______和______等作业。

4）汽车修理作业一般占维修企业______的工作量。

5）汽车零件磨损可分为______、______和______三个阶段。

6）根据交通部《汽车运输业车辆技术管理规定》，汽车维护应贯彻"______、______、______和______"的原则，即汽车维护必须遵照交通运输管理部门或生产厂家规定的行驶里程或时间间隔，按期强制执行，不得拖延，并在维护作业中遵循汽车维护分级和作业范围的有关规定，以保证维护质量。

7）根据《汽车维护、检测、诊断技术规范》的有关规定，汽车维护可分为：______维护和______维护两大类。

8）汽车定期维护可分为______维护、______维护、______维护和______维护四类。

9）汽车非定期维护可分为______维护（季节性维护）和______维护（新型维护方法）两类。

2. 问答题

1）我国现行汽车维护分为哪几类？各种维护的中心内容是什么？

2）我国现行的维修制度的原则是什么？

3）汽车维护的作业规范是什么？

学习单元2

汽车4S店

汽车4S店中的“S”是四个英文单词的首写字母，分别代表：整车销售（Sale）、零配件供应（Spare part）、售后服务（Service）、信息反馈（Survey）。汽车4S店是汽车制造厂商在市场中的触角和细胞，是汽车制造商和销售商共同打造的、销售专一品牌的汽车专卖店。汽车4S店具有良好的企业形象、可靠的企业信誉、直接面向厂家的产品供货渠道和完善、专业的售后服务优势。

学习任务1 汽车4S店介绍

【任务目标】

1）熟悉汽车4S店的企业概况，包括结构、管理方式与组织分工。

2）了解汽车4S店人员要求、素质要求、岗位描述。

【任务描述】

组织学生参观某品牌汽车特约经销店，了解汽车4S店的企业概况、组织形式。

【相关知识】

一、汽车4S店组织机构

以某品牌汽车为例，4S店组织机构框架见图2-1-1所示。

二、汽车4S店岗位人员设置要求、素质要求、岗位描述（以某合资品牌4S店为例）

1. 人员设置要求

1）销售顾问：每名销售顾问负责每年销售新车80辆。

2）服务顾问：每名服务顾问负责每天接待15位客户。

3）维修人员：每名维修人员负责每年维修1000h。

4）备件人员：每名备件人员负责每年销售100万元。

2. 人员素质要求

1）总经理：良好的教育背景，具有大学及以上文化程度；具有主动性、优秀的领导能力、有现代的、先进的管理理念；精通市场营销管理、财务管理等企业管理知识；对竞争对手十分了解、有良好的社会活动关系。

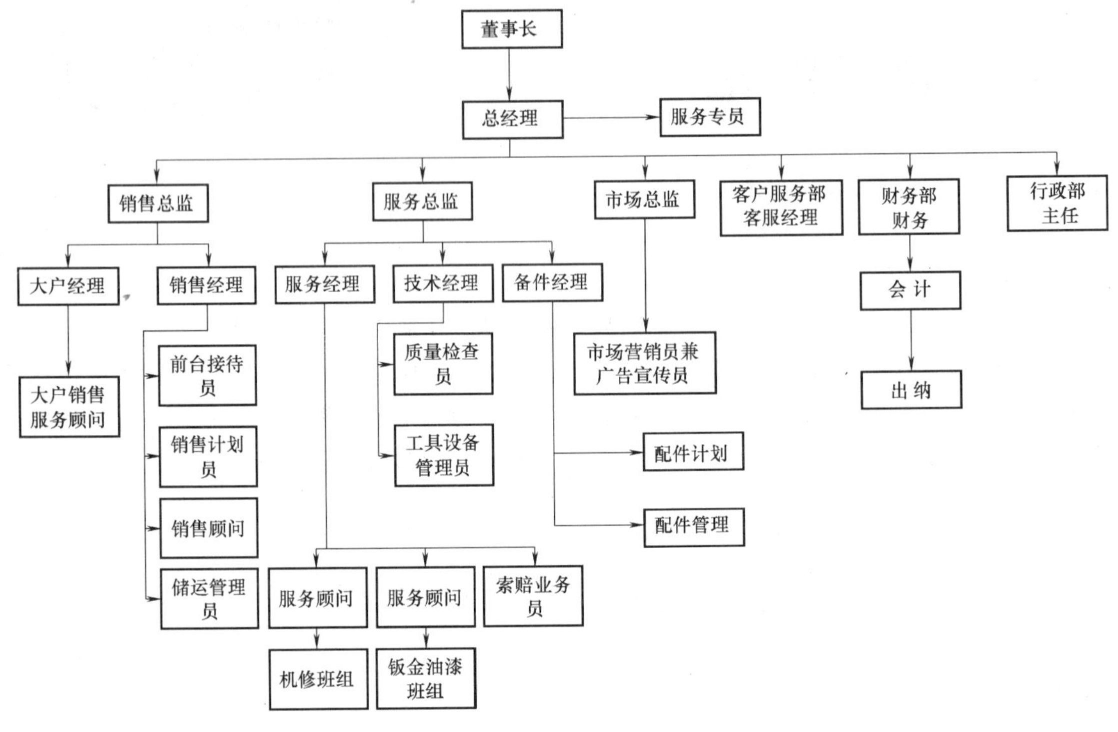

图 2-1-1　4S 店组织机构框架

2）销售总监：大专及以上文化程度；有现代的、先进的管理理念；有三年以上的销售管理经验及一定的组织、协调能力；精通专业知识、掌握企业管理、经济合同法等；对竞争对手情况应有一定的了解。

3）销售计划员：具有大专学历；有三年以上的销售管理经验及一定的组织、协调能力；对竞争对手有一定的了解；能够熟练使用计算机等各种工具。

4）销售顾问：具有大专学历；有一定的销售经验；具有积极为用户服务的理念；能够熟练使用计算机等各种工具。

5）储运管理员：具有中专以上文化程度；能够熟练使用计算机；具有一定的储运管理经验；具有一定的汽车理论、汽车构造基础知识；了解一定的维修常识和营销知识。

6）信息管理员/IT 信息员：具有大专以上学历；了解基本的汽车维修知识及营销知识；精通计算机知识。

7）市场总监及市场营销人员：具有大专以上学历；有一定的市场营销、广告、公关等相关知识；有良好的沟通及社交能力、活动策划能力、组织能力；有创新意识和开拓精神；有较强的语言表达能力；能及时跟踪行业动态及竞争对手动态。

8）服务总监：具有大专以上学历；有丰富的汽车维修知识、营销知识及社交常识；有丰富的管理经验、组织及协调能力；有一定的计算机知识；具有创新意识及开拓精神。

9）服务经理：具有大专以上文化程度；有一定的汽车维修知识；有一定程度的计算机知识；有较丰富的管理经验及一定的组织、协调能力；有较强的语言逻辑表达能力。

10）技术经理：具有大专以上文化程度；有较丰富的汽车理论、汽车构造知识及维修和营销常识；具有计算机使用技能；有较丰富的维修经验、能够准确地判断故障原因。

11）备件经理：具有大专以上文化程度；有较丰富的汽车理论、汽车构造知识及维修和营销常识；精通计算机；具有较丰富的管理经验及组织协调能力。

12）服务顾问：具有汽车维修专业大专以上文化程度；有较丰富的汽车理论、汽车构造知识及维修和营销常识；具有在汽车维修岗位3~5年的维修经验；具有计算机使用技能；具有较丰富的管理经验及组织协调能力；有较丰富的维修经验，能够准确判断故障原因；并能准确估算维修价格及维修时间。

13）售后服务索赔员：具有大专以上文化程度；年龄35岁以下；从事汽车维修行业五年以上；精通计算机；具有一定的损伤鉴定能力。

14）内部培训员：大专以上文化程度；汽车或汽车维修专业；熟悉汽车构造及相关知识，具有较强的汽车维修技能；较强的语言表达能力；熟悉汽车驾驶，有驾驶执照。

15）质量检查员：具有中专以上文化程度——汽车专业或汽车维修专业等；具有丰富的汽车维修知识和汽车理论知识；具有一定的组织能力、协调能力及管理经验、熟悉汽车驾驶、有驾驶执照。

16）维修技术人员：高中或技校以上文化程度，熟悉汽车驾驶，具有一定的汽车理论知识、丰富的汽车维修经验。

17）工具/资料管理员：高中或中专以上文化程度；具有文件资料管理知识；有一定的维修知识和汽车理论知识。

18）备件仓库管理员：具有高中以上文化程度；熟练掌握计算机操作；具有一定的汽车理论、汽车构造及维修常识；有一定的仓库管理经验。

19）索赔件管理员：具有高中以上文化程度；能够进行计算机操作；具有一定的汽车构造及维修常识；有一定的仓库管理经验。

20）财务总监：具有三年以上的财务管理经验及组织、协调和沟通能力；精通财务专业知识；掌握国家的财务制度及税收法规；能够熟练使用计算机及各种办公设备；熟练掌握财务软件。

21）会计员：具有大专以上文化程度及三年以上的工作经验；具有财务会计及成本会计的工作经历；能够熟练使用计算机等各种工具。

22）出纳员：具有大专以上文化程度及三年以上的工作经验；具有财务会计及成本会计的工作经历；能够熟练使用计算机等各种工具。

23）综合管理部部长：具有大专学历；具有较强的组织、协调能力和综合分析能力，文化水平较好；能够熟练使用计算机等各种工具；具有很强的责任心及敬业精神。

【任务工单】

	汽车维护与保养	学习单元2　汽车4S店 学习任务1　汽车4S店介绍	
班级：	日期：	姓名：	学号：
自我评价		教师评价	

任务描述：组织学生参观某品牌汽车特约经销店，了解汽车4S店的企业概况、组织形式。

1. 填空题

1）汽车4S是指______、______、______、______。

2）汽车4S店总经理负责定期对公司的经营状况、______、______等进行评审。

3）销售总监根据厂家销售任务和本公司年度______、______负责汇总编制年度销售计划。

4）服务总监具有对售后服务的生产______、______、______，对公司投资、经营等活动的建议权。

5）市场总监具有对市场营销的______、______、______、对公司投资、经营等活动的建议权。

6）服务经理负责______、______、______、______等工作的管理，并参与对重大维修服务项目的评审。

2. 问答题

1）什么是汽车4S店？

2）汽车4S店的基本组织机构是怎样的？

3）你认为目前的汽车4S店有哪些优点，存在哪些不足，应该如何改进、提高？

学习任务2 汽车4S店售后服务管理制度

【任务目标】

1）熟悉汽车4S店售后服务安全生产规程。

2）了解汽车4S店售后服务5S工作制。

【任务描述】

组织学生参观汽车4S店售后服务部门，了解汽车4S店售后服务部门的安全生产规程和5S工作制。

【相关知识】

一、汽车售后服务安全生产规程

1. 作业须知

1）树立安全意识，始终安全工作。

2）防止事故伤害，安全预警如图2-2-1所示。

2. 事故因素

1）人为因素事故：由于不正确使用机器或工具，穿着不合适的衣物，或由于自身不小心造成的事故。

2）自然因素事故：由于机器或工具出现故障，缺少完善的安全装置，或者工作环境不良造成的事故。

a）技师疏忽

b）工作环境不良(无通风装置)

图2-2-1 安全预警

3. 工作着装

（1）工作服 为防止事故的发生，工作服必须结实、合身，以便于工作。为防止工作时损坏汽车，不要暴露工作服的带子、纽扣，不要裸露皮肤，标准工装如图2-2-2a所示。

（2）工作鞋 工作时要穿安全鞋。穿着凉鞋、运动鞋及普通皮鞋容易因为偶然掉落的物体而受到伤害，同时还容易摔倒而降低工作效率。

（3）工作手套 提升重的物体或拆卸热的排气管或类似的物体时，建议戴上手套。对于普通的维护工作可以根据工作类型决定是否戴手套。

工装穿戴要求如图2-2-3所示。

4. 在车间内

1）保持工作场地干净，以免自己和其他人受到伤害，如图2-2-4所示。

① 把工具或零件放置在正确的位置上，不要留在任何人有可能踩到的地方。

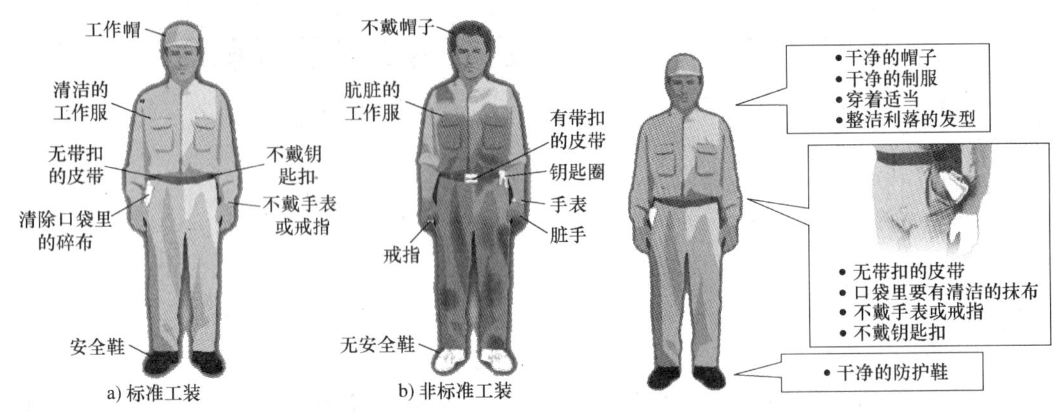

图 2-2-2 标准工装和非标准工装

图 2-2-3 工装穿戴要求

② 任何飞溅的燃油、机油或者润滑脂应立即清理干净，防止自己或者他人滑倒。

③ 工作时要采取舒服的姿态，否则会影响工作效率，甚至有可能会跌倒和伤害到自己。

④ 清理重物时要格外小心，以防跌落砸到脚。搬动太重的物体时，注意保护背部以防止受伤。

⑤ 从一个工作地点转移到另外一个工作地点时，一定要走指定的通道。

⑥ 不要在开关、配电盘或电机等附近使用可燃物以免因为产生火花造成火灾。

2）使用工具时，遵守如下预防措施以防止发生伤害，如图 2-2-5 所示。

① 正确使用电动、液压和气动设备，防止可能导致的伤害。

② 使用可能产生碎片的工具前，要戴好护目镜。

③ 使用过砂轮机和钻孔机一类的工具后，要清除粉尘和碎片。

④ 操作旋转的工具或者工作在一个有旋转运动的地方时，不要戴手套。手套可能被旋转的物体卷入，伤及手臂。

⑤ 用举升机升起车辆时，应该遵循以下步骤。

图 2-2-4 车间安全提示 1

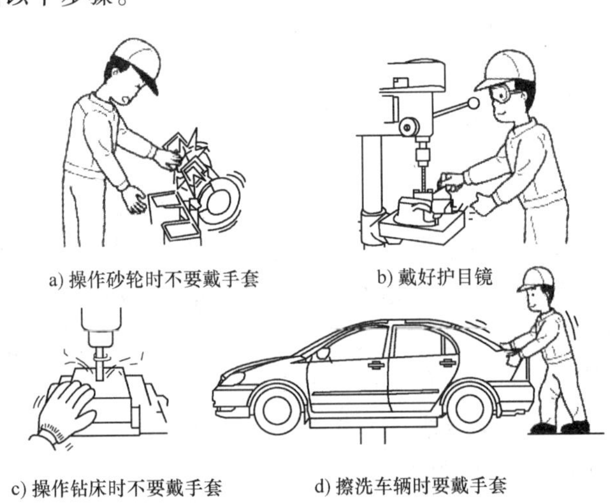

图 2-2-5 车间安全提示 2

第一步，按照要求选择好支撑点，初步提升到轮胎稍微离开地面为止。

第二步，在完全升起之前，确认车辆牢固地支撑在举升机上。

第三步，举升到规定位置后，要使机械保险锁止以后方可进入到车辆下方工作。

注意，举升机升起后，千万不要试图摇晃车辆，因为这样可能导致车辆跌落而造成严重伤害。

5. 防火

1）采取如下预防措施防止火灾。

① 如果发生火灾，所有人员应明确灭火器的存放位置及使用方法，并配合扑灭火焰。

② 不要在非吸烟区抽烟，并且要确认将香烟熄灭在烟灰缸里，如图 2-2-6 所示。

2）为了防止火灾和事故，在易燃品附近应遵照如下预防措施：

① 吸满汽油或机油的碎布有时有可能自燃，它们应当被放置到带盖的金属容器内。

② 在机油存储地或可燃的零件清洗剂附近，不要使用明火。

③ 不要在处于充电状态的电池附近使用明火，因为可能导致爆炸。

④ 必要时才将燃油或清洗溶剂携带到车间，携带时还要使用能够密封的特制容器。

⑤ 不要将可燃性废机油和汽油丢弃到阴沟里，否则可能会导致污水管系统产生火灾；应该将这些材料倒入一个排出罐或者一个合适的容器内，如图 2-2-7 所示。

图 2-2-6　车间安全提示 3

图 2-2-7　车间安全提示 4

⑥ 在燃油泄漏的车辆没有修好之前，不要启动该车辆的发动机。修理燃油供给系统时，例如拆卸燃油滤清器时，应当从蓄电池上断开负极电缆以防止发动机被意外启动。

6. 电气设备安全措施

不正确地使用电气设备可能导致短路和火灾。因此，要学会正确使用电气设备并认真遵守以下防护措施，如图 2-2-8 所示。

1）如果发现电气设备有任何异常，应该立即关掉开关，并联系管理员或领班。

2）如果电路中发生短路或意外火灾，应该首先关掉开关再灭火。

3）如果发现布线和电气设备安装不正确，应该及时上报。

4）无论发现有任何熔丝熔断都要及时上报，因为熔丝熔断说明有某种电气故障。

5）切勿尝试以下危险行为，如图 2-2-9 所示。

图 2-2-8　车间安全提示 5

图 2-2-9　车间安全提示 6

① 不要靠近断裂或摇晃的电线。

② 为防止电击，不要用湿手接触任何电气设备。

③ 不要触摸标有“发生故障”的开关。

④ 拔下插头时，不要用力拉电线，而应当拔插头本身。

⑤ 不要让电缆通过潮湿或浸有油的地方、炽热表面或者尖角附近。

⑥ 在开关、配电盘或起动机等部件附近不要使用易燃物。

7. 险情报告

遇到脱开或将要脱开、撞上或将要撞上、夹住或将要夹住、卡住或将要卡住、跌倒或将要跌倒、提升工具断裂或将要断裂、爆炸或将要爆炸、被电击或将要被电击、起火或将要起火等情况时必须采取如下措施：

1）首先，将情况上报相关负责人。

2）做好记录，记录事情的发生经过。

3）所有人要慎重对待上述问题。

4）针对上述可能出现的问题，应当明确所采取的措施。

注意：以上情况应制作展板并张贴在人人都能够看得到的地方。

二、汽车服务企业 5S 工作制

5S 活动起源于日本，这是一种优秀的现场管理技术。

为了建立使顾客 100% 满意的质量保证体制，改进业务流程，削减库存，遵守交期，强化成本竞争力，积累与提高生产力，提高新技术的推广速度，提高人才素养和环境安全以及构筑企业文化基础等，现在大部分汽车 4S 店都在推行 5S 工作制。

1. 汽车服务企业 5S 工作制的内容

1）整理（SEIRI）：整理工作现场，保留有用的东西，撤除不需要的东西。

2）整顿（SEITON）：把有用的物品按规定位置摆放整齐，并做好标识进行管理。

3）清扫（SEISO）：维持汽车服务企业整洁，及时清除废物，保持工作现场处于无垃圾、无污秽状态。

4）清洁（SEIKETSU）：维持以上整理、整顿、清扫后的局面，保持整洁卫生。

5）修养（SHITSUKE）：每个员工都自觉遵守各项规章制度并养成正确执行各项决定的良好习惯。

2. 工作制的要求

1）仪表及礼仪：着装统一规范，坐姿、站姿良好，电话礼仪，接待环境整洁、明亮、大方、舒适。

2）整洁的办公室：台面整洁，文具单一化管理，公用设施、设备责任人贴有标识。

3）生产工具管理：采用单一化管理，简洁实用。

4）站场管理：分区画线，员工工作井然有序，工作环境清洁明亮。

5）工作速度和效率：最佳的速度和零不良率。

6）空间效率：对现场分区画线，对各场地的利用率予以分析，增加有限空间的利用价值。

7）严明的小组督导：上班前经理、班组长对员工进行检查督导，工作过程中，针对发现的问题及时开展小组督导，下班前对全天的工作进行总结。

8）工作评估：自我评估与综合考核评价相结合。

3. 工作制的作业技术

（1）整理（SEIRI）　如图 2-2-10a 所示，此项工作的目的是确定某种项目物品是否需要并对不需要的项目物品进行处理以便有效利用空间。

a) 整理　b) 整顿　c) 清扫

d) 清洁　e) 修养

图 2-2-10 “5S” 示意图

注意事项：

1）按照必要性原则，组织和利用所有的资源，包括工具、零件或信息等。

2）在工作场地指定一处地方放置所有不必要的物品。

3）整理、丢弃不必要的物品。

4）物品使用后，按规定放置到该放的位置。

5）注意高空作业的安全。

6）重点查看窗户、通道、天棚、柱子、管路或线路、灯泡、开关、台架、更衣室、外壳、盖板的脱落或破损情况以及安全支架和扶手的损坏等情况。

7）采取措施彻底解决以上部位存在锈蚀、脱落或杂乱等问题。

（2）整顿（SEITON） 如图2-2-10b所示，此项工作的目的是方便零件和工具的使用，节约时间。

注意事项：

1）将很少使用的物品放在单独的地方。

2）将偶尔使用的物品放在工作场地。

3）将常用的物品放在身边便于取放处。

4）加强日常管理，防止常用物品库存无货。

5）放置场所要明确标明：库存无货、未退货或未丢失。

6）为了补充库存，对物品达到最低库存量时的订货起点要明确标示或用明显颜色区别。

7）搬运物品要用适合的专用台车。

（3）清扫（SEISO）如图2-2-10c所示，此项工作的目的是清除工作场所的脏污，保持设备处于正常的状态，以便随时可以使用。

注意事项：

1）清洁的工作环境是一个企业自信力的良好反映。

2）要养成保持工作场地清洁的好习惯。

3）注意进行清扫和检查的教育。

4）学习相关设备的功能和结构等，掌握机械各部分的知识，注意清扫、检查的实施以及出现的问题。

（4）清洁（SEIKETSU） 如图2-2-10d所示，此项工作的目的是保持整理、整顿和清扫状态的过程，防止任何可能问题的发生。

注意事项：

1）使工作环境保持清洁，如颜色、形状，以及各种物品的布局、照明、通风、陈列架以及个人卫生。

2）清新明亮的工作环境能够给顾客带来良好的气氛。

3）任何人都能明确指出工具的好坏。

4）任何人都能使用和维护工具。

5）管理的物品要有标志。

（5）修养（SHITSUKE） 如图2-2-10e所示，此项工作的目的是通过培训等使员工具有优良的意识和良好的习惯，成为自豪的员工。

注意事项：

1）使员工学会自律，确保与社会协调一致。

2）进行规章制度方面的培训。通过培训使员工学会尊重他人、使他人感到舒心。

3）组织全员参加活动。

4）要养成对自己行为负责的品质。

5）养成良好习惯，形成有纪律的团队。

6）全员团结协作，达成共识，发挥更大的力量。

4. 5S 管理的推进

1）汽车维修企业的管理人员要明确 5S 管理的内容，了解 5S 管理的方针及要点，企业领导人要予以充分重视。

2）要对全体员工进行 5S 管理的意义、操作方法的要求的培训与教育。

3）企业管理人员要制订 5S 管理要达到的目标：例如零事故、零缺陷、零投诉；提高维修保养质量，降低返修率；持续不断地贯彻 5S 管理，使企业真正达到 ISO 9001 认证标准，而不仅仅是为了通过认证标准而走形式。

4）选择示范单位或部门，率先实施 5S 管理。在有代表性的部门中选择一个或两个部门进行试点，树立样板，然后再推行到企业中的每个部门。

5）跟踪检查。经过一个阶段的推进后，由企业高层主管、各部门负责人巡回检查，发现问题及时监督查办，直至最后达到要求。

目前我国已有许多汽车维修企业实行了 5S 现场管理，这些企业不仅管理水平上了档次，而且推行 5S 现场管理为企业带来了显著的效益。

【任务工单】

	汽车维护与保养	学习单元 2　汽车 4S 店	
		学习任务 2　汽车 4S 店售后服务管理制度	
班级：	日期：	姓名：	学号：
自我评价		教师评价	

任务描述：组织学生参观某汽车 4S 店售后服务部门，了解汽车 4S 店售后服务部门的安全生产规程和 5S 工作制。

1. 填空题

1）为防止工作时损坏汽车，不要暴露工作服的______、______、______，防止受伤或烧伤的安全措施是不要______。

2）用升降机升起车辆时，初步提升到轮胎______。然后，在完全升起之前，确认车辆牢固地支撑在______上。升起后，千万不要试图______，因为这样可能导致车辆跌落而造成严重伤害。

3）不要将______和______丢弃到阴沟里，因为它们可能导致污水管系统产生火灾。应该将这些材料倒入______或者______。

4）险情讨论，技术人员互相交流在日常工作中经历的身边的险情。他们互相陈述身边的险情是如何发生的，目的是______；然后他们要分析导致这些危险情况发生的因素，以及______来创造一个更安全的工作环境。

5）仪表及礼仪：统一规范的______，______，______，______、明亮、大方、舒适的接待环境。

6）企业管理人员要制订 5S 管理要达到的目标：______、______、______；提高______，降低______；持续不断地贯彻 5S 管理，使企业真正达到 ISO 9001 认证标准，而不仅仅是为了通过认证标准而走形式。

2. 问答题

1）如何做好汽车 4S 店的安全生产工作？

2）汽车 4S 店的 5S 工作制的主要内容是什么？

3）如何做好汽车 4S 店的 5S 维护工作？这样做有何好处？

4）汽车 4S 店的 5S 工作机制的要求是什么？

学习任务3　汽车4S店车辆维护接待

【任务目标】

1）熟悉汽车4S店的售后服务流程。

2）能够掌握汽车维修接待流程。

【任务描述】

客户来店为他的汽车做5000km例行保养，请你作为服务顾问进行接待并向他解释一下4S店的售后服务流程。

【相关知识】

一、汽车4S店售后服务流程

车辆维护业务接待员是企业与客户之间的桥梁，业务接待的水平是衡量汽车维修企业好坏的直接标准，影响客户对企业的信任度。车辆维护接待员代表企业的形象、影响企业的收益、反映企业技术管理的整体素质，是汽车维修企业经营管理中一个重要的岗位。

汽车服务企业通过实施服务流程，能够体现企业以“顾客为中心”的服务理念；展现品牌服务特色与战略；让客户充分体验有形化服务的特色，以提升客户的忠诚度；同时透过核心流程的优化作业，提升客户满意度，并提升服务效益。售后服务流程一般包括以下几个方面的内容，如图2-3-1所示。

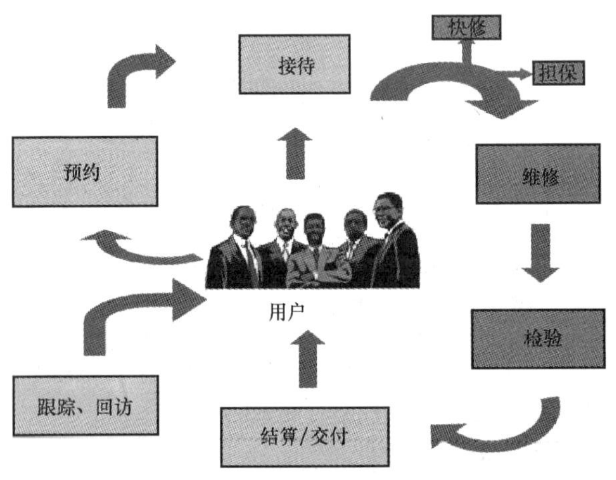

图2-3-1　“4S”店售后服务流程

【任务准备】

1）安全、整洁的汽车维修车间或模拟客户接待场地。

2）齐全的消防用具及个人防护用具、清洁用品等。

3）实训整车及其防护用品。

4）汽车举升机、实训用备品，如常用工具。

5）售后服务业务接待软件系统。

【任务实施】

一、售后服务流程实施

1. 预约

（1）目的　通过服务商提供的预约维修服务，在客户到来之前对车辆进行诊断，约定维修时间并对预约进行充分的准备，从而减少客户在维修过程中非维修等待时间和避免缺少备件的情况发生，使客户的车辆得到迅速、优质的维修，提高客户满意度和忠诚度。

责任人员：服务顾问，应提供以下服务。

1）接听客户预约电话并详细记录相关信息。

2）通过电话进行诊断或制定解决方案。

3）和客户约定维修时间。

4）按照预约要求进行准备工作（备件、专家、技工和工位、设备/工具、资料等）。

5）确保预约的正常开展。

（2）基本要求

1）电话随时有人接听。

2）记录所有需要的信息和客户对故障的描述。

3）进行初步诊断，必要时向技术专家求助。

4）告知用户初步解决方法以及所需的大概费用和时间。

5）根据客户要求和车间能力约定时间。

6）及时确定是否索赔和告知用户库存情况。

7）备件部门设立专用货架存放备件。

8）由于其他原因不能履行预约时，及时通知客户并另约时间。

9）提前一天和一小时确认各项准备工作和客户履约情况。

应尽量避免以下情况：

1）电话铃响三声之后无人接听或长期占线。

2）信息或故障描述记录不全。

3）不按车间维修能力安排预约。

4）预约情况不及时通知有关部门和人员。

5）备件部门没有为预约客户预留备件，车间未预留工位。

6）相关准备工作不充分。

7）客户已经前来才通知不能履约。

8）客户前来时，负责接待的人员不在场。

2. 接待

责任人员：服务顾问；辅助人员：技术专家、索赔员，应提供以下服务。

1）见到顾客到来，服务顾问应立即起身带上工作工具，向用户欢迎致意后引导顾客把车停放到位，做好车辆防护（如座套、把套等）。

对预约的客户或者非预约的客户，甚至突然进来的客户，都要表示欢迎，不要让非预约的客户觉得不被重视。

2）简短问明来意，向用户取得车辆保养手册。

3）与用户一起进行环车检查并做好记录，环车检查的位置及其内容如图 2-3-2 所示。

4）倾听客户故障描述（如果有的话），与客户一起系统地检查车辆。

5）请客户落座，录入基本信息，制定维修项目，估算维修价格和约定交车时间。

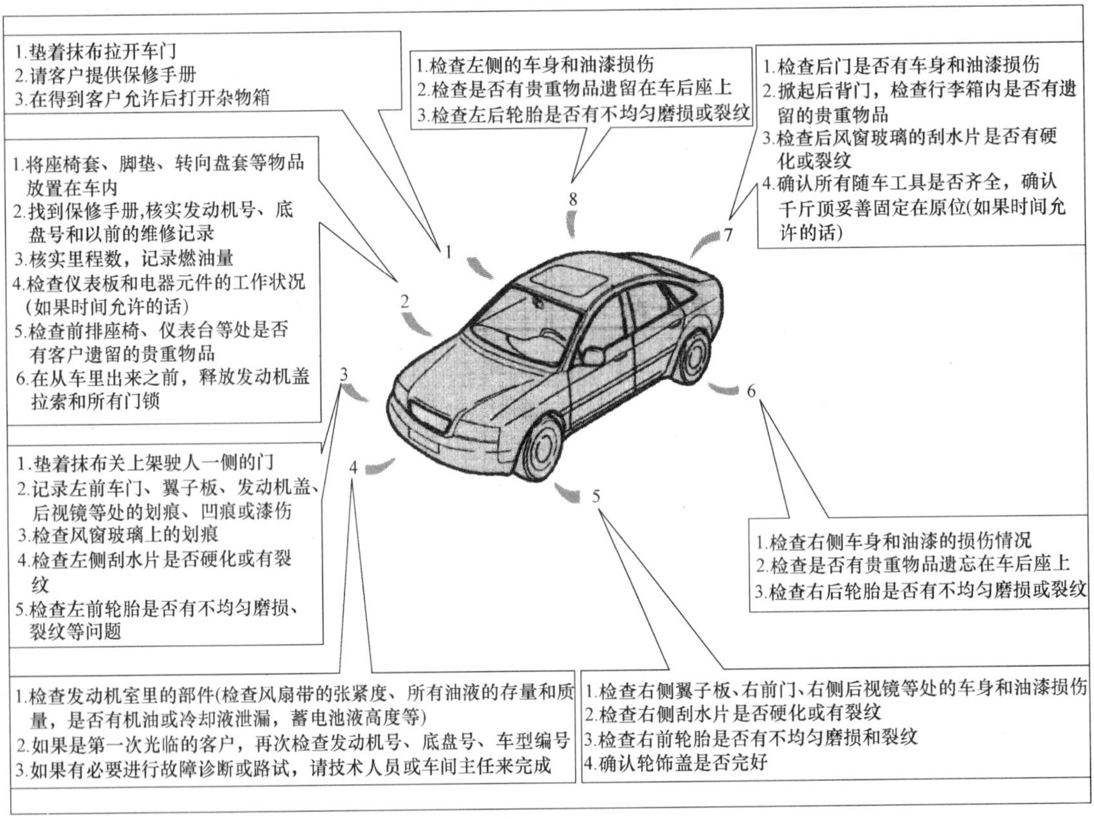

1

1.垫着抹布拉开车门
2.请客户提供保修手册
3.在得到客户允许后打开杂物箱

2

1.将座椅套、脚垫、转向盘套等物品放置在车内
2.找到保修手册,核实发动机号、底盘号和以前的维修记录
3.核实里程数，记录燃油量
4.检查仪表板和电器元件的工作状况(如果时间允许的话)
5.检查前排座椅、仪表台等处是否有客户遗留的贵重物品
6.在从车里出来之前，释放发动机盖拉索和所有门锁

3

1.垫着抹布关上架驶人一侧的门
2.记录左前车门、翼子板、发动机盖、后视镜等处的划痕、凹痕或漆伤
3.检查风窗玻璃上的划痕
4.检查左侧刮水片是否硬化或有裂纹
5.检查左前轮胎是否有不均匀磨损、裂纹等问题

4

1.检查发动机室里的部件(检查风扇带的张紧度、所有油液的存量和质量，是否有机油或冷却液泄漏，蓄电池液高度等)
2.如果是第一次光临的客户，再次检查发动机号、底盘号、车型编号
3.如果有必要进行故障诊断或路试，请技术人员或车间主任来完成

5

1.检查右侧翼子板、右前门、右侧后视镜等处的车身和油漆损伤
2.检查右侧刮水片是否硬化或有裂纹
3.检查右前轮胎是否有不均匀磨损和裂纹
4.确认轮饰盖是否完好

6

1.检查右侧车身和油漆的损伤情况
2.检查是否有贵重物品遗忘在车后座上
3.检查右后轮胎是否有不均匀磨损或裂纹

7

1.检查后门是否有车身和油漆损伤
2.掀起后背门，检查行李箱内是否有遗留的贵重物品
3.检查后风窗玻璃的刮水片是否有硬化或裂纹
4.确认所有随车工具是否齐全，确认千斤顶妥善固定在原位(如果时间允许的话)

8

1.检查左侧的车身和油漆损伤
2.检查是否有贵重物品遗留在车后座上
3.检查左后轮胎是否有不均匀磨损或裂纹

图 2-3-2　环车检查位置及内容

6）提供维修建议，与客户一同达成维修协议，完成任务委托书。

7）安排客户休息等候或离开（提供服务替换车）。

应努力做到以下事项：

1）确保预约准备工作符合要求。

2）准时等候预约客户的到来。

3）用礼貌的语言欢迎客户并作自我介绍。

4）仔细倾听客户关于车辆故障的描述。

5）使用检查单检查客户的车辆。

6）服务顾问应该亲自进行故障判断，并指出客户未发现的故障，必要时使用预检工位和向技术专家求助。

7）记录车辆外观和车上设备、里程等情况。

8）整理客户要求并根据故障原因制定维修项目。

9）仔细、认真、完整地填写任务委托书。

10）向客户解释维修任务委托书的内容和所需的工作。

11）向客户提供维修的报价和约定交车时间。

12）当着客户的面使用保护装置。

13）妥善保管车辆钥匙及相关资料。

14）安排客户离开或休息等候。

应尽量避免以下事项：

1）预约准备不充分。

2）预约客户到来时不在场。

3）没有仔细倾听客户的陈述。

4）没有系统地检查客户车辆。

5）任务委托书填写不全、字迹潦草。

6）不向客户解释委托书内容。

7）不提供报价或报价不准。

8）不约定交车时间。

9）不使用保护装置。

3. 维修

主要业务：

1）班组技工接到任务后，根据任务委托书的维修项目进行维修工作；进一步确认故障现象，必要时进行路试。

2）技术专家对技工遇到的技术难题给予帮助。

3）车间技工根据修理项目，到备件部门领取备件并履行相关手续；如没有所需备品，班组技工要及时填写调件申请单转给配件部门加急调配，期间还要通知用户。

4）根据索赔规定，班组技工向鉴定员确定是否索赔，并及时向用户说明情况。

5）作业进度发生变化时，班组技工应及时报告车间调度出面协调。

6）向客户通报任何对委托书的变更（项目、价格、交车时间）。

7）非工作需要不得进入车内并不能开动顾客车上的电气设备。

8）完工后车间技工进行自检后交检验人员检验。

应努力做到以下事项：

1）严格按照维修任务委托书的修理项目进行修理。

2）服务接待对反馈的问题（如增减项目等），要重新估算价格和时间，及时通知客户并征求客户的意见，得到签字确认后，更改委托书并通知车间技工。

3）车间技工在工作过程中按照维修手册的要求操作。

4）按照要求使用专用工具和检测仪器。

5）使用维修资料进行诊断和工作。

6）服务调度监控维修进程，及时将变化通知客户。

7）根据故障诊断领取备件。

8）主动为客户处理一些小故障。

9）爱护客户的财产，工作中使用保护装置。

10）遵守安全生产的有关规定。

11）遇到技术难题向技术专家求助。

12）确认所有工作完成后，进行严格自检。

13）完成委托书的维修报告等内容并签字。

应尽量避免以下事项：

1）车间技工不按委托书内容进行工作。

2）擅自修改委托书内容。

3）发现问题不报告。

4）不按照维修手册的要求进行操作。

5）不使用专用工具和检测仪器。

6）诊断和工作时不使用维修资料。

7）服务调度不了解生产进程。

8）不爱护客户财产，不使用保护装置。

9）遇到困难不向有关人员求助。

10）车间技工完工后不进行自检。

11）车间技工不写维修报告，不签字。

4. 检验

主要业务：

1）审核维修任务委托书的工作是否全部完成。

2）维修技师作业完成后先进行自检。

3）自检完后交班组长检验。

4）交质检员检验。

5）通知用户进行必要的路试，发现静态条件下无法发现的故障。

6）对检验不合格的维修按照要求进行处理。

7）确认从车辆换下来的旧件。

8）说明车辆维修建议及车辆使用注意事项。

9）提醒用户下次保养的时间和里程。

10）当着用户的面取下保护座套。

11）收集各种维修单据确认维修的项目，制定出维修工时费用。

应努力做到以下事项：

1）审核维修委托书，确保所有要求的工作全部完成。

2）按照检验规范进行检验。

3）必要时要求用户和主修技工一同进行路试。

4）对检验过程中发现的问题进行评估，告知服务质检员，由服务质检员与客户协商。

5）发现的任何问题都要记录在委托书上。

6）使用质量保证卡。

应尽量避免以下事项：

1）维修委托书上有未完成的工作。

2）不按规定进行检验。

3）检验中发现不合格事项不进行处理。

4）检验中发现的问题不向质检员报告。

5）需要维修但未修理的项目不记录。

5. 结算/交付

主要业务：

1）由服务接待引导顾客到服务前台，请顾客坐下。

2）询问并向用户说明公司接受的付款方式。

3）审核维修委托书和领料单，确保结算准确。

4）财务人员不要试图向顾客解释维修内容，由服务接待对所维修的项目和收取的费用加以解释。

5）根据委托单上的“建议维修项目”向用户说明是推荐的，特别有关安全的项目，要向用户说明必须维修的原因及不修复可能带来的严重后果，若用户不同意修复，要请用户注明并签字。

6）对于首保顾客，说明首次保养是免费项目，并介绍保修规定和定期维护保养的重要性。

7）将下次保养的时间和里程记录在结算单上，并提醒顾客留意。

8）与顾客确认方便接听服务质量跟踪电话的时间并记录在结算单上。

9）收银员将结算清单、零钱及出门证叠放好，双手递给顾客。

10）收银员感谢顾客的光临，与顾客道别。

11）服务接待将能随时与服务站取得联系的方法（电话）告诉顾客。

12）询问用户是否有其他服务需求。

13）交付车辆并与客户道别。

应努力做到以下事项：

1）确保所有进行的工作和备件都列在结算单上。

2）确保结算和向客户的报价一致。

3）使用公布的工时和备件价格进行结算。

4）确保所有客户需要的资料都已准备好。

5）向客户解释完成的工作和发票的内容。
6）陪同或引导客户交款。
7）向客户出示旧件并询问处理意见。
8）提示下次保养的时间和里程。
9）指出额外需要进行的工作，并咨询客户意见。
10）必须立即进行的工作，客户如不同意，应在委托书上注明并请客户签字。
11）告知顾客有些零件的剩余使用寿命（轮胎、制动片）。
12）将所有单据交客户一份副本。
13）取下保护用品，开出门证，送别客户。

应尽量避免以下事项：

1）结算时项目不完整。
2）结算价格与报价不一致。
3）不按公开的价格进行结算。
4）不和客户一起检查车辆。
5）没指出需额外进行的工作。
6）需立即进行修理的项目特别是涉及安全的项目，不做记录并请客户签字。
7）没有送别客户。

6. 跟踪/回访

主要业务：

1）在维修车辆交付一周内对客户进行跟踪回访。
2）记录跟踪回访结果。
3）对跟踪回访结果进行统计分析。
4）对回访中发现的客户抱怨进行判断并传达到相关部门。
5）使用各种措施维护客户关系。

应努力做到以下事项：

1）争取对所有的客户进行跟踪回访。
2）全面、客观地记录客户的谈话。
3）利用掌握的接听电话技巧和沟通技巧。
4）定期对回访的结果进行统计分析。
5）从统计分析结果中查找问题和失误的原因。
6）售后业务经理制定预防和纠正措施。
7）对回访中发现的客户抱怨进行分类，交由有关人员制定处理措施并督促执行。
8）根据回访结果完成回访分析报告向上级汇报。
9）运用多种手段开展客户关系管理。

应尽量避免以下事项：

1）较低的回访比例。
2）只记录满意的意见，不记录不满意的意见。

3）不使用接听电话技巧和沟通技巧。

4）没有对回访结果进行分析。

5）没有制定预防和纠正措施。

6）发现抱怨不进行处理。

7）没有回访分析报告。

8）客户关系管理手段单一。

二、汽车维修业务接待人员的技能素质要求

1）良好的语言表达能力。良好的语言表达能力是实现与客户沟通的必要技能和技巧。

2）丰富的行业知识及经验。丰富的行业知识及经验是解决客户问题的必备武器，不管做哪个行业都需要具备专业知识和经验。不仅能跟客户沟通、赔礼道歉，而且要成为产品的专家，能够回答客户提出的问题。如果业务接待员不能成为业内人士，不是专业人才，有些问题可能就解决不了，就没有办法帮助客户解决实际问题。因此，业务接待员要有很丰富的行业知识和经验。

3）熟练的专业技能。熟练的专业技能是客户服务人员的必修课。每个业务接待员都需要学习多方面的专业技能。

4）优雅的形体语言表达技巧。掌握优雅的形体语言表达技巧，能体现出业务接待员的专业素质。优雅的形体语言表达技巧指的是气质，内在的气质会通过外在形象表露出来。举手投足、说话方式、笑容，都能说明业务接待员是否足够专业。

5）思维敏捷，具备对客户心理活动的洞察力。思维敏捷，具备对客户心理活动的洞察力是做好客户服务工作的关键所在。所以，业务接待员需要具备这方面的技巧。思维要敏捷，洞察顾客的心理活动，这也是对业务接待员技能素质的起码要求。

6）具备良好的人际关系沟通能力。业务接待员具备良好的人际关系沟通能力，与客户之间的交往会变得更顺畅。

7）具备专业的客户服务电话接听技巧。专业的客户服务电话接听技巧是业务接待员的另一项重要技能，业务接待员必须掌握接听客户服务电话和提问的技巧。

8）良好的倾听能力。良好的倾听能力是实现客户沟通的必要保障。与客户交谈时应“说三分，听七分”，学会倾听，善于倾听，应借助目光、体态与客户产生互动。只有互动式的倾听才能真正实现与客户的有效沟通。

三、汽车维修业务接待人员的综合素质要求

1）服务顾问需要具备一种“客户至上”的、整体的服务观念。

2）工作的独立处理能力。优秀的业务接待员必须能独当一面，具备工作的独立处理能力。一般来说，企业都要求业务接待员能够独当一面，也就是说，能自己妥善处理客户服务中的棘手问题。

3）各种问题的分析解决能力。优秀的业务接待员不但需要能做好客户服务工作，还要善于思考，提出合理的工作建议，有分析、解决问题的能力，能够帮助客户去分析并解决一些实际问题。

4）人际关系的协调能力。优秀的业务接待员不但要能做好客户服务工作，还要善于协调与同事之间的关系，以达到提高工作效率的目的。人际关系的协调能力是指在客户服务部门中，协调好与员工、同事间的关系，若同事之间关系紧张，会直接影响到客户服务的工作效果。

四、车辆维护业务接待员礼仪规范

1. 仪表端庄、整洁

1）按季节统一着装，整洁、得体、大方。

2）衬衫平整干净，领子与袖口不脏。

3）穿西服应佩戴领带，并注意颜色相配。领带不得肮脏、破损或歪斜松弛。

4）胸卡佩戴在左胸位置，卡面整洁、清晰。

5）穿西服可以不扣纽扣，如果扣，正确的扣法是只扣上边一粒，下边则不扣。

6）胸部口袋只是装饰，不能装东西，如遇隆重场合，仅可装作为胸饰的小花等。其他口袋也不可装许多东西，如果外观鼓鼓囊囊很不雅观。

7）穿深色皮鞋，每日擦亮，不穿破损、带钉和异形鞋。

8）工作期间不宜穿大衣或过分臃肿的服装。

9）女性服务顾问服装淡雅得体，不可过分华丽。

2. 仪容洁净、自然

1）头发干净整齐，让所有的客户都有一个好印象。作为服务中心的一员应当有合适的发型。要经常清洗，保持清洁，发型普通，不染发。男性服务顾问不留长发，女性服务顾问不留披肩发。

2）面部清洁，男性服务顾问应经常剃胡须。女性服务顾问要化淡妆，不能浓妆艳抹，不用香味浓烈的香水。

3）指甲不能太长。女性服务顾问不留长指甲，不美甲、不涂有色指甲油。

4）口腔保持清洁，上班前不喝酒、不吃有异味的食品。

3. 基本举止规范

1）握手。主动热情，表达诚意，但对女客户不可主动先伸手，更不可双手握。

2）微笑。对客户在任何情况下都要保持微笑。

3）打招呼。主动与客户打招呼，目光注视客户。

4）安全距离。与客户保持1m左右的距离。

5）作介绍。先介绍主人，后介绍客人。

6）指点方向。紧闭五指，指示方向，不可只伸一个或两个手指。

7）引路。在客人的左侧为其示意前进方向。

8）送客。在客人的右侧为其示意前进方向。

9）交换名片。双手接客户名片，仔细收藏好，不可随意放在桌上；递送名片要双手送出，同时自报姓名。

五、服务顾问车辆预检程序及技巧

1. 仔细倾听与问诊

汽车故障诊断都是由倾听与问诊开始的，这也是诊断的第一步。服务顾问应该仔细倾听与问诊客户对车辆故障的描述，并在工作单上做好记录。

2. 认真检验

听完了客户对故障的描述之后，还不能对这些现象轻易下诊断结论。因为绝大多数客户并不是专业人士，对于汽车本身的认识处于很粗浅的阶段，有时很难说清楚是哪个系统出了故障或者该现象对于某种车型来说并不一定是故障。这就需要接待人员从专业的角度对车辆进行检验。看客户说的是否属实。所以不应该为了图省事就不进行检验。如果全部照搬车主的叙述直接制定工作单而不进行核实，就有可能使下一步的维修工作陷入误区。因此检验往往是诊断出故障的关键。

3. 准确判断

有了问诊和检验作为基础，接下来就是要根据前两步来对故障进行诊断、开维修委托单。大部分车主并非汽车专业人士，而作为专业的汽车维修接待人员要将车主的口头描述转化为专业文字，制定好维修委托单，以便车间的维修人员进行专业化维修作业，要防止因为文字问题、记录不准确而出现误诊或错诊。这就要求接待人员具有较系统的汽车维修理论知识和一定的维修经验。

注意事项：接待人员知道客户描述的故障并不是真正的故障，不能欺骗客户，而要抱着专业诚信的态度向客户解释，给客户留下良好的信誉，取得客户的信任。

【任务工单】

	汽车维护与保养	学习单元2　汽车4S店	
		学习任务3　汽车4S店车辆维护接待	
班级：	日期：	姓名：	学号：
自我评价		教师评价	

任务描述：客户来店为他的汽车做5000km例行保养，请你作为服务顾问进行接待并向他解释4S店的售后服务流程。

1. 填空题

1）车辆维护业务接待员是企业与客户之间的______，业务接待的水平是衡量汽车维修企业好坏的直接标准，影响客户对企业的信任度。

2）车辆维护接待人员代表企业的______、影响企业的______、反映企业技术管理的______，是汽车维修企业经营管理中一个重要的岗位。

3）汽车服务企业通过实施服务流程，能够体现企业以“______”的服务理念；展现品牌服务特色与战略；让客户充分体验有形化服务的特色，以提升客户的______；同时透过核心流程的优化作业，提升客户满意度，并提升企业______。

4）售后服务流程一般包括______、______、______、______、______、______等内容。

5）通过服务商提供的预约维修服务，在客户到来之前对车辆进行诊断，约定维修时间并对预约进行充分的准备，从而减少客户在维修过程中的______和避免缺少备件的情况发生，使客户的车辆得到______、______的维修，提高客户满意度和忠诚度。

6）在维护接待过程中，服务接待人员对反馈的问题（如增减项目等），要重新估算______、______，及时通知客户并______，得到签字确认后，更改委托书并通知车间技工。

2. 问答题

1）通过调研及网络资料查询，比较丰田汽车与大众汽车在服务流程方面的异同。

2）汽车4S店对汽车维护接待人员的基本素质要求有哪些？

3）请说明服务顾问与客户一起预检车辆故障诊断方面的技巧。

学习单元3

工量具与设备的使用

为了保证汽车保养或故障排除作业的顺利进行，汽车保养人员应该掌握常用工量具与设备的正确使用方法，否则，不但容易损坏工量具，而且还会损坏汽车部件，甚至会伤到使用者。

学习任务1 测量工具、仪器的使用

【任务目标】

1）熟悉常用测量工具、仪器的结构及原理。

2）能够根据工作要求，合理选择并规范使用常用测量工具、仪器。

3）严格遵守安全规程和操作规范。

【任务描述】

在维修保养工作中，会用到各种量具，如游标卡尺、塞尺等，作为维修技师必须熟悉它们的结构与原理，并且能合理选择并规范使用。

【相关知识】

一、测量前检查要点

1）清洁被测部件和测量仪器。

2）选择适合的测量仪器。

3）检查零刻度是否对准正确的位置。

4）定期进行维修和校准。

【注意事项】

1）切勿敲击仪器或使仪器坠落，否则会造成仪器损坏。

2）避免在高温或高湿度条件下使用或存放。测量误差可能在高温、高湿度条件下发生。如果受到高温影响，工具本身会变形。

3）工具使用后要清洁，并按原状放置。工具只有在清除油污和废物后才可存放。所有使用的工具必须按其原状归位，带有专用箱的仪器必须放回其箱内。测量工具必须放在规定的地方。如果要长时间存放工具，则需在必要的地方涂刷防锈油，并且取下电池，如图3-1-1所示。

4）使用适当的量程。

5）读取测量值时，确保测量者的视线与表盘和指针成直角。

二、量具、仪器使用介绍

1. 塞尺

1）用途：塞尺是由多片不同厚度的标准钢片所组成的一种测量工具，可以用来检验两机件间的间隙大小，如图 3-1-2 所示。

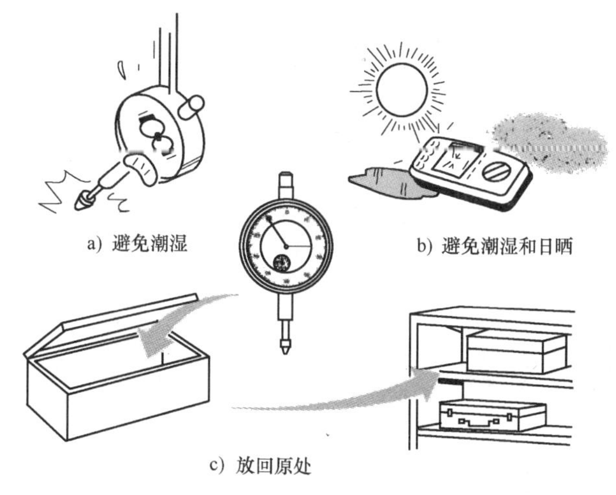

图 3-1-1　仪器的存放

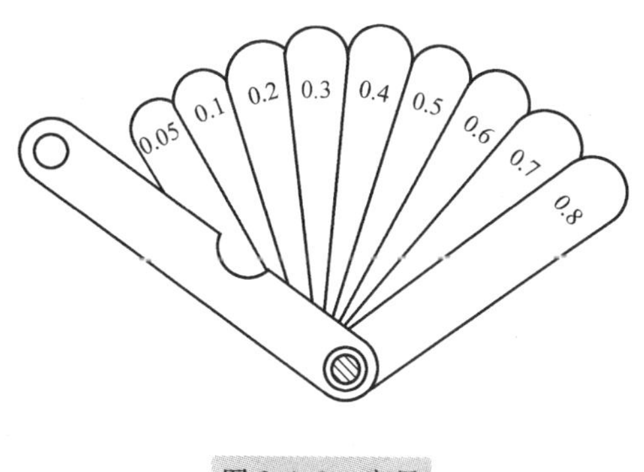

图 3-1-2　塞尺

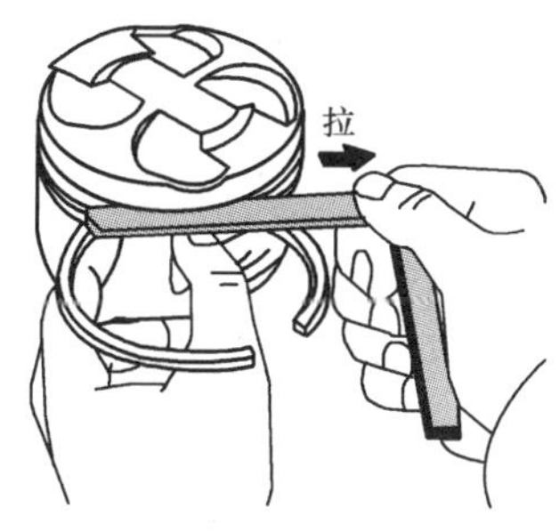

图 3-1-3　测量活塞环侧隙

2）使用举例：测量活塞环侧隙等的间隙，如图 3-1-3 所示。

注意事项：

1）如果用一个塞尺不能测量间隙，则用 2 或 3 个塞尺的组合测量。将叶片折叠起来，以便尽可能使用最少量的叶片。

2）为了避免塞尺顶部弯曲或损坏，切勿强行将其推入待测部位。

3）在把叶片放起来前，要清洁其表面并涂油防止它们生锈，如图 3-1-4 所示。

2. 塑料间隙规

（1）用途　塑料间隙规由软塑料制成，分为三种颜色，每一种表示不同的厚度。用于

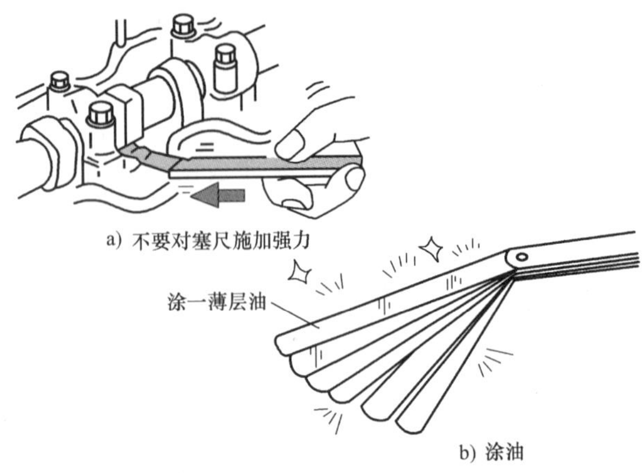

图 3-1-4　塞尺的存放

测量用盖子紧固的部位的油隙。

（2）使用举例

1）清洁曲轴连杆轴颈和曲轴轴颈。

2）截取相应长度的间隙规，以便和轴承宽度匹配。

3）如图 3-1-5 所示将塑料间隙规放在曲轴连杆轴颈上。

4）把轴承盖放在曲轴连杆轴颈上并以规定的扭矩将其紧固，切勿转动曲轴。

5）拆下轴承盖并使用塑料间隙规封套上的刻度来确定平直的塑料间隙规的宽度，测量塑料间隙规最宽部位的宽度，如图 3-1-5 所示。

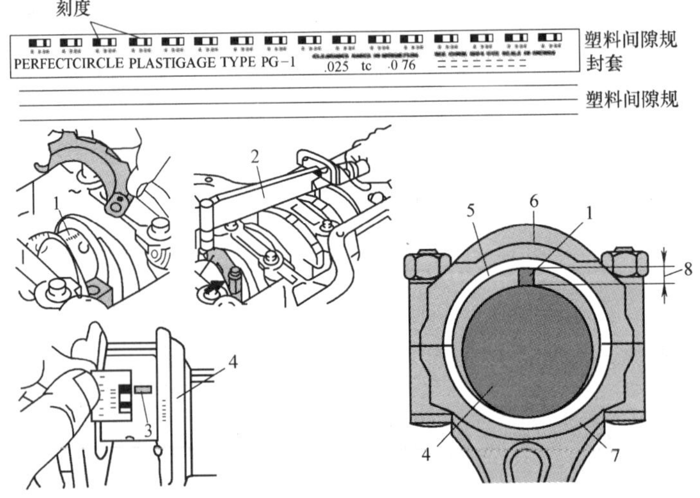

图 3-1-5　塑料间隙规的使用

1—塑料间隙规　2—转矩扳手　3—塑料间隙规的最宽部分　4—曲轴
5—连杆轴承　6—连杆盖　7—连杆　8—油隙

3. 火花塞间隙量规

（1）用途 用于测量和调节火花塞间隙。

（2）使用方法

1）清洁火花塞。

2）测量间隙最小处的值。

3）使用滑动时有轻微阻力但没有松动的量规，并读出其厚度，如图3-1-6所示。

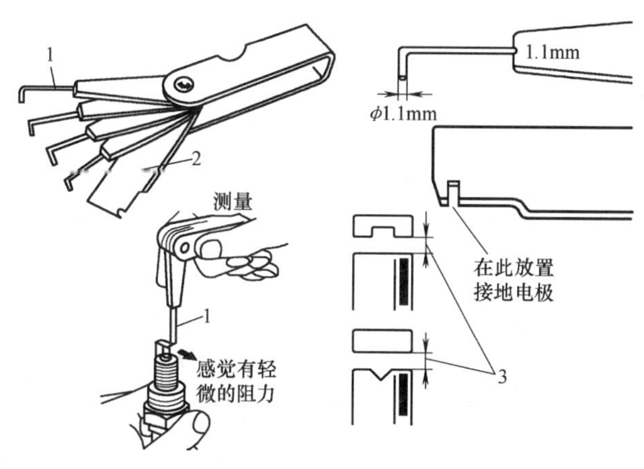

图3-1-6 火花塞间隙量规

1—量规 2—调整板 3—火花塞间隙

（3）调整 将调整板的缺口部分放在火花塞的接地电极上，然后弯曲电极加以调整，如图3-1-7所示。不要碰触到绝缘体和中心电极。

图3-1-7 火花塞间隙调整

1—调整板 2—接地电极 3—中心电极 4—绝缘体

4. 游标卡尺

（1）用途 用来测量工件内外直径、宽度、长度或深度的工具，如图3-1-8所示。

（2）读数方法 读出游标零刻度线所在位置左边尺身的刻线的毫米整数，查看游标上第几条刻线与尺身上架一刻线对齐，将游标上的格数乘以卡尺精度，即为毫米小数值。将尺身上的整数与游标上的小数值相加，即得被测工件的尺寸，如图3-1-9所示。

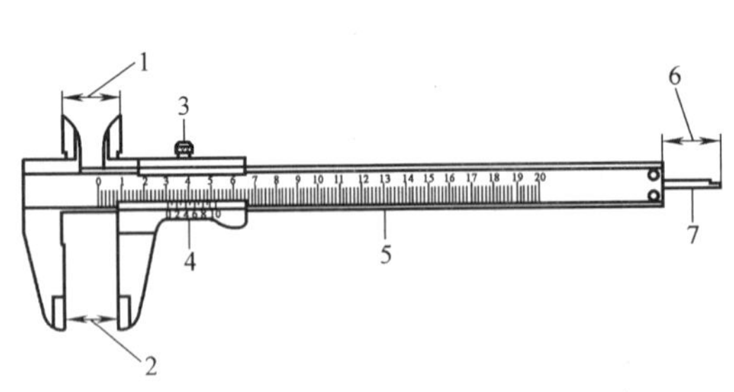

图 3-1-8 游标卡尺

1—测量爪内径 2—测量爪外径 3—止动螺钉
4—游标尺刻度 5—主要刻度 6—深度测量 7—深度尺

13mm+12×0.02 mm=13.24mm

图 3-1-9 游标卡尺读数方法

5. 千分尺

（1）用途 千分尺又叫作分厘卡或螺旋测微仪，是一种用于测量加工精度较高的零件尺寸的精密工具，如图 3-1-10 所示。其测量精度可达 0.01mm。在汽车保养中，常用的千分尺按照测量范围可分为 0～25mm、25～50mm、50～75mm、75～100mm 和 100～125mm 等多种不同规格。

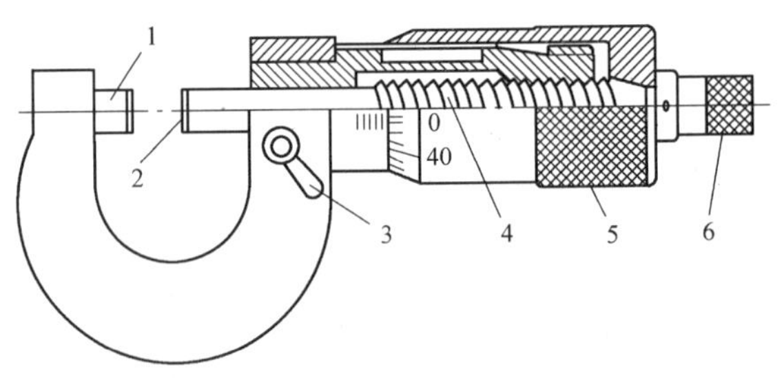

图 3-1-10 千分尺

1—测砧 2—测轴 3—锁销 4—螺钉 5—套筒 6—棘轮定位器

（2）读数方法 以固定套筒上露出的刻线读出毫米数值和半毫米数值；查看活动套筒上第几条刻线与固定套筒的刻线对正，即是多少个 0.01mm，不是一格时，可估算确定；把两数相加即为工件的测量尺寸，读数实例如图 3-1-11 所示。

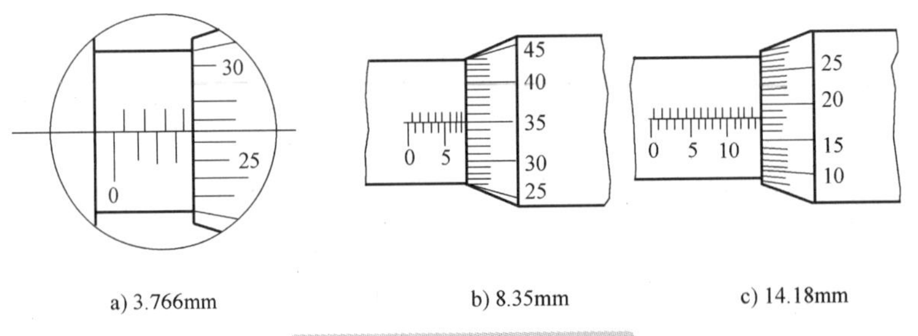

a) 3.766mm b) 8.35mm c) 14.18mm

图 3-1-11 千分尺读数实例

6. 量缸表

（1）用途　量缸表又称为内径量表或内径百分表，是一种用于测量孔径的比较性量具，在汽车保养中主要用于测量发动机气缸和轴承座孔的圆度、圆柱度误差或零件磨损情况。

（2）量缸表设定　见图3-1-12所示。

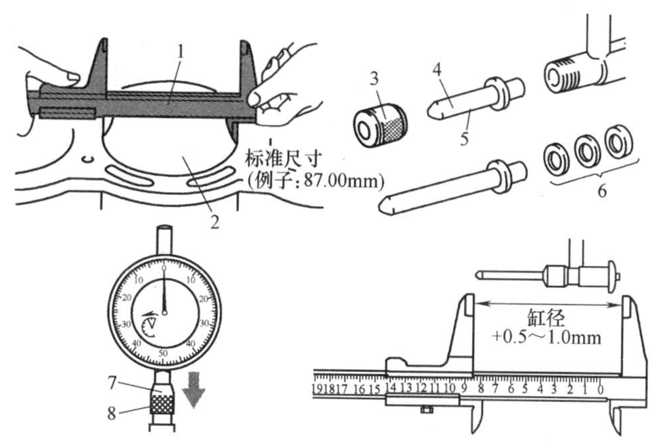

图3-1-12　量缸表设定

1—游标卡尺　2—气缸　3—更换杆调整螺钉　4—更换杆
5—杆尺寸　6—调整垫圈　7—轴　8—调整螺钉

（3）气缸内径量表的零校准　如图3-1-13所示。

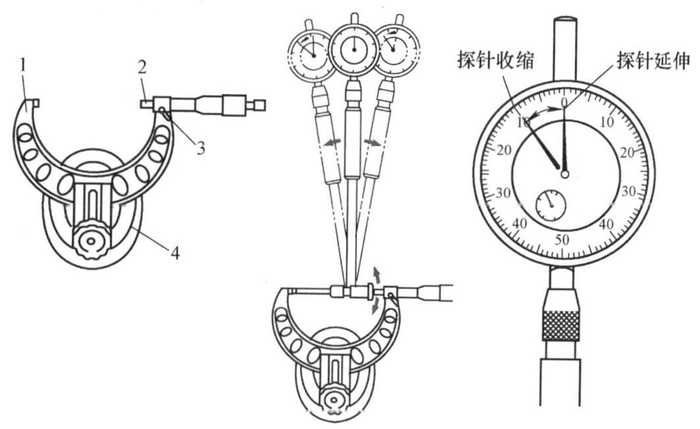

图3-1-13　气缸内径量表的零校准

1—测微计　2—轴　3—夹　4—支架

（4）缸径测量　如图3-1-14所示。

（5）读取测量值

1）读取延长侧的值：$x+y$。

2）读取收缩侧的值：$x-z$。

其中：x为标准尺寸（测微计的值），y为量规读数（延长侧），z为量规读数（收缩

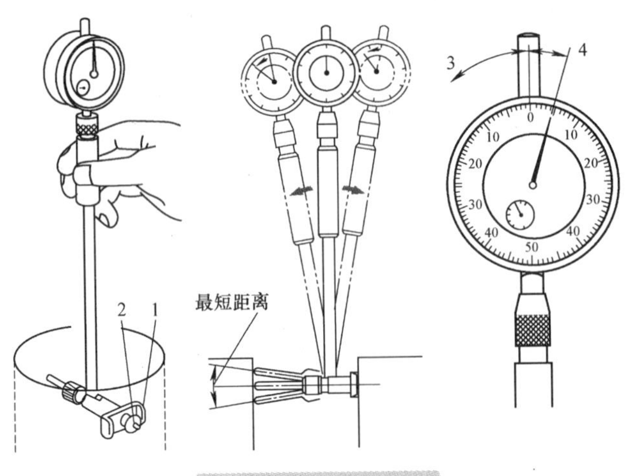

图 3-1-14 缸径测量

1—导板 2—探头 3—延长侧 4—收缩侧

侧)。例如：$x=87.00\text{mm}$，$z=0.05\text{mm}$，则 $x-z=87.00\text{mm}-0.05\text{mm}=86.95\text{mm}$。

缸径是一个精确的圆。但是，活塞止推面受到来自气缸顶面的压力，而且活塞均暴露在高温高压下。为此，缸径就可能变成椭圆形或部分锥形，如图 3-1-15 所示。

7. 百分表

（1）用途 用于测量轴的偏差或弯曲以及法兰的表面振动等，如图 3-1-16 所示。

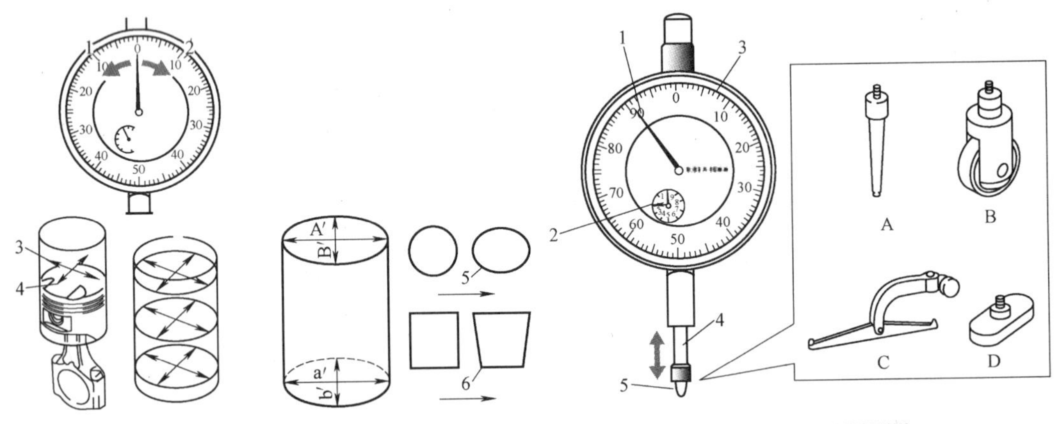

图 3-1-15 读取测量值

1—延长侧 2—收缩侧 3—推力方向 4—曲轴方向 5—椭圆形 6—锥形

图 3-1-16 百分表

1—长指针（0.01mm/刻度递增） 2—短指针（1mm/刻度递增 3—表盘（旋转，使指示到零） 4—测量杆 5—测量头 A—长型 B—辊子类型 C—杠杆类型 D—平板类型

（2）使用方法

1）将其固定在磁性支架上使用。调整百分表的位置和被测物体，并设置指针，使其位于移动量程的中心位置。

2）转动被测物并读出指针偏离值。

3）读取测量值。表盘显示指针在表盘 7 个刻度内左、右移动，如图 3-1-17 所示。

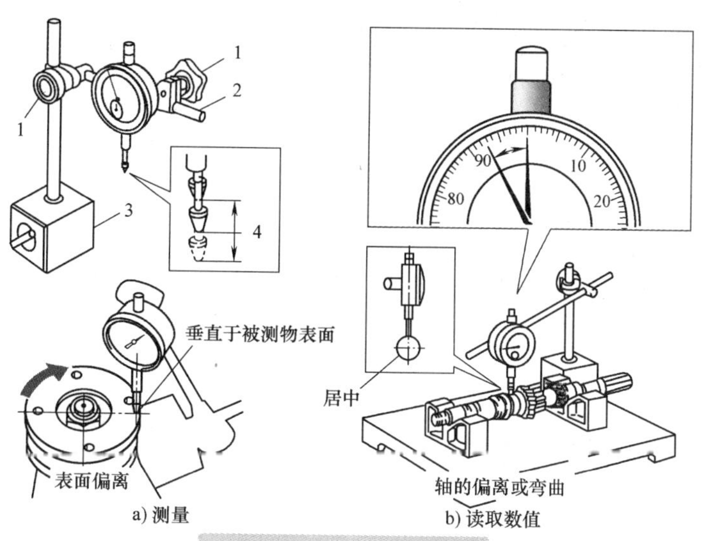

图 3-1-17　百分表的使用

1—止动螺钉　2—臂　3—磁性支架　4—量程中心

8. 气缸压力表

(1) 用途　气缸压力表是一种专门用于检查气缸压缩压力大小的量具，如图 3-1-18 所示。按连接形式的不同，又可分为推入式和螺纹连接式两种。

(2) 使用方法

1) 起动发动机并运转到正常工作温度，拧下全部火花塞或喷油器。

2) 汽油发动机必须要把节气门完全打开，把气缸压力表的锥形橡胶圈压紧在火花塞座孔上，如图 3-1-19 所示。

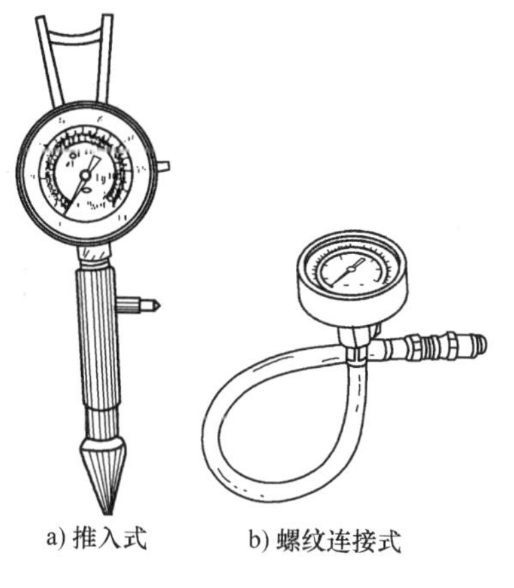

图 3-1-18　气缸压力表

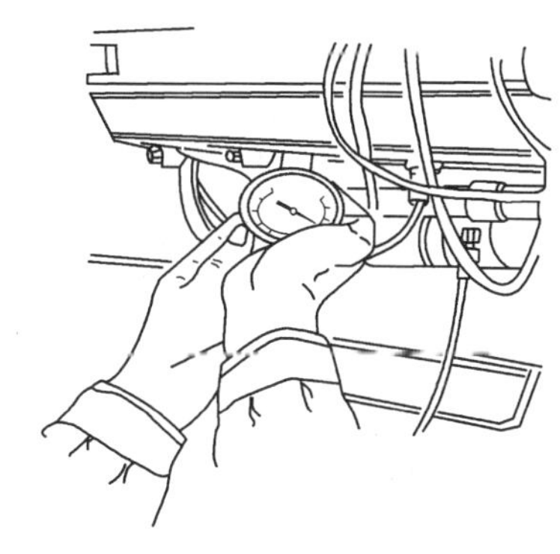

图 3-1-19　测量汽油发动机气缸压力

① 柴油发动机采用螺纹接口式气缸压力表，将气缸压力表螺纹接口旋入喷油器座孔内。

② 用起动机带动发动机旋转，使汽油发动机的转速保持在 150～180r/min，柴油发动机的转速保持在 500r/min，这时气缸压力表所指数值即为该气缸的气缸压力。

③ 按下气缸压力表上的放气阀，则气缸压力表指针回零。

④ 在实际测量气缸压力时每个气缸应重复 2 ~3 次，取平均值。

9. 轮胎气压表

(1) 用途　轮胎气压表是专门用于测量轮胎气压的工具，如图 3-1-20 所示。

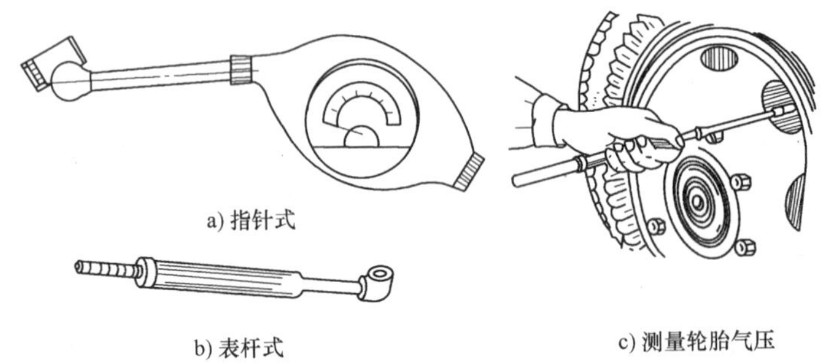

a) 指针式　b) 表杆式　c) 测量轮胎气压

图 3-1-20　轮胎气压表及测量

(2) 使用方法　测量轮胎气压的方法如图 3-1-20c 所示。

注意事项：必须按照车型要求调整轮胎气压。

【任务工单】

	汽车维护与保养	学习单元 3　工量具与设备的使用	
		学习任务 1　测量工具、仪器的使用	
班级：	日期：	姓名：	学号：
自我评价		教师评价	

任务描述：在维修保养工作中，会用到各种量具，如游标卡尺、塞尺等，作为维修技师必须熟悉它们的结构与原理，并且能合理选择并规范使用它们。

1. 填空题

1) 塞尺是由多片不同厚度的标准钢片所组成的一种测量工具，可以用来检验两机件间的______。每片钢片有平行的两个______，并在其上标出厚度值(单位：mm)。

2) 塑料间隙规用于测量用盖子紧固的部位的______，例如曲轴轴颈和曲轴连杆轴颈。

3) 游标卡尺是一种用来测量工件______、______、______或______的工具。

4) 在汽车保养中常用的有______、______和______等。每种卡尺又可分为______，200mm，300mm 量程及 0.10mm、______、0.05mm 等不同公差等级。

5) 千分尺又叫作______或______，是一种用于测量加工精度较高的零件尺寸的精密工具，其测量精度可达______。

6) 量缸表又称为______或______，是一种用于测量孔径的比较性量具，在汽车保养中主要用于测量______和轴承座孔的______、______误差或零件磨损情况。

7) 气缸压力表是一种专门用于检查气缸压缩压力大小的量具。在汽车保养中，常用的气缸压力表可分为______和______两种，按连接形式的不同又可分为______和______两种。

2. 问答题

1) 使用游标卡尺时，如何测量轮胎花纹的深度？

2) 外径千分尺如何进行校零？

3) 使用百分表等仪器，如何测量气缸的圆度和圆柱度？

学习任务2 汽车举升设备的使用

【任务目标】

1）熟悉举升设备的结构及工作原理。

2）熟悉举升设备的维护和管理规程。

【任务描述】

对汽车举升设备，作为维修技师必须熟悉它们的结构与原理，并且能合理选择并规范使用它们。

【相关知识】

一、汽车举升机

汽车举升机一般有立柱式举升机和剪式举升机两种，如图3-2-1、图3-2-2所示。

图3-2-1 立柱式举升机

图3-2-2 剪式举升机

1. 上升时

1）调整四个垫块高度一致，并预先放下托臂。

2）举升至即将接触车辆时，放置托臂（对准支撑点）。

3）再次举升车辆，在稍稍接触车辆时，再次检查托臂。

4）举升车辆至车轮刚离地面时，检查车辆的稳定性（在车前后轻轻晃动车辆）。

5）举升至操作位置停止并加机械保险。

2. 下降时

稍稍举升车辆，并解除保险。立柱式举升机的使用见图3-2-3所示。

注意事项：

1）在上升或下降时，眼睛要注视车辆，观察是否同步，如发现异常，应停止举升或下降，并采取可靠措施，避免车辆意外坠落。

2）掌握各项安全知识和注意事项并认真执行，严禁超载使用，并特别注意防止偏载。

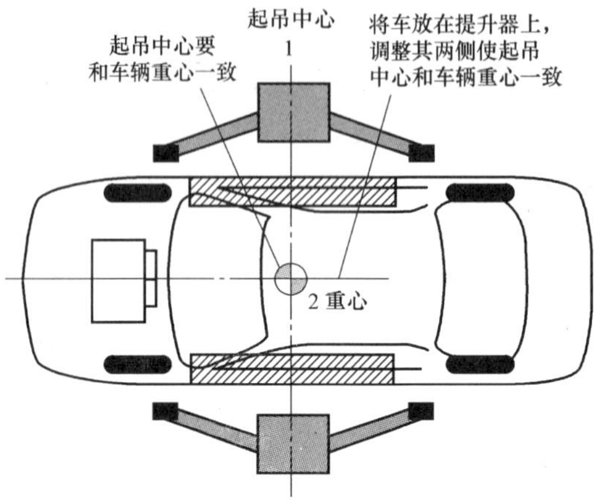

起吊中心
1
起吊中心要和车辆重心一致
将车放在提升器上，调整其两侧使起吊中心和车辆重心一致
2 重心

a)

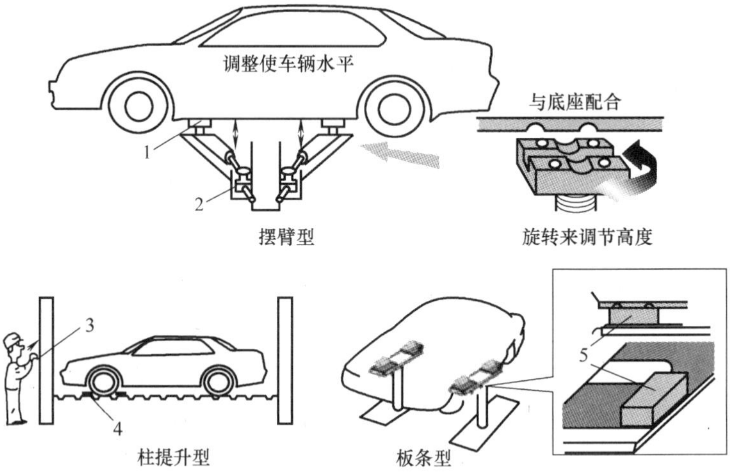

调整使车辆水平
与底座配合
1
2
摆臂型
旋转来调节高度
3
4
5
柱提升型
板条型

b)

1500kg
OK
提升
OK
现场没有杂物
OK
门关上了

c)

图 3-2-3　立柱式举升机的使用

1—支架　2—臂锁　3—锁　4—车轮挡块　5—提升附件

注意事项：

1）将所有的行李从车上搬出并提升空车。

2）切勿提升超过举升器提升极限的车辆。

3）带有空气悬架的车辆因其结构关系需要特别处理，请参考维修手册说明。

4）在拆除和更换大部件时要小心，因为汽车重心可能改变。

二、汽车用千斤顶

（1）种类　汽车用千斤顶有千斤顶和马凳两种，具体结构如图 3-2-4 所示。

（2）使用

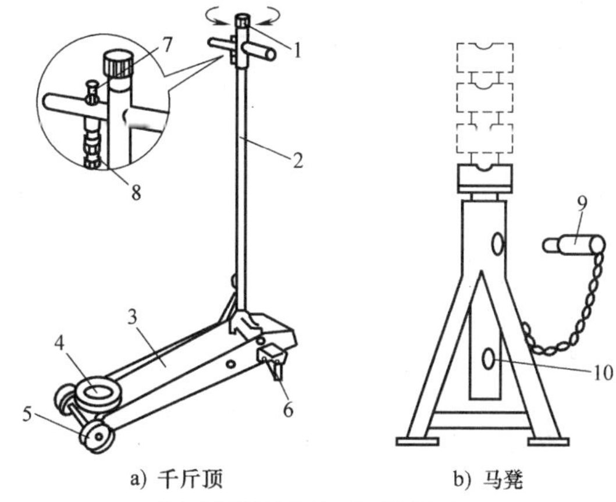

a）千斤顶　　b）马凳

图 3-2-4　千斤顶和马凳

1—释放把手　2—把手　3—臂　4—盘　5—滚子　6—小脚轮　7—提升钮（气动型）　8—空气软管（气动型）　9—销子　10—定位孔

1）在顶升前，要检查修理手册中说明的车辆举升点和马凳的支架支承点。

2）确保马凳调到相同高度。将其放在车辆附近，如图 3-2-5 所示。

3）将车轮挡块放在左前轮胎和右前轮胎的前面（如果车辆从后面顶升的话）。

注意事项：

1）通常从尾部顶起车辆。但是，顶起顺序会因车型而异。

2）必须一直在平整的地面上修车，车辆中的所有行李均需取出。

3）在顶升时一定要使用支承架，装好马凳后才可进入车下工作。

4）切勿同时使用多个修车千斤顶。

5）切勿顶升超过千斤顶最大允许荷载的任何车辆。

6）带有空气悬架的车辆因其结构关系需要特别处理，请参考维修手册说明。

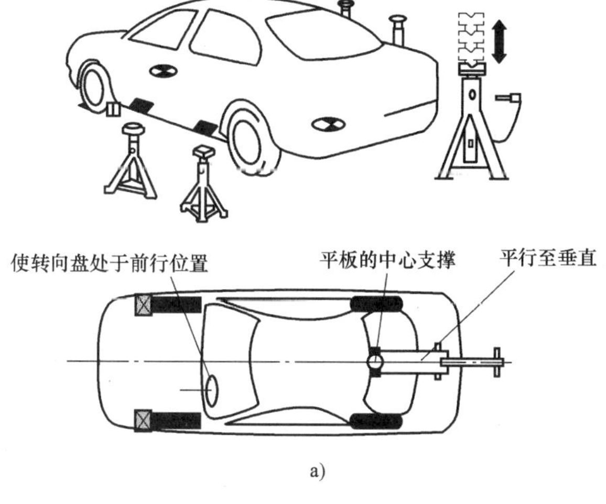

a）

图 3-2-5　千斤顶的使用

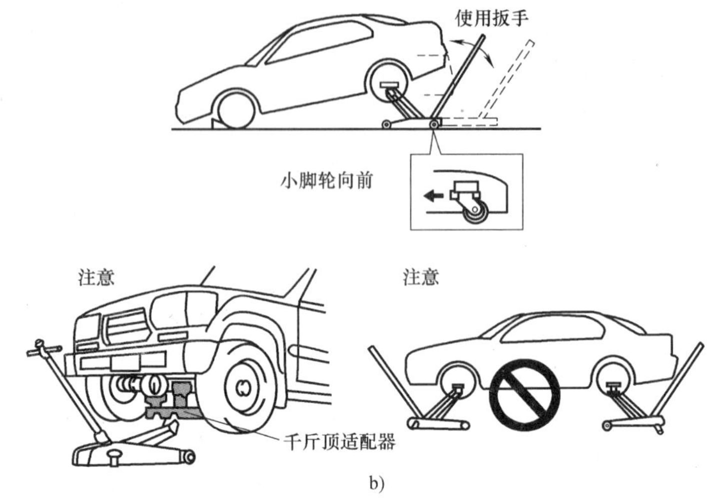

图 3-2-5　千斤顶的使用（续）

【任务工单】

<table>
<tr><td rowspan="2"></td><td rowspan="2" colspan="1">汽车维护与保养</td><td colspan="2">学习单元 3　工量具与设备的使用</td></tr>
<tr><td colspan="2">学习任务 2　汽车举升设备的使用</td></tr>
<tr><td>班级：</td><td>日期：</td><td>姓名：</td><td>学号：</td></tr>
<tr><td>自我评价</td><td></td><td>教师评价</td><td></td></tr>
</table>

任务描述：对于汽车举升设备，作为维修技师必须熟悉它们的结构与原理，并且能合理选择并规范使用它们。

1. 填空题

1）立柱式举升机在上升或下降时，眼睛要注视车辆，观察是否______，如发现异常，应停止举升或下降，并采取可靠措施，避免车辆______，切忌东张西望。

2）带有空气悬架的车辆因其结构关系，举升时需要______。

3）使用千斤顶时，切勿顶升超过千斤顶最大______的任何车辆。

2. 问答题

1）车辆的举升位置如何确定？

2）车辆在举升机上定位时，为什么要放在正中？如何防止车辆滚动？

学习单元4

汽车售前检验与走合维护

学习任务1　新车售前检验

【任务目标】

1）熟悉新车售前检验的主要内容。

2）掌握新车售前检验的操作规程。

【任务描述】

新车由厂家运输到经销商处，工作人员要对新车进行售前检查，请你介绍新车售前检验环节的内容和操作规程。

【相关知识】

一、新车售前检验（PDS）的意义和作用

新车售前检验（Problem Definite Statement，PDS）是指新车到店以后，经销商实施交车前的检验。因为新车从生产商到达经销商经历了上千千米的路途运输和长时间的停放，为了向顾客保证新车的安全性和原车性能，PDS检查必不可少。越是高档车辆，其电子自动化程度越高，PDS项目的检查也就越多。例如，未做PDS的新车，会始终在运输模式运行。这种模式只能简单行驶，很多系统没有被激活。强行使用会导致功能不全，甚至会严重损害车辆，给车辆及驾驶人的安全造成极大的危害。PDS检查项目范围很广，如电池是否充放电正常、钥匙记忆功能是否匹配、舒适系统是否激活、仪表灯光功能是否设置到原车要求等。其目的是向顾客确保车辆的安全性和驾驶的舒适性。

图4-1-1　PDS检验

二、新车售前检验（PDS）的项目和要求

PDS由下列三道工序组成：验证车辆的状态；将车辆恢复到工作状态；汽车性能的检查，

如图 4-1-1 所示。

【任务准备】

1）安全、整洁的汽车维修车间或模拟汽车维修车间。

2）齐全的消防用具及个人防护用具、清洁用品等。

3）实训整车及其防护用品。

4）汽车举升机、常用备品及检修工具、仪器。

【任务实施】

一、新车售前检验实施

1. 验证车辆的状态

车辆由制造厂发往经销商的运输过程中可能出现损伤，车辆在到达经销商处时对车辆状态进行验证，检点随车资料及物品，以保证车辆状态正常、资料物品齐全。如图 4-1-2 所示。

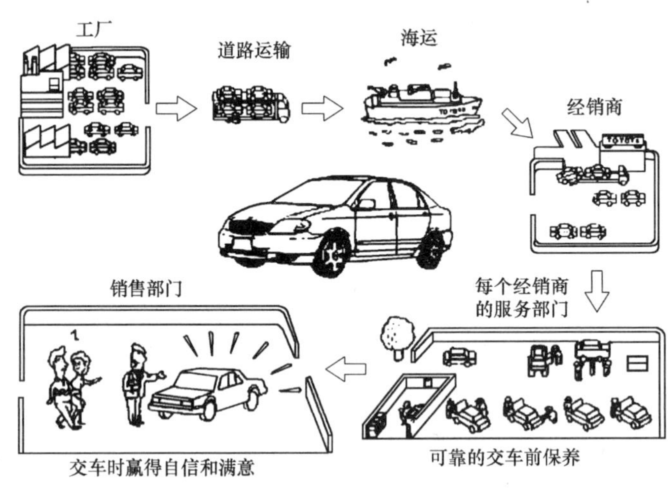

图 4-1-2 验证车辆状态

（1）运输状况的验证　厂家将新车运至经销商处后，首先由销售人员验证车辆运输状况，经验收人员验收后，再编写入库编码，将车辆运输状况及入库编码记录在车辆入库检验单上。车辆运输状况主要包括发车地点、运输车号、司机姓名、司机联系电话、装运车辆数量、运输公司等。

（2）车辆明细资料的查对及随车物品的检点　车辆明细资料的查对及随车物品的检点由验收人员负责完成。车辆明细资料主要包括车辆品牌、车型、规格、颜色、发动机号码、车架号等信息。随车物品包括车辆手续资料和随车工具。

1）车辆手续资料包括货物进口证明书（进口车）、进口车辆随车检验单（进口车）、车辆安全性能检验证书、拓印（车辆铭牌、发动机号、车架号等的拓印）、运单、新车点检单等。

2）随车工具一般包括车主手册、保修手册、备胎、钥匙、工具包、点烟器等。

验收人员对以上项目进行仔细查对与检点，确定有无以及是否正确，发现问题，并在新车入库检验单中标记，对发现的问题进行记录，并提出处理意见。

2. 恢复正常工作的状态

为了防止运输中发生问题，在车辆离厂前厂家对其采取了各种措施。如图 4-1-3 所示。所以，在 PDS 时必须将车辆恢复到工作状态。

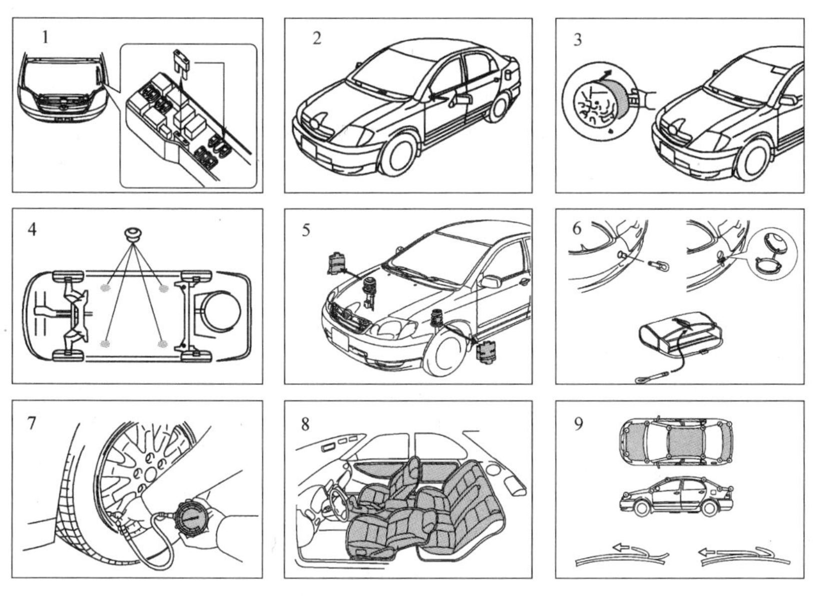

图 4-1-3 恢复车辆

（1）安装熔丝及短路销　为了防止在运输中有电流通过，厂家已将顶灯熔丝、收音机熔丝或短路销拆下放在继电器盒内。因此，应首先将顶灯熔丝、收音机熔丝或短路销安装到相应位置。这些零件是在厂里拆下的，为了防止在运输或贮存中有电流流过。安装熔丝的方法如图 4-1-4 所示。

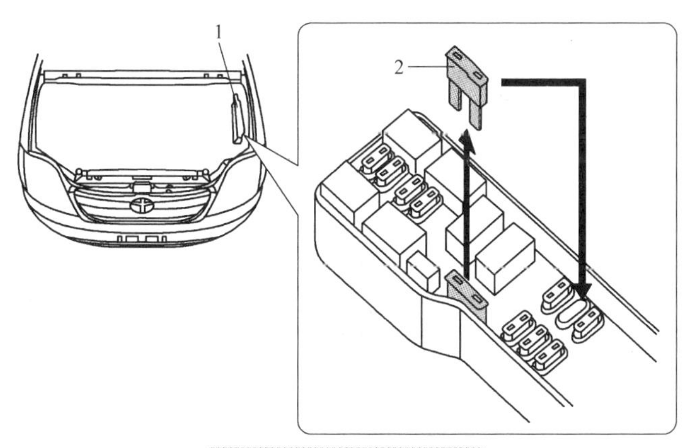

图 4-1-4 安装熔丝

1—继电器盒　2—熔丝或短路销

(2) 安装汽车厂提供的零部件　厂家对外后视镜等汽车外部凸出部分零部件单独包装，以防运输途中损坏。如图 4-1-5 所示。一般有以下内容：

1) 安装外后视镜。

2) 安装备用轮胎固定架托座。

3) 安装气管（如果有的话）。

4) 安装前扰流板盖。

5) 安装车轮帽和盖。

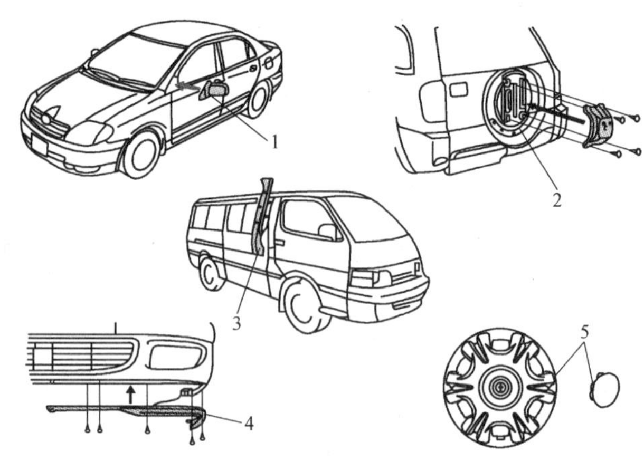

图 4-1-5　安装零部件

(3) 取下前弹簧隔圈　用千斤顶或举升器将车辆吊起，从前悬架上取下前弹簧隔圈，如图 4-1-6 所示。

(4) 拆下防锈罩　如果有防锈罩，应将其从制动器盘上拆下。

(5) 安装橡胶车身塞　将橡胶车身塞装在车身上相应部件的孔上（如果有的话）。

(6) 取下紧急拖车环　从保险杠上取下紧急拖车环，然后在紧急拖车环的孔上加盖。注意紧急拖车环孔盖在手套箱中，取下的紧急拖车环放在工具袋中。没有安装紧急拖车环的车辆不进行此项工作，如图 4-1-7 所示。

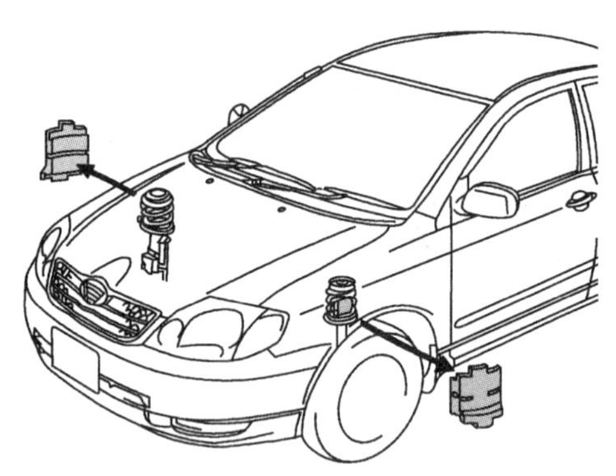
图 4-1-6　取下前弹簧隔圈

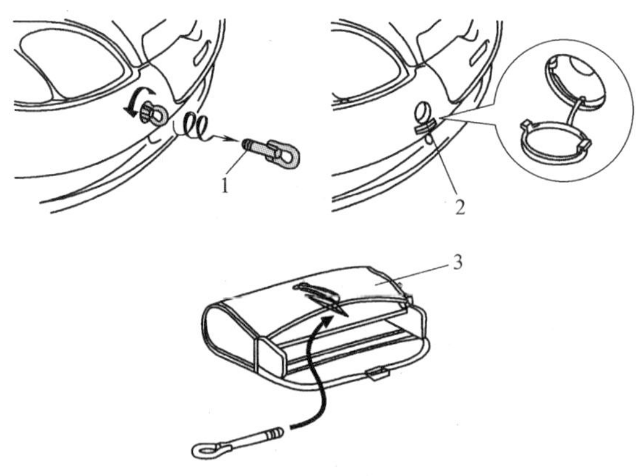

图 4-1-7　取下紧急拖车环

1—紧急拖车环　2—紧急拖车环孔盖　3—工具袋

（7）调整轮胎空气压力 调整轮胎（包括备胎）空气压力至正常值，如图4-1-8所示。

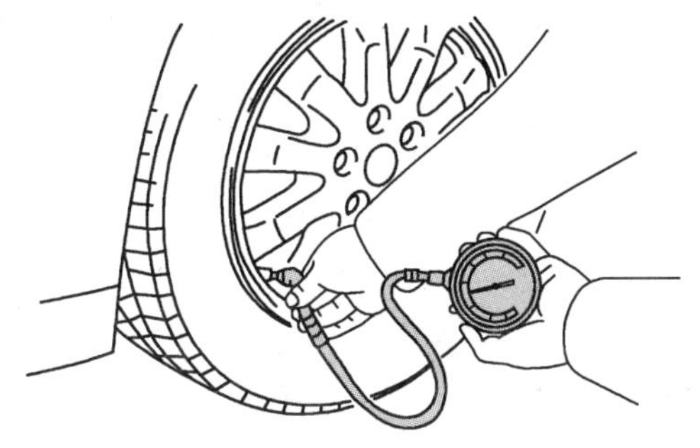

图4-1-8 调整轮胎压力

（8）去外附属物 除去不必要的标签、标志、贴纸等，如图4-1-9所示。

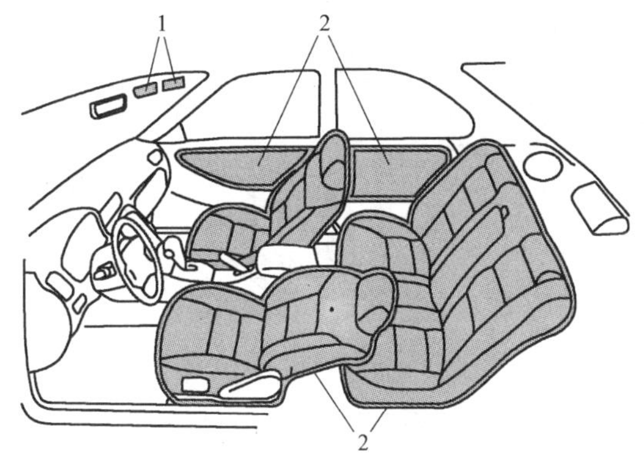

图4-1-9 除去标签、标志、贴纸等

（9）取掉车身防护膜 先冲洗汽车，除去运输过程中积下的砂石、尘土；再剥离车身上的保护膜；最后检查车身在油漆表面上是否有黏性残留物或凸出物，如图4-1-10所示。

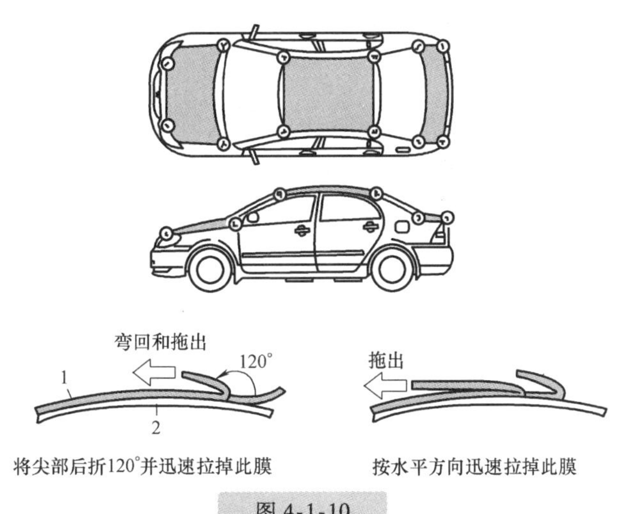

图4-1-10

3. 检查车辆的功能

为了使即将交付给顾客的新车状况及性能良好，保证各部件和机械运转正常并使顾客满意，认真细致地验收将要交付的新车，及早发现隐藏的质量缺陷，避免日后返修带来的麻烦。其内容包括检验前的准备工作、外部检查、发动机舱内检查、车辆底部检查、路试检查、最终检查等方面，如图 4-1-11 所示。

图 4-1-11　车辆功能检查

1—准备作业　2—环车检查　3—发动机舱　4—底盘　5—道路测试　6—最终检查及清洁

（1）准备作业

1）准备好轮胎空气压力表、万用表等检测仪表及检测照明灯。

2）安装驾驶室座椅护套、转向盘护套及驾驶室脚垫。

3）准备好工具箱、扭力扳手、梅花扳手、套筒、橡胶软管及正版 VCD 或 DVD 等。

4）准备新车交接检验记录单（PDS 检查单）及记录板夹。

（2）环车检查

1）清洗车辆，用手洗方式清洗车身和室内，清洁时注意不要划伤车身和座椅。

2）检查车身表面，环绕汽车一周，仔细查看油漆颜色、全车颜色是否一致。车身表面有无划痕、掉漆、开裂、起泡或锈蚀。用手摸一摸有无修补痕迹。

3）检查车门、行李箱盖和油箱门的状况　检查车门车窗是否完整、前后风窗玻璃有无损伤。车门把手开、关门是否灵活、安全、可靠，门窗密封条是否损坏。车门打开后在某个限制位是否有轻微晃动现象。手动（或电动）车窗玻璃操纵机构工作是否正常。检查电动车窗升降的稳定性。

4）检查备胎气压及固定状况，检查备胎与 4 个轮胎的气嘴帽是否在，检查备胎与其他 4 个轮胎规格是否相同。

5）检查标志与装饰，检查各标志、装饰条是否完好、安装是否牢靠。

6）检查车外灯光，查看所有车灯（前照灯、左右转向灯、紧急警告灯、制动灯、倒车灯、示廓灯、雾灯、内室灯及灯具外壳等）是否正常。检查室内各照明灯是否正常。

7）检查喇叭，按一按喇叭按钮，检查喇叭是否响，而且应该是双响的。

8）检查刮水器，坐进驾驶室，接通电源开关检查前后刮水器、喷水清洁器工作是否正常，刮水是否刮得干净。

9）检查后窗除雾器及点烟器。

10）检查千斤顶及随车工具的固定情况。

（3）发动机舱

1）检查蓄电池状况。检查蓄电池端子的紧固情况，检查电解液及充电情况。

2）检查机油及工作液位。检查发动机机油、自动变速器油（冷态）、散热器冷却液、风窗玻璃清洗液、制动液、离合器液、动力转向液、燃油等的液位。

3）检查汽车有无泄漏冷却液、润滑油、制动液、电解液等现象。

4）检查传动带张力。

5）检查发动机配线的连接。

6）检查发动机箱软管的连接。

（4）底盘

1）检查制动系统软管和线路。

2）检查燃油系统软管和线路。

3）检查手动变速器油位，检查是否漏油。

4）检查传动轴防尘罩状况。

5）检查动力转向系统线路。

6）检查齿条-齿轮护罩情况。

7）检查全部转向系统紧固件。

8）轮胎状况。检查调整轮胎气压，检查轮胎规格。检查一下防盗螺栓的接头，如果不配套赶紧更换。轮胎应无磨损、无刮痕，牙痕无镶嵌碎石等。

9）检查车轮螺母扭力，拧紧车轮螺母。

10）检查减振器状况。用手按压汽车前后左右 4 个角，松手后跳动不多于 2 次，表示减振器性能良好。

（5）道路测试

1）检查组合仪表工作状况。起动发动机，在冷起动时注意转速表指针的变化。正常情况下指针应打到 1500r/min 左右，然后正常平顺地滑落至 750r/min。然后观察各种仪表及报警装置工作是否正常。

2）检查制动踏板、离合器踏板的高度及自由行程。坐好后，手放在转向盘上，左脚踏离合器踏板，应感觉轻松自如，并有一小段自由行程；右脚踩下制动踏板不放，其应保持一定高度，若其缓慢下移，则表示制动系统有泄漏现象。

3）检查正常工作温度下发动机工作情况。要通过对发动机的声音和反应进行检查，首先听怠速的声音，应该是平稳而且连续的，不应该有金属敲击声和其他异响；下车观察排气管排烟是否正常，将手伸到排气管口感觉一下排气是否连续，正常的应该使掌心有点潮湿但不应有机油味，然后听一听慢加油的发动机声音是否连续和有无异响，最后听急加速的声音和发动机对节气门的反应是否准确和迅速，还要注意慢收油和快收油时发动机的反应是否干净、利落，是否有滞后或者高速哨音。突然放松加速踏板怠速是否稳定。原地静止时，发动机转速达到3500r/min是否会有不同的轰鸣声。

4）检查汽车的行驶性能及操纵性。试车时遇到上下立交桥可感觉一下加速和动力情况；通过加、减档位，轻打转向盘，感觉转向系统是否满意；正常行驶时方向应不跑偏，能自动维持直线行驶，转弯后可以基本自行回正（90%）；车辆调头，左右转向打到极限时车轮应无异响。

5）检查离合器、变速器的工作情况。特别是高速档位在3000r/min时入档应该非常轻松而且准确。

6）检查行车及驻车制动器的工作情况。高速制动时应该反应强烈并不跑偏，一般制动时应柔和而准确。

7）检查转向机构的工作情况。可以在行驶中试试转向反应是否准确和灵敏度高低，试试最小半径调头，听听是否有摩擦的声音，并检查左右的转向角，一般左右转向角是不一样的，助力转向打到最大转向角后应该回一点，避免长时间打到助力泵最大角度造成助力泵烧毁。

8）检查暖风及空调工作情况。

9）检查音响系统工作情况。

10）检查自动变速器液位（热态检查）。

最后寻找异常噪声与振动，空档点火后，加大节气门使发动机转数达到满刻度2/3，在外听声是否有杂音及共振。

（6）最终检查及清洁

1）拆除多余的标签，清洗车辆。

2）清点随车工具和附件是否齐全。

3）检查交付客户的所有相关资料是否齐全，清点查验发票、出厂证、保险单、保修单、说明书、使用手册、保修手册等是否齐全正确。

注意事项：

为了保证PDS工作的顺利完成，避免将汽车擦伤和弄脏，在进行PDS前必须注意以下事项：

1）双手保持干净，指甲不能太长。

2）制服整洁合身，不能带纽扣和拉扣，鞋子不能沾有泥土。

3）衣服口袋中不能放任何工具和硬物。

4）身上不能佩戴钥匙链，不能戴手表、戒指、手链、项链等饰物。

【任务工单】

	汽车维护与保养	学习单元4 汽车售前检验及走合维护	
		学习任务1 新车售前检验	
班级:	日期:	姓名:	学号:
自我评价		教师评价	

任务描述:新车由厂家运送到经销商处,工作人员要对新车进行售前检查,请你介绍新车售前检验环节的内容和操作规程。

1. 填空题

1)PDS 由下列三道工序组成:________;________;________。

2)运输状况的验证:厂家将新车运至经销商处后,首先由销售人员验证________,经验收人员验收后,再编写____,将车辆运输状况及入库编码记录在车辆入库检验单上。车辆运输状况主要包括________、________、________、________、________、________等。

3)车辆明细资料主要包括________、________、________、________、________、________等信息。随车物品包括____和________。

4)随车工具一般包括________、________、________、________、________、________等。验收人员对以上项目进行仔细查对与检点,确定有无以及是否正确,发现问题,并在新车入库检验单中加以标记,对发现的问题进行记录,并提出处理意见。

5)为了防止在运输中有电流通过,厂家已将________、________或________拆下放在继电器盒内,因此,应首先将顶灯熔丝、收音机熔丝或短路销安装到相应位置。这些零件是在厂里拆下的,为了防止在运输或贮存中________。

6)从保险杠上取下________,然后在紧急拖车环的孔上加盖。注意紧急拖车环孔盖在________,取下的紧急拖车环放在工具袋中。没有安装紧急拖车环的车辆不进行此项工作。

7)为了使即将交付给顾客的新车状况及性能良好,保证各部件和机械运转正常并使顾客满意,认真细致地验收将要交付的新车,及早发现隐藏的质量缺陷,避免日后返修带来的麻烦。其内容包括________、________、________、________、________、________等方面。

2. 问答题

1)识别车辆铭牌和车辆识别码,简述其主要内容。

2)按照操作规程,对新车实施其售前检验的模拟训练。

学习任务2　汽车走合维护

【任务目标】

1）熟悉汽车走合维护的主要内容。

2）掌握汽车走合维护的操作方法。

【任务描述】

介绍车辆走合维护的重要性，以及汽车走合维护方面的基本知识。

【相关知识】

走合（或磨合）是指汽车运行初期（如新车、大修车以及装用大修发动机的汽车），改善零件摩擦表面几何形状和表面层物理机械性能的过程。

汽车运行初期的一段里程（一般为1500～3000km或依照厂家规定）称为走合期，在这段时间对汽车所进行的保养，称为走合保养。走合保养一般分为走合前、走合中和走合后三个阶段。

【任务准备】

1）安全、整洁的汽车维修车间或模拟汽车维修车间。

2）齐全的消防用具及个人防护用具、清洁用品等。

3）实训整车及其防护用品。

4）汽车举升机、常用备品及检修工具、仪器。

【任务实施】

一、汽车走合前的各项维护

1）清洗汽车，检查各部位的连接及紧固情况。

2）检查冷却系统冷却液容量以及有无漏水现象。

3）检查发动机、变速器、驱动桥减速器以及转向器内的润滑油品质是否符合规定，数量是否符合容量标准，不足时应予以补加。检查是否有渗漏或渗漏的痕迹。

4）检查转向机构各部有无松旷现象，视需要进行紧固。检查操纵是否灵活。

5）检查制动系统工作是否正常，制动管路接头处有无漏气或漏油现象，制动液是否充足，制动液中是否有沉淀物。

6）检查蓄电池电解液高度是否符合规定，各用电设备，灯光仪表、信号装置等工作是否正常。

7）检查轮胎气压。

8）对于手动变速器，检查离合器工作情况，检查变速器各档齿轮啮合是否到位。

二、汽车走合中的各项维护

走合保养是为了防止汽车发生早期损坏甚至影响走合期的顺利完成，其主要内容如下：

1）应选择较好的路面行驶。

2）严格遵守驾驶操作规程，及时换档，减少冲击，尽量避免使用紧急制动或突然加速。

3）保证发动机始终处于正常工作温度下运行。

4）严格遵守限速行驶以及装载的规定。

三、汽车走合后的各项维护

走合期满后，进行一次保养作业，及时清除在走合期间所发生的故障隐患，按照技术文件规定进行调整，适应运行需求，延长汽车的使用寿命。其作业项目和深度应参照制造厂的要求进行。

1）更换发动机润滑油和机油滤清器。

2）按规定力矩紧固传动系统、制动系统、转向系统、悬架各连接螺栓、螺母，并检查保险、锁止装置是否齐全有效。

3）检查紧固车身、车厢各部连接情况。

4）检查制动效能是否符合规定，对于液压制动系统视需要添加相同型号制动液。

5）检查、调整风扇传动带。

6）按一级保养作业项目进行润滑和保养作业。

四、新车磨合期需注意事项

1）切忌紧急制动。紧急制动不仅会使磨合期中的制动系统受到冲击，还会加大底盘和发动机的冲击负荷，在初次行驶的几百公里内，最好不要采取紧急制动的做法。

2）切忌负荷过重。新车处于磨合期时，如果满载运行会对机件造成损坏。因此，在初次行驶时，一般载重重量不要超过额定载荷的75%～80%。

3）切忌跑长途。新车在磨合期内跑长途，发动机连续工作的时间就会增加，这样就很容易造成机件的磨损，从而降低车辆的使用寿命。

4）切忌超速。新车磨合期内有较严格的速度限制，要严格遵守厂家的磨合速度限制，而且在行驶中要注意观察发动机的转速表和车速表，确保发动机在中速工作。

5）切忌过早更换润滑油。汽车初装油是磨合期专用的润滑油，要求机油的黏度要低，散热性要好，清洗性、抗氧化性能优越。所以在新车的磨合期内，机油要按照厂家规定的时间更换。

6）切忌起步不热车。新车在起步前一定要先进行预热。所谓的预热实际上就是给发动机一个充分润滑的时间。如果车主购买的是涡轮增压的车型，必须要先预热才能起步，而且润滑时间至少也要在1min以上。

【任务工单】

	汽车维护与保养	学习单元4　汽车售前检验及走合维护 学习任务2　汽车走合维护	
班级：	日期：	姓名：	学号：
自我评价		教师评价	

任务描述：介绍车辆走合维护的重要性，以及汽车走合维护方面的基本知识。

1. 填空题

1）走合是指汽车________（如新车、大修车以及装用大修发动机的汽车），改善零件摩擦表面几何形状和表面层物理机械性能的过程。汽车运行初期的一段里程（一般为1000～1500km）称为________，在这段时间对汽车所进行的保养，称为________。

2）走合保养一般分为________、________和________三个阶段。

3）走合前的保养是为了防止汽车在________出现________和________，以便能顺利地完成走合。

4）走合期满后，进行一次保养作业，及时清除在走合期间所发生的________，按照技术文件规定进行调整，适应运行需求，延长汽车的________。

5）检查制动系统工作是否正常，制动管路接头处有无________或________现象，制动液是否________，制动液中是否有________。

6）在走合满________以后，应按规定力矩拧紧气缸，进、排气歧管（螺母），走合满________以后，应趁热车更换发动机润滑油，防止因金属屑等杂物堵塞油道而损伤摩擦工作表面。

2. 问答题

1）为什么要进行汽车走合保养？

2）汽车走合前保养的主要内容是什么？

3）汽车走合保养的注意事项有哪些？

学习任务3　汽车日常使用及养护常识

【任务目标】

1）理解现代汽车日常养护的基本内容。

2）了解现代汽车的使用常识。

3）能够对养护、使用汽车提出正确的指导建议。

【任务描述】

客户购买了一辆2015款1.6L手自一体时尚型一汽—大众速腾汽车。他对汽车的使用常识了解不多。请你就汽车的使用、养护等方面事项向他做解释说明。

【相关知识】

汽车日常维护和保养需要驾驶人在日常的使用过程中完成，根据不同的维护和保养方式，我们将其划分为日常维护、一级维护、二级维护。日常维护要求驾驶人对于汽车进行经常的清洗和检查，同时还需要驾驶人对一些汽车行驶时的必需品进行适当的补给，在此前提下，汽车的一级或二级维护保养才能顺利展开。

汽车保养的完善与否，对于汽车本体而言是直接显示在驾驶人日常的驾驶及维护行为之中的。良好的保养维护，能够提升汽车的使用寿命和舒适度，同时对于驾驶人自身而言，安全保障性也能大大地提高，因此，汽车的日常维护和保养不管从哪方面而言，都是不容轻视的。

【任务准备】

1）安全、整洁的汽车维修车间。

2）齐全的消防用具及个人防护用具、清洁用品等。

3）实训整车及其防护用品。

4）汽车举升机、实训用备品、常用工具等。

【任务实施】

一、行车前的准备

1. 仔细阅读《用户手册》

在使用一款新车前要做的第一件事，就是一定要仔细阅读随车附送的《用户手册》，也称为《车主手册》或《使用说明书》等，这是厂家特别为车主编制的车辆使用说明书，是指导用户正确使用和保养车辆及其他相关责任说明的读物。

2. 做好行车记录

要想养成良好的用车习惯，最好的办法之一是为车辆做好行车记录。把加油升数、加油费、行驶里程、过路费、保养内容、维修情况和费用、保险费用、停车费用、事故详情以及与车有关的其他各种费用等，都按时间顺序记录下来。

3. 随车用品

1）车用灭火器。危险时刻它就是救命之物，可避免重大损失。

2）蓄电池跨接线。当汽车没电时可用其他车辆的蓄电池来帮助起动。

3）三角故障警告牌。车辆发生故障时可放置在车后 50m 外提示其他车辆（高速公路上应在 100m 外）。

4）闪光照明手电。夜间靠边更换轮胎或出现其他故障时用于提醒后面车辆。

5）轮胎打气机。利用车上的电源可为轮胎补气，一般它还带照明灯的功能。

6）工作手套。检查机油或更换轮胎时，戴上工作手套可避免双手沾满油污，防止受伤。

7）冷却液及风窗洗涤液。防止发动机散热器缺水，还可用于补充玻璃清洗液等。

8）半桶备用机油。当发动机缺机油时用于补充。

注意事项：

1）灭火器都有保质期，到期后应及时更换。

2）备胎要经常检查气压是否正常，以备急需。

3）行李箱中的随车工具应整齐有序并固定牢靠，尤其是机油等油液物品，防止在行驶中泄漏。

二、上车前的检查

1）检查轮胎是否完好。轮胎气压是否正常，是否有轮胎出现缺气，这是上车前必须检查的内容。

2）检查车身上的附件是否齐全，车身是否保持平衡无倾斜等。

3）机油。可以首先检查，尤其是使用年限较长的车型。主要是机油的数量、质量以及机油渗漏的检查。

4）制动液、离合器油液、转向助力液对行车安全最为重要，虽不容易亏缺，但一旦出现问题就非常严重。

5）蓄电池液。这是最容易被忽视的，免维护蓄电池可通过观察电解液的颜色进行检查。

6）冷却液和玻璃清洗液。

三、上车后的检查

1）检查灯光功能是否完好齐全。依次开启并关闭小灯、大灯、会车灯、雾灯、转向灯、倒档灯和制动灯等，晚上还要检查前照灯是否正常。

2）车辆自检。现代汽车上各种仪表显示比较齐全，像计算机开机时，一般它们都要先

进行自检，没有问题后再进入正常起动程序。

四、汽车的操作与节能

1）准确调校发动机。精心维护保养的发动机耗油低，排放的污染物少。

2）日常维护。按生产厂家提供的保养计划检查燃油系统、空气滤清器、变速器、转向系统、制动系统、传动带、空调、减振器、前轮定位及其他易磨损和破碎的零件。

3）平稳加速，避免起步和停车过快，即“起步三摇晃，停车一鞠躬”。起步过快使发动机超载，要比正常驾驶多耗费60%的燃料。

4）匀速驾驶，不必要的加速、减速和停车都将增加油耗。

5）润滑机油是汽车最重要的保护品之 ，好机油可延长发动机寿命，降低油耗和尾气排放。车主必须定期检查机油和按时更换机油。

6）要经常检查轮胎气压，轮胎充气不足会增加油耗。

五、自动档汽车的正确驾驶

一般的自动变速器档位从前到后依次排列。分别为：P（停车档）、R（倒档）、N（空档）、D（前进档）、3档、2档、1档。

P和N档的作用都是使发动机和车轮传动系统脱离。所不同的是在发动机停止运转的时候，挂入N档能够推动车辆。挂P位时，利用机械锁销把传动轴锁固在变速器壳上。因此，若在P位状态下行强拖动车辆，必然造成自动变速器外壳的损坏，导致变速器损坏；同时，在上、下坡停车时，也不要仅仅使用P位制动车辆，而应该牢牢拉紧驻车制动，以免使P位机械锁受力过大而损坏。

某些变速器特定的一档或二档有发动机制动功能，因此，当车辆行驶在下坡路时，可以预先选择特定的二档或一档，以便合理利用发动机制动，同时用加速踏板控制车辆下坡速度。但是在一般行驶与上坡时，建议使用D档，这时车辆能自动选择理想档位。

有些高档轿车增加了可供选择换档模式的功能，如运动模式（SPORT）、冰雪路模式（ICE、SNOW）等。相对于通常的舒适模式，选择运动模式会使车辆的加速响应性加强，但舒适性、经济性下降。冰雪路模式减小了车辆牵引力，防止车轮在冰雪路上起动时打滑。

注意事项：

容易造成车辆自动变速器损坏的情况主要有以下两种现象：

（1）空档滑行　这样做不仅不省油，而且很容易损坏自动变速器，因为此时自动变速器可能处于润滑不足的状态，很容易将自动变速器烧坏报废。

（2）拖车时鲁莽操作　若自动变速器车辆在行驶中发生故障，需要由车辆拖带行驶时，必须把档位放在空档。拖带速度不要超过30km/h，总行驶距离不能超过30km（有些车型为拖带速度不要超过50km/h，总行驶距离不能超过50km，具体参考厂家要求），以免因缺油运转造成变速器损坏。

【任务工单】

	汽车维护与保养	学习单元4　汽车售前检验及走合维护	
		学习任务3　汽车日常使用及养护常识	
班级：	日期：	姓名：	学号：
自我评价		教师评价	

任务描述：小王买了一辆2015款1.6L手自一体时尚型一汽—大众速腾汽车。他对汽车的使用常识了解不多，因此向你请教。请你就汽车的使用、养护等方面事项向他做解释说明。

1. 填空题

1）车辆在静止状态时不要原地打转向盘。因轮胎在没有转动时与地面的________力很大，不但造成转向盘很重、很费劲而且会________，转向机构负荷也重，容易造成磨损和松动。一定要让车轮________再打转向盘。

2）装配手动变速器汽车换档时，宜________，不宜拖泥带水。离合踏板踏下________，离开________。

3）一般情况下，自动变速器绝对不能在车轮转动时挂入________档。

4）离合器除了在________、________、________外，其他时间应使脚离开离合器。

5）汽车日常维护每次检查油液项目包括：________、________、________、________、________、________。

2. 问答题

1）汽车点火开关一般都有四个档位，分别是LOCK、ACC、ON、START（装备无钥匙起动的车辆除外）。解释它们的含义和功能。

2）在封闭的空间中运转发动机会有哪些危害？

3）自动变速器空档滑行有哪些坏处？

4）车辆使用如何做到省油和环保？

学习单元5 汽车按需维护与保养

季节与气候的变化，必然导致与汽车运行条件密切相关的气温、气压等参数的变化。为了使汽车在不同的地区、不同的季节里都能可靠地工作，在季节转换之前，结合定期维护，附加一些相应的作业项目，使汽车能够顺利适应变化的运行条件，这种附加性维护称为按需维护或季节性维护。季节维护有进入夏季和进入冬季时的两种典型维护。

学习任务1 汽车夏季维护与保养

【任务目标】

1）熟悉夏季汽车的车况特点。

2）掌握夏季汽车维护的要领。

【任务描述】

夏季到来，根据夏季维护的要领给客户的车辆进行夏季维护与保养。

【相关知识】

炎炎夏日，气温高，发动机易过热，从而易导致出现以下现象：气缸充气性变差，动力下降；润滑油变稀、变质，使润滑性能下降；运动零部件磨损加剧；驾驶人易疲劳、打盹，行车安全性下降；雨水增多使车辆打滑而造成车辆受损，甚至发生交通事故等。因此，做好夏季车辆的维护保养及高温下的安全驾驶是一项十分重要的工作。为此，作为专业驾驶、维修人员必须掌握夏季车况特点。

1）发动机气缸充气性能变差，动力下降。在高温条件下，因气体的热膨胀特性，使进入气缸的可燃混合气或空气的数量减少，充气性下降，从而导致发动机功率下降，车辆行驶无力、加速性能变差。试验证明，当气温由15℃上升到40℃时，发动机的功率下降6%～8%。

2）润滑油容易变稀、变质、挥发和烧损，导致润滑性能下降、机油消耗过快。发动机在高温下运转时，润滑油的抗氧化稳定性、黏性及清净分散性等性能变坏，加剧其热分解、氧化和挥发。同时，干燥空气中的灰尘和潮湿空气中的水分通过进气系统和曲轴箱通风口进入发动机油底壳污染润滑油，引起润滑油变质。另外，变稀了的润滑油通过气缸壁、活塞、活塞环窜入燃烧室烧损，并通过油底壳等过热区域蒸发掉。更为严重的是，润滑油在高温下与积炭聚合成漆膜附着在气缸壁上，加大发动机的磨损。

3）加剧零部件的磨损。发动机在高温下运转，零部件的热膨胀较大，使其正常配合间隙变小，从而使摩擦阻力增大，磨损加剧。同时，高温运转的发动机在活塞顶、燃烧室壁、气门顶部等零件上黏附许多积炭和胶质物，使金属零件的导热性变差，加速了机件损坏。除此之外，由于发动机过热，机油变稀，油膜变薄，也会加速机件磨损。

4）制动性能变差，行车安全系数降低。制动蹄片、制动鼓或制动盘受高温影响，在频繁制动后，易产生热衰退，使制动力快速下降。特别是汽车在山区坡陡、急弯、窄道等路况复杂的条件下行驶时，使用制动次数增多，使制动摩擦片温度急剧升高，制动性能变差，导致行车安全系数降低。

5）发动机易发生自燃或爆燃等不正常燃烧现象，使发动机使用寿命下降。随着大气温度的增高，进入气缸的混合气温度也高，发动机的温度将更高，使窜入气缸中的润滑油在高温缺氧的情况下生成胶质和积炭。积炭附着于活塞顶部、燃烧室壁、气门顶部和火花塞上，形成炽热点，从而引起发动机炽热点火，产生自燃或爆燃。

【任务准备】

1）安全、整洁的汽车维修车间。

2）齐全的消防用具及个人防护用具、清洁用品等。

3）实训整车及其防护用品。

4）汽车举升机、实训用备品、常用工具。

【任务实施】

夏季汽车维护的要领如下：

1. 冷却系统的维护保养

夏季汽车冷却系统的最常见故障是“散热器开锅”。伴随着散热器开锅与缺水还有发动机过热、加速无力等故障。检修散热器开锅的车辆，首先要确保车辆其他相关部件正常，比如使用正确标号的燃油、机油、火花塞、防冻液，调整好点火正时。检查顺序如下：

1）检查散热器。正常散热器在汽车行驶时应该上下温度一致，如果出现半边凉半边热的情况，就可以判断散热器内部堵塞。可以把散热器接在压力为0.2MPa的水管上，逆向冲洗，如果堵塞严重可以使用少量清洗剂，同时注意清洗散热器的污垢并观察有无渗漏。

2）检查节温器。有些人认为摘除节温器就可以防止冷却液温度偏高，其实节温器只要正常发挥作用并不会导致冷却液温度过高，而发动机长时间在低温下运行也是非常有害的；另外许多发动机的节温器是双向作用的，当节温器关闭时，强迫冷却液进行小循环，而节温器打开时，小循环关闭，冷却液全部进行循环。如果不安装节温器，由于管路局部阻力的节流作用，实际流向大循环时冷却液很少，冷却液温度反而升高。

3）检查水泵及水泵驱动装置。

4）检查风扇。硅油风扇离合器的主要故障是漏油；而电磁风扇离合器的主要故障是冷却液温度开关损坏、线路损坏、电磁线圈损坏；风扇传动带检查主要是外观及松紧度。

发动机的散热除了以水为散热介质外，一部分热还可以随排气散失，机油也可以带走部分热量，而发动机周围的空气对流更起着不可替代的作用，因此检查发动机过热时不要忘记检查排气系统（尤其是带催化转化器的车型）是否流畅，机油、变速箱油散热装置是否完好。另外，发动机风扇附近的导风罩（俗称风圈）对机舱内的热对流起着至关重要的作用，检查时应加以注意。

2. 空调系统的维护保养

1）制冷剂是否足够。这是空调不制冷的常见原因。制冷剂是否充足可通过干燥罐上的观察孔看出，有经验的修理工从气泡的流动情况就能判断空调是否需要补充制冷剂。

2）检查空调系统压力是否合适。在确认制冷剂没有问题之后，可检查系统压力是否正常，一般来说，正常的空调系统低压端的压力为2～3bar（$1bar=10^5Pa$），高压端的压力为15～25bar，因车而异。

3）干燥罐或膨胀阀是否正常。

4）电子控制系统是否可靠。

3. 轮胎的维护保养

夏季气温高，轮胎内温度升高，胎内气压增大，容易爆胎。因此，夏季汽车运行时，应经常检查轮胎的温度和气压，保持规定的气压标准，在酷热的中午行车应适当降低行驶速度和持续行驶距离。

夏季雨量多，雨中行车不可避免，在雨中行车除了必须严格控制车速外，轮胎的选择也事关重要，应禁止使用过度磨损的轮胎。夏季在多雨地区，建议使用雨季专用轮胎（这种轮胎的侧面有一个雨伞状的标志）。

4. 充电系统的维护保养

夏季行车，也应经常检查充电系统。蓄电池容易出现过充电现象，电解液蒸发快，极板易损坏，因此应经常检查蓄电池的液面高度和电解液的相对密度（电解液的相对密度应比冬季小一些），经常向电解液中加注蒸馏水，保持加注口盖上通气孔畅通无阻。

5. 夏季车辆的驾驶

1）配备随车灭火器，在因搭铁不良引起的火花及燃油渗漏引起火灾时使用；行车途中遇到雷阵雨时，要注意控制车速；不要在打雷闪电的情况下加注易燃油料。

2）夏季驾驶车辆时要特别注意车辆的涉水问题，现代汽车由于舒适性、安全性、动力性、经济性的需要，其电气设备多，线路复杂，而且常把一些部件安装在隐蔽处，甚至车底，一旦进水会造成多处短路，甚至起火。特别是发动机进水，雨水一旦进入气缸会损坏活塞和气缸体等重要部件。如果发动机在水中熄火，不能用推车和打起动机的方法强行起动，应迅速把车从水中拽出或推出，联系维修企业进行处理。如果汽车是在车库中被淹则要取下蓄电池，将车推到向阳处晒干，并仔细检查被水淹过的部件，特别是电子元器件，在重新起动前，必须确认发动机内没有积水。

【任务工单】

汽车维护与保养		学习单元5　汽车按需维护与保养 学习任务1　汽车夏季维护与保养	
班级：	日期：	姓名：	学号：
自我评价		教师评价	

任务描述：夏季到来，根据夏季维护的要领给客户的车辆进行夏季维护与保养。

1. 填空题

1）炎炎夏日，气温高，发动机易过热，从而易导致出现以下现象：________，________；________、________，使润滑性能下降；运动零部件磨损加剧；驾驶人易疲劳、打盹，________；雨水增多使车辆打滑而造成车辆受损，甚至发生交通事故等。因此，做好夏季车辆的维护保养及高温下的安全驾驶是一项十分重要的工作。

2）________、______或________受高温影响，在频繁制动后，易产生热衰退，使制动力快速下降。特别是汽车在____、________、________等路况复杂的条件下行驶，使用制动次数___________，就会使制动摩擦片温度急剧升高，制动性能________，使行车安全系数降低。

3）发动机在高温下运转，零部件的________较大，使其正常配合间隙变______，从而使摩擦阻力________，磨损____。同时，高温运转的发动机在活塞顶、燃烧室壁、气门顶部等零件上黏附许多积炭和胶质物，使金属零件的导热性________，加速了机件_______。除此之外，由于发动机过热，机油变稀，油膜变薄，也会加速机件________。

2. 问答题

1）简述夏季汽车的车况特点。

2）简述夏季汽车维护的要领。

3）简述夏季车辆自燃原因。

学习任务2　汽车冬季维护与保养

【任务目标】

1）熟悉冬季汽车的车况特点。

2）掌握冬季汽车维护的要领。

3）学会分析冬季汽车使用、维护不当引起故障的典型案例。

【任务描述】

冬季到来，根据冬季汽车维护的要领给客户的车辆进行冬季维护与保养。

【相关知识】

冬季汽车的车况特点如下：

1）汽车难以起动。由于冬季气温低，燃油蒸发雾化困难，不易形成可燃混合气，机油黏度过大使起动阻力增大，加上蓄电池容量下降等原因使起动转矩下降，从而导致起动困难。有时，汽车无法起动，这往往是经过一个晚上极低的室外温度后，汽车冷却液结冰或机油冷凝、电解液流动困难等原因造成的。

2）磨损严重，易产生噪声。发动机噪声过大，往往是由于机油黏稠而导致零部件润滑不足，使磨损严重、间隙过大而产生的。发动机70%左右的磨损均发生在冷车起动，这种磨损是渐进性的，损伤最大。如果进入冬季还在使用黏度较大的机油，就会加快发动机的磨损。这是因为冬季气温下降后，机油的黏度会增大，流动性变差，如供油不及时，就会导致运动机件的摩擦阻力增大，从而加快发动机的磨损。

3）对于采用气压制动的汽车，制动距离变长，安全性能下降。气压制动系统储气筒上的进、排气阀和制动管路等处易结冰而堵塞气道，使压缩空气压力下降甚至中断，从而导致制动效能下降或制动失效。液压制动液黏度增大，流动变慢，致使制动效能下降。

4）对于机械或者液压助力转向系统，会使转向阻力增大。由于冬季低温，转向器齿轮油、转向助力液等流动性下降，使阻力增大，从而导致转向困难，操纵性变差。

【任务准备】

1）安全、整洁的汽车维修车间。

2）齐全的消防用具及个人防护用具、清洁用品等。

3）实训整车及其防护用品。

4）汽车举升机、实训用备品、常用工具。

【任务实施】

冬季汽车维护的要领如下：

1. 暖风系统的检查与维护

虽然暖风系统比空调系统结构简单，但是在停用一个夏季后，也可能会出现故障。所以在入冬前试用暖风系统有无热风、风机运转有无异响、风管是否通畅。

2. 冷却系统的检查与维护

一定要全年使用冷却液，冷却液不仅仅起防冻作用，还起到润滑、清洁、防腐、防锈等作用。添加、更换冷却液时要注意品牌、型号，不同品牌的冷却液不能混加。

3. 风窗洗涤、喷水系统的检查与维护

即便刮水喷水系统在冬季的使用量会明显减少，但也不能忽视，尤其在北方地区。在冬季0℃以下环境中，应更换抗冻的冬季风窗洗涤液。

4. 车身漆面的维护

入冬后（尤其是北方）天寒地冻，洗车辆的次数也会减少，所以初冬打蜡是保养车漆的好办法。另外打过蜡的车身不易沾水，冬季里车漆不易出现结露成冰的现象。

5. 蓄电池的检查与维护

低温环境下蓄电池电量比常温时的电量低得多。虽然现在的蓄电池都是免维护的，不用再去补充蓄电池的电解液，调节电解液的相对密度。但是在寒冷季节来临之前，也应清洁蓄电池的接线柱，并涂上专用油脂加以保护，保证起动可靠，延长蓄电池使用寿命。如果车辆在露天或车库停放数周不用，应拆下蓄电池存放在较为温暖的房间内，以防蓄电池损坏。

6. 轮胎的检查与维护

橡胶会因气温的降低而变得硬且相对变脆，摩擦因数会降低。为保证安全减少磨损，应定期给轮胎做四轮动平衡，更换轮胎位置，冰雪路面要做好轮胎防护。

7. 刮水器系统的检查与维护

如果清晨发现刮水器被雪水粘在风窗玻璃上，千万不要用热水直接冲洗，这样容易使车窗因为温度变化而炸裂、刮水器变形。正确的方法应该是将空调开至热风，吹风模式为前风窗，待刮水器自然化开，同时也别忘了刮水器喷水壶需加注防冻玻璃洗涤液。

8. 底盘的检查与维护

冬季为了尽快融化冰雪，扫雪车往往会在路面撒下大量盐加速冰雪融化。而这样的路面就相当于有一层酸性液体，汽车行驶在冰雪路面上，飞驰的轮胎会把含盐分很高的雪水甩到汽车底盘上，容易导致底盘腐蚀生锈。所以，雪后应该及时清洗汽车底盘，或在入冬前要为底盘做好防锈护理。

9. 进气系统的检查与维护

进入寒冷的冬季时节可能会经常出现车辆无法起动的情况。除了可能是冷却系统和蓄电池电量不够的原因外，绝大部分则是由于节气门、进气道等积炭过多造成的。节气门积炭过多本身就很容易造成无法点火的现象，夏季时节气门积炭可能不会影响发动机起动，但是到了冬季因为环境温度更低，汽油挥发受到影响，同等状况下汽油点火能力相对较弱，发动机便可能点火失败，或者需要多次点火。所以建议车主在冬季时清洁发动机节气门积炭。

【任务工单】

	汽车维护与保养	学习单元5 汽车按需维护与保养	
		学习任务2 汽车冬季维护与保养	
班级：	日期：	姓名：	学号：
自我评价		教师评价	

任务描述：冬季到来，根据冬季汽车维护的要领给客户的车辆进行冬季维护与保养。

1. 填空题

1）由于冬季天冷低温，使燃油蒸发________不易形成可燃混合气，机油黏度________使起动阻力增大，加上蓄电池容量下降等原因使起动________下降，从而导致起动困难。

2）发动机噪声过大，往往是由于机油________而导致零部件润滑________时，使________严重、________过大而产生的。

3）如果进入冬季还在使用黏度________的机油，就会加快发动机的________。这是因为冬季气温下降后，机油的黏度会________，流动性________，如供油不及时，就会导致运动机件的摩擦阻力________，从而加快发动机的________。

4）对于机械或者液压助力转向系统，会使转向阻力________。冬季由于低温，转向器齿轮油、转向助力液等流动性下降，使阻力________，从而导致转向困难，操纵性________。

2. 问答题

1）冬季汽车的车况特点是什么？

2）冬季汽车维护的要领有哪些？

学习单元6 汽车发动机的维护与保养

学习任务1　发动机进气系统的维护与保养

【任务目标】

1）掌握汽车空气滤清器检查与更换的步骤。

2）掌握节气门体检查与更换的方法。

【任务描述】

丰田卡罗拉汽车进行5000km例行保养时，进行进气系统的维护与保养。

【相关知识】

一、发动机进气系统的组成

发动机进气系统一般由空气滤清器、空气流量计、节气门体、进气室和进气歧管等组成，如图6-1-1所示。

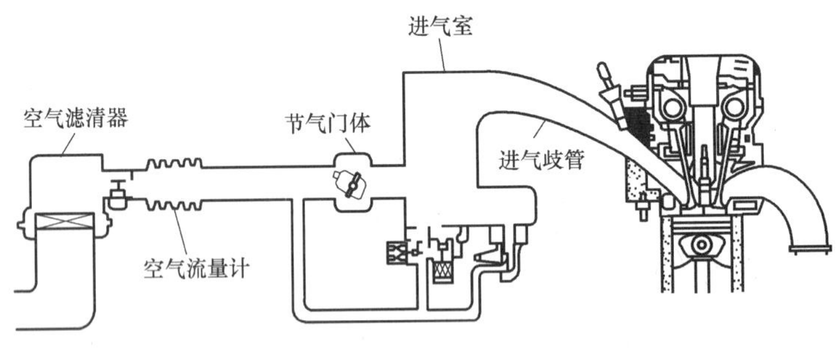

图6-1-1　发动机进气系统的组成

二、发动机进气系统的作用

发动机工作时，驾驶人通过加速踏板操纵节气门的开度，以此来改变进气量，控制发动机的运转。进入发动机的空气经空气滤清器滤去尘埃等杂质后，流经空气流量计，沿节气门通道进入进气室，再经进气歧管分配到各气缸中，发动机冷车怠速运转时，部分空气经附加空气阀或怠速控制阀绕过节气门进入气缸。

【任务准备】

1）安全、整洁的汽车维修车间或模拟汽车维修车间。

2）齐全的消防用具、个人防护用具、清洁用品等。

3）实训整车及其防护用品。

4）汽车举升机、常用工具。

【任务实施】

一、空气滤清器的检查与更换

（1）空气滤清器的拆卸　打开发动机舱盖，清理空气滤清器外部，松开空气滤清器锁扣，卸下固定滤芯的螺母，取下上盖，如图6-1-2所示。

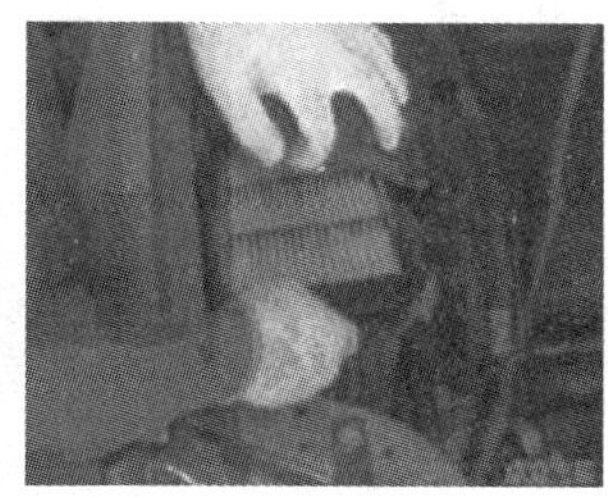

图6-1-2　空气滤清器的拆卸

（2）取出空气滤清器滤芯并清洁或更换　将空气滤清器滤芯取出，检查滤芯污染的程度并进行清洁。当滤芯积存干燥的灰尘时，可用压力不高于500kPa的压缩空气，从滤芯内侧开始，上下均匀地沿斜角方向吹净滤芯内外表面的灰尘，如图6-1-3所示。

（3）检查清洁后的滤芯　检查清扫干燥后的滤芯。将照明灯点亮放入滤芯里面从外部观察有无损伤、小孔或变薄的部分，检查橡胶垫圈有无损伤。如有异常，应更换滤芯和垫圈。

（4）安装空气滤清器　在安装空气滤清器之前要确认空气滤清器滤芯以及进气盒中没有水分残留。按与拆卸相反的顺序，将各部件安装好，如图6-1-4所示。

图6-1-3　压缩空气吹洗空气滤芯

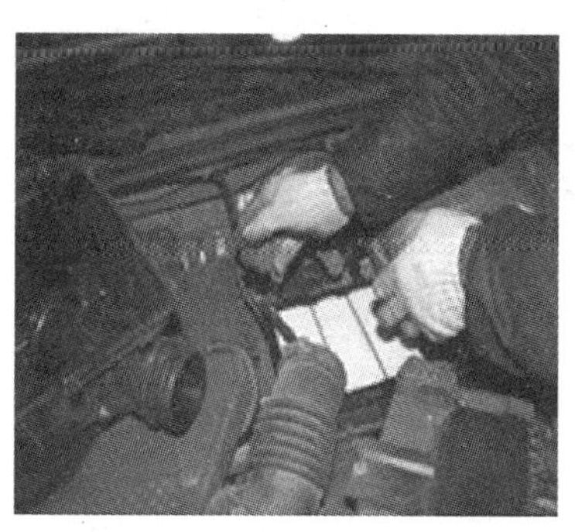

图6-1-4　空气滤清器的安装

注意事项：

1）定期清洁和更换滤芯。在使用中应按汽车保养规定，经常清洁空气滤清器滤芯，如滤芯破损应及时更换。

2）正确安装，防止空气不经过滤就进入气缸。在检查保养空气滤清器时，滤芯上的密封垫必须确实安装好。如密封垫已老化变形或断裂，应更换新品。

3）更换新滤芯时，应选用原厂供应的滤芯，不要使用劣质滤芯。一般可以从包装和外观上识别优质与劣质滤芯，也可以安装后检验，如装上新滤芯后，汽车排放的 CO 超标，不装滤芯时排放的 CO 达标，表示该滤芯透气性差，是不合格的滤芯。

4）切勿用汽油或水洗刷滤芯。操作时，不得用力敲打或碰撞滤芯。

二、节气门体的检查与维护

1. 节气门联动功能的检查

1）在发动机熄火的状态下，踩下加速踏板，观察节气门是否正常工作。

2）检查节气门拉索是否连接正常。

2. 节气门的检查

1）拆卸节气门体与进气管的连接卡箍，并拆下进气管。

2）用手转动节气门，观察节气门是否有脏堵或卡滞。如果发现节气门脏堵，需要拆下节气门总成并用清洗剂清洗，重点清洗节气门体腔、节气门及节气门轴等部位，直至没有污物为止，如图 6-1-5 所示。

3）清洗后反复扳动节气门操纵机构，检查节气门开关是否灵活自如，如图 6-1-6 所示。

4）安装节气门体和进气管，将卡箍安装到位并紧固。安装过程与拆卸过程相反。

5）清洗进气道与节气门体的接合面，清洗前先拆下密封胶圈，以防被腐蚀。对于部分顽固污渍，可以用软布对其反复擦拭去除。

6）整个安装过程结束后，接上专用检测仪，对加速踏板位置进行初始化设置。

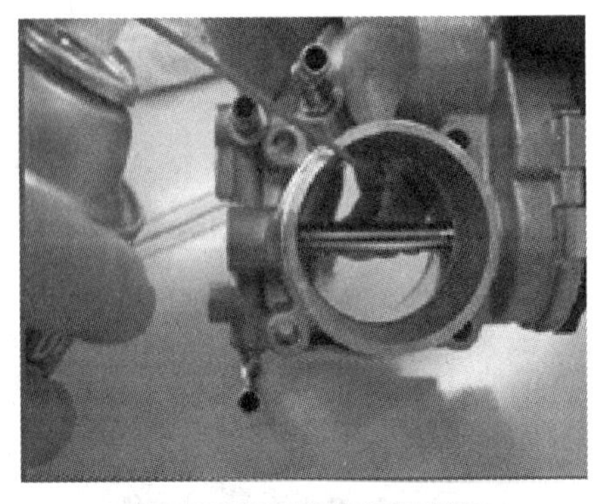

图 6-1-5　清洗节气门体

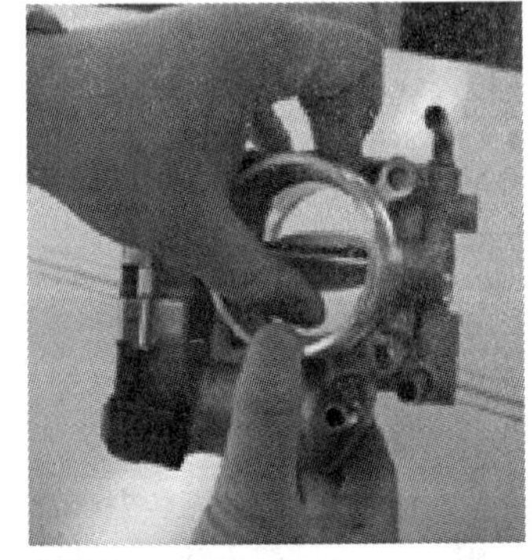

图 6-1-6　检查节气门工作情况

注意事项：

1）定期清洗节气门体。一般汽车每行驶 30000 ~ 40000km 应清洗一次节气门。

2）清洗节气门时一般使用罐装压力清洗剂。因清洗剂具有腐蚀性，应事先拆下节气门密封圈。不能使清洗剂通过节气门轴进入节气门位置传感器和节气门电动机，否则会造成部件损坏。拆下和安装节气门体时，要注意保护易损的塑料部件，如空气滤清器与节气门体之间的塑料连接管及节气门体的冷却水管，否则会引起冷却液的泄漏。

3）安装后必须对节气门体进行匹配设定。

【任务工单】

	汽车维护与保养	学习单元6　汽车发动机的维护与保养	
		学习任务1　发动机进气系统的维护与保养	
班级：	日期：	姓名：	学号：
自我评价		教师评价	

任务描述：丰田卡罗拉汽车进行5000km例行保养时，对进气系统进行维护与保养。

1. 填空题

1）发动机进气系统一般由________、________、________、进气室和进气歧管等组成。

2）发动机工作时，驾驶人通过______踏板操纵______的开度，以此来改变进气量，控制发动机的运转。进入发动机的空气经__________滤去尘埃等杂质后，流经空气流量计，沿节气门通道进入进气室，再经________分配到各气缸中，发动机冷车怠速运转时，部分空气经附加空气阀或怠速控制阀绕过节气门进入气缸。

3）当滤芯积存干燥的灰尘时，可用压力不高于________的压缩空气，从滤芯____侧开始，上下均匀地沿斜角方向吹净滤芯内外表面的灰尘。

4）安装后必须对节气门体进行________。

2. 问答题

1）空气滤清器的检查更换注意事项有哪些？

2）空气滤清器的更换步骤是什么？

3）节气门体检查清洗时应该注意什么？

学习任务2 发动机排气系统的维护与保养

【任务目标】

1）掌握曲轴箱强制通风的维护与保养。

2）掌握三元催化转换器的维护与保养。

【任务描述】

丰田卡罗拉汽车的发动机进行5000km例行保养时，进行排气系统的维护与保养。

【相关知识】

一、发动排气系统的作用和组成

发动机运行时，发动机排气系统的作用就是把发动机在燃烧过程中产生的废气从多个气缸内收集、清洁、消声，然后引到车后进行排放。发动机排气系统主要部件包括曲轴箱强制通风系统、排气歧管、排气总管、三元催化转换器、消声器等排气系统部件，如图6-2-1所示。

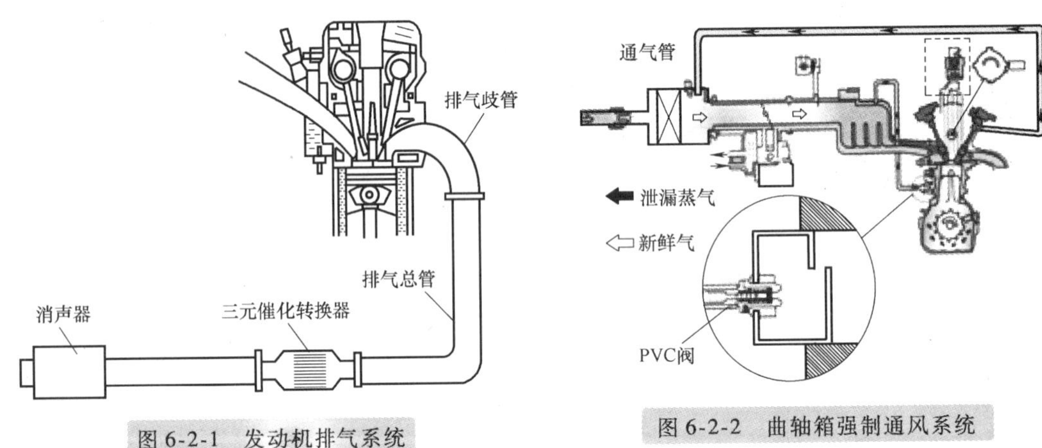

图6-2-1 发动机排气系统

图6-2-2 曲轴箱强制通风系统

二、曲轴箱强制通风系统的作用和结构

发动机工作过程中，气缸内的可燃混合气和燃烧后的部分废气经活塞、活塞环与气缸壁之间的间隙窜入曲轴箱内，未燃烧的燃油、废气中的水蒸气凝结，使机油稀释，从而影响润滑效果；废气中的酸性物质、硫化物，对发动机零部件产生腐蚀；废气还会导致曲轴箱内压力升高，破坏发动机的密封性能，导致发动机漏油。曲轴箱强制通风系统的作用就是将这些气体及时从曲轴箱抽出并导入发动机的进气管，吸入气缸再燃烧。这种通风方式称为强制通风，可防止以上现象发生并提高发动机的经济性，曲轴箱强制通风系统配备有通气管和曲轴箱强制通风阀（又名PVC阀），如图6-2-2所示。PVC阀的作用是控制曲轴箱的气体流入进气管并防止气体或火焰反向流动。

【任务准备】

1）安全、整洁的汽车维修车间或模拟汽车维修车间。

2）齐全的消防设施、个人防护用具、清洁用品等。

3）实训用整车及防护用品、发动机实验台架。

4）汽车举升机、常用工具、检测仪器。

【任务实施】

一、曲轴箱强制通风系统的保养与维护

1. 检查管路情况

1）拆下曲轴箱通风装置的出气软管和回流软管，拆下有关部件（呼吸器、单向阀或油气分离器）。

2）检查管路有无压扁、损坏、泄漏等情况，然后清洗干净，并用压缩空气吹净。

3）按与拆卸相反的顺序装回。

2. 检查 PVC 阀情况

（1）检查阀的真空情况　在发动机上拧下 PVC 阀，然后接好通风软管，怠速运转发动机，把手指放在 PVC 阀的开口端，这时手指应有真空感，若抬起手指，阀口应有“啪、啪”的吸力响声。如果手指没有真空感或没有响声，应用清洗溶液清洗单向阀和通风软管后再检查，如仍不行应更换。

（2）检查阀的运动情况　在发动机上拧下 PVC 阀，用木质细杆插入 PVC 阀，这时阀的柱塞应前后运动自如。如果阀的柱塞不动，应清洗或更换。

二、三元催化转换器的保养与维护

三元催化转换器是安装在汽车排气系统中的机外净化装置，它可将汽车尾气排出的 CO、HC 和 NO_x 等有害气体通过氧化和还原作用转变为无害的二氧化碳、水和氮气，见图 6-2-3 所示。

1. 外观检查

1）检查三元催化转换器表面是否有凹陷。如果有明显的凹陷和刮擦，则说明三元催化转换器的载体可能受到损伤。

2）检查三元催化转换器外壳上是否有严重的褪色斑点或青色或紫色的痕迹，在三元催化转换器防护罩的中央是否有明显的暗灰斑点。如果有，则说明三元催化转换器曾在过热状态下工作，需要进一步检查。

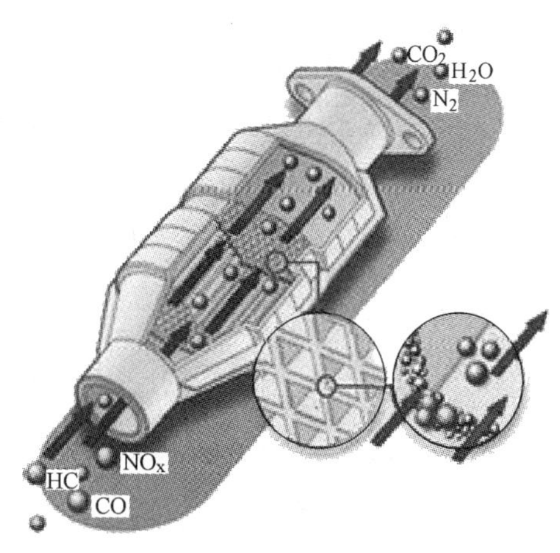

图 6-2-3　三元催化转换器

2. 三元催化转换器前后温度的检查

三元催化转换器在正常工作状态下会因氧化反应产生大量的反应热，因此可以通过温差对比

来判断其性能的好坏。

1）起动发动机，预热至正常工作温度，将发动机转速维持在2500r/min左右。

2）将汽车举升，用数字式温度计测量三元催化转换器进、出口处的温度。三元催化转换器出口处的温度应高于进口处温度10%～15%。

三、排气管的检查

应定期清除排气管内部的积炭和胶质。清除方法可用钢丝刷或钝口刮刀刮除，再用压缩空气吹除干净。排气管如有裂纹、缺口应予以焊修。检查排气管与气缸盖接合表面的变形情况，平面度误差不得超过0.10mm，否则应予以修磨。排气管拆装与检查要点如下：

1）拆卸防护罩。

2）拆卸排气歧管。

3）拆卸排气歧管衬垫。

4）检查排气歧管有无裂纹和损伤。用直尺和塞尺测量接触面的平面度误差。规定值为小于0.15mm；极限值为0.30mm。

5）安装衬垫和排气歧管，拧紧螺栓（力矩25～30N·m）。

6）安装防护罩。

【任务工单】

	汽车维护与保养	学习单元6　汽车发动机的维护与保养	
		学习任务2　发动机排气系统的维护与保养	
班级：	日期：	姓名：	学号：
自我评价		教师评价	

任务描述：丰田卡罗拉汽车的发动机进行5000km例行保养，进行排气系统的维护与保养。

1. 填空题

1）发动机运行时，发动机排气系统的作用就是把发动机在燃烧过程中产生的废气从多个气缸内收集、____、____，然后引到车后进行排放。发动机排气系统主要部件包括________、排气歧管、排气总管、__________、__________等排气系统部件。

2）发动机工作过程中，气缸内的可燃混合气和燃烧后的部分废气经活塞、活塞环与气缸壁之间的间隙窜入________内，未燃烧的燃油、废气中的水蒸气凝结，使机油稀释，从而影响润滑效果；废气中的酸性物质、硫化物，对发动机零部件产生腐蚀；废气还会导致曲轴箱内压力______，破坏发动机的密封，导致发动机漏油。曲轴箱强制通风系统的作用就是将这些气体及时从曲轴箱抽出并导入发动机的________，吸入气缸________，这种通风方式称为强制通风。

3）PVC阀的作用是控制曲轴箱的气体流入________，并防止气体或火焰______向流动。

2. 问答题

1）曲轴箱强制通风系统的作用是什么？

2）如何检查PVC阀的工作情况？

3）三元催化转换器保养维护需做哪些项目？

学习任务3 燃油供给系统的维护与保养

【任务目标】

1）能正确更换燃油滤清器。

2）了解喷油器的清洗方法。

【任务描述】

丰田卡罗拉汽车进行5000km例行保养时，对燃油供给系统进行维护与保养。

【相关知识】

燃油供给系统的功用是向气缸内提供燃烧所需的燃料。目前，汽车燃油系统包括电子控制的汽油喷射式燃油系统和汽油直喷式燃油系统等。下面以电子控制的汽油喷射式燃油系统为例，其主要部件有燃油箱、电动燃油泵、油管、燃油滤清器、油轨、喷油器、燃油压力调节器（简称调压器）和回油管，如图6-3-1所示。

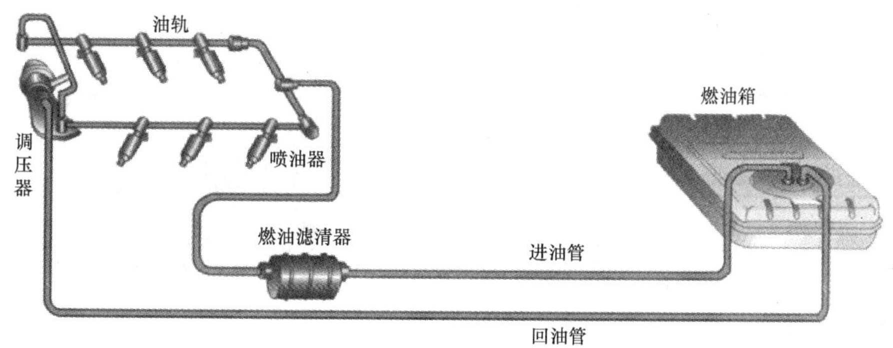

图6-3-1 燃油系统的组成

电动燃油泵将燃油从燃油箱中吸出、加压后输送到管路中，通过燃油滤清器在燃油进入油轨之前把燃油中的水分和氧化铁、粉尘等杂物去除，燃油压力调节器配合建立合适的系统压力，喷油器将汽油喷射在节气门后方或气缸内。

【任务准备】

1）安全、整洁的汽车维修车间或模拟汽车维修车间。

2）齐全的消防用具、个人防护用具、清洁用品等。

3）实训整车及其防护用品、发动机实验台架。

4）汽车举升机、常用工具。

【任务实施】

一、定期更换汽油滤清器

燃油滤清器为一次性使用零件，一般每行驶 30000～40000km，或每两个二级维护作业周期更换一次燃油滤清器。若使用的燃油含杂质较多，应缩短更换周期。具体步骤如下：

1）把车停在一个坚固的平面上。

2）拆下燃油泵继电器或熔丝。

3）起动发动机直到管道中的汽油用完发动机停止。

4）找到燃油滤清器的位置，并从燃油滤清器处断开输油管。

5）拆卸燃油滤清器的安装螺栓，然后就可以拆下燃油滤清器。

6）对比新的燃油滤清器是否和拆下来的型号一致，确认后安装好新的燃油滤清器。

注意事项：

安装新的燃油滤清器时要注意安装方向，确保其指向发动机，确认后就可以按照规定的拧紧力矩（参考车型维修手册）安装燃油滤清器固定螺栓。

二、喷油器的清洗

1）将喷油器放入汽油或清洗油中，仔细清除外部油污后用软布擦拭干净。检查喷油嘴上的橡胶圈是否损坏。如有损坏，应及时更换，如图 6-3-2 所示。

图 6-3-2　清除喷油器外部油污

2）在超声波清洗槽中倒入专用喷油器清洗剂两瓶，约 1850mL，如图 6-3-3 所示。

3）在超声波清洗槽内放入清洗支架，在机架上放好喷油器，清洗剂要浸过支架表面，如图 6-3-4 所示。

4）打开设备电源开关，按下超声波键，设置清洗时间，调整时间为 600s，超声清洗槽内无清洗剂时严禁打开超声系统以免造成设备损坏。

图 6-3-3　倒入专用喷油器测试剂

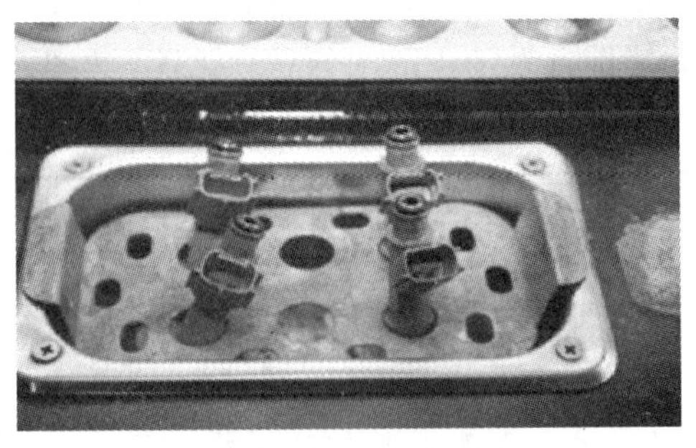
图 6-3-4　放置喷油器

【任务工单】

<table>
<tr><td rowspan="2"></td><td rowspan="2">汽车维护与保养</td><td colspan="2">学习单元 6　汽车发动机的维护与保养</td></tr>
<tr><td colspan="2">学习任务 3　燃油供给系统的维护与保养</td></tr>
<tr><td>班级：</td><td>日期：</td><td>姓名：</td><td>学号：</td></tr>
<tr><td>自我评价</td><td></td><td>教师评价</td><td></td></tr>
</table>

任务描述：丰田卡罗拉汽车进行 5000km 例行保养时，对燃油供给系统进行维护与保养。

1. 填空题

1）燃油供给系统的功用是向气缸内提供燃烧所需的燃料。目前，汽车燃油系统包括电子控制的汽油喷射式燃油系统和汽油直喷式燃油系统等。下面以电子控制的汽油喷射式燃油系统为例，其主要部件有________、__________、______、________、油轨、______、燃油压力调节器（简称调压器）和________。

2）安装新的燃油滤清器时注意________，确保其指向发动机，确认后就可以按照____安装滤清器固定螺栓。

2. 问答题

1）简述汽车发动机燃油供给系统的工作原理。

2）简述汽油滤清器的更换步骤。

学习任务4　点火系统的维护与保养

【任务目标】

掌握火花塞的检查和更换方法。

【任务描述】

丰田卡罗拉汽车进行5000km例行保养时，对点火系统进行维护与保养。

【相关知识】

一、火花塞的作用

火花塞的作用是将点火线圈所产生的脉冲高压电流引进燃烧室，利用电极产生的电火花点燃混合气，完成燃烧。火花塞使用寿命通常为15000km，长效火花塞使用寿命为30000km。火花塞的结构如图6-4-1所示。

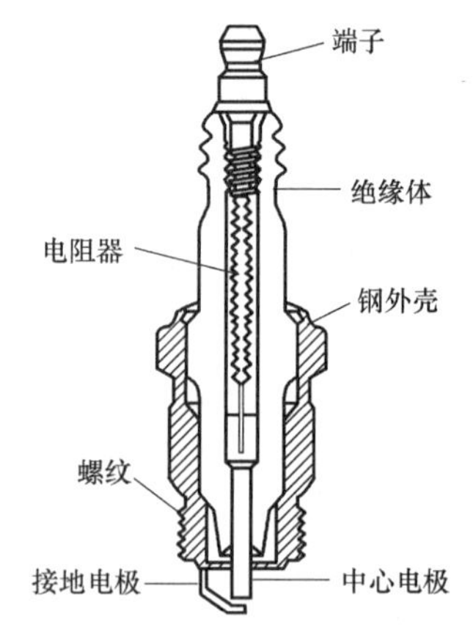

图6-4-1　火花塞的结构

二、火花塞的型号

国产火花塞的型号由三部分数字或字母组成。前面的数字表示螺纹直径，如数字1，表示螺纹直径为10mm；中间的字母表示火花塞旋入气缸部分的长度；最后一位数字表示火花塞的热型：1~3为热型、5、6为中型，7以上为冷型。

三、火花塞的“间隙”

火花塞的间隙是指火花塞中心电极与接地电极之间的距离。火花塞的“间隙”是其主要工作技术指标。若间隙过大，则点火线圈和分电器产生的高压电难以跳火，致使发动机起动困难；若间隙过小，则会导致火花微弱，同时易发生漏电。

【任务准备】

1）安全、整洁的汽车维修车间或模拟汽车维修车间。

2）齐全的消防用具、个人防护用具、清洁用品等。

3）实训整车及其防护用品、发动机实验台架。

4）汽车举升机、常用工具。

【任务实施】

一、火花塞的拆卸

1）先清除火花塞孔处的灰尘及杂物，以防止杂物落入气缸内。

2）将火花塞上的高压线（或点火组件）依次拆下，并在原始位置做上标记。

3）用火花塞套筒套牢火花塞，转动套筒将其卸下，并依次摆放好。

二、火花塞的检查

1）正常情况下火花塞的电极颜色为灰白色，如电极烧黑并附有积炭，则说明存在故障。

2）将火花塞与缸体导通，用中央高压线触接火花塞的接线柱，然后打开点火开关，观察高压电跳火位置。如高压电跳火位置在火花塞间隙，则说明火花塞作用良好，否则，需要换新。

三、火花塞电极间隙的调整

各种车型的火花塞间隙均有差异，具体参见车型维修手册，检查间隙大小，可用火花塞量规或薄的金属片进行。如间隙过大，可用螺钉旋具柄轻轻敲打外电极，使其间隙正常；若间隙过小时，则可利用螺钉旋具或金属片插入电极向外扳动。

四、火花塞的更换

火花塞属于易消耗件，一般行驶 20000 ~ 30000km 即应更换。火花塞更换的标志是不跳火，或电极放电部分因烧蚀而呈圆形。如在使用中发现火花塞经常积炭、断火，一般是因为火花塞太冷，需要换用热型火花塞；若有炽热点火现象或气缸中发出冲击声，则需选用冷型火花塞。

五、火花塞的清洁

火花塞有油污或积炭应及时予以清洗。注意，火花塞的清洁不能用火焰烧烤。若瓷芯损坏、破裂，则应进行更换。

【任务工单】

	汽车维护与保养	学习单元6　汽车发动机的维护与保养	
		学习任务4　点火系统的维护与保养	
班级：	日期：	姓名：	学号：
自我评价		教师评价	

任务描述：丰田卡罗拉汽车进行 5000km 例行保养时，对点火系统进行维护与保养。

1. 填空题

1）火花塞的作用是将________所产生的脉冲高压电流引进燃烧室，利用______产生的电火花点燃混合气，完成燃烧。火花塞使用寿命通常为 15000km，长效火花塞使用寿命为 30000km。

2）国产火花塞的型号由三部分数字或字母组成。前面的数字表示________，如数字 1，表示螺纹直径为________；中间的字母表示________________；最后一位数字表示火花塞的热型：1 ~ 3 为__、5、6 为________，7 以上为________。

3）火花塞的间隙是指________________之间的距离。火花塞的"间隙"是其主要工作技术指标。如间隙过______，则点火线圈和分电器产生的高压电难以跳火，致使发动机起动困难；若间隙过______，会导致火花微弱，同时易发生漏电。

4）火花塞更换的标志是不跳火，或电极放电部分因烧蚀而呈圆形。如在使用中发现火花塞经常积炭、断火，一般是因为火花塞太______，需要换用______型火花塞；若有炽热点火现象或气缸中发出冲击声，则需选用______型火花塞。

2. 问答题

1）火花塞拆卸的注意事项有哪些？

2）如何检查火花塞是否正常工作？

学习任务5　发动机润滑系统的维护与保养

发动机工作时，各运动零件均以一定的力作用在另一个零件上，很多传动零件都是在很小的间隙下作高速相对运动，若不对发动机内各机件进行润滑，将发生强烈的摩擦，它们之间的干摩擦，不仅增加了发动机的功率消耗，还会加速零件工作表面的磨损，致使发动机无法运转。因此必须对车辆进行定期润滑保养。

【任务目标】

1）熟悉汽车发动机润滑油的分类与选用。

2）掌握润滑油泄漏的检查方法和步骤。

3）掌握汽车发动机润滑油更换的作业程序和标准。

【任务描述】

丰田卡罗拉汽车进行5000km例行保养时，对润滑系统进行维护与保养。

【相关知识】

一、润滑油检查更换的基本知识

发动机润滑油俗称机油。一般情况下，汽油机和柴油机使用不同的机油。机油在使用过程中受到高温、空气和金属催化等作用，油品将会氧化、老化，进而影响发动机的正常运转。因此，当机油使用到一定时间，就需要进行更换：如果不更换，机油中会混杂了由于燃油燃烧而产生的油泥、积炭、水、酸性物质以及不完全燃烧产物等，会显著降低抗磨损性能。同时，机油中的添加剂也会随着使用不断消耗，影响润滑油的使用性能，造成发动机的损坏。发动机机油一般每行驶5000km或者六个月更换一次（具体参照车辆维修手册或用户手册）；在更换机油时要求同时更换机油滤清器；选用发动机机油时要根据具体要求进行合理选择。

二、发动机机油及机油滤清器的作用

发动机机油的主要作用是润滑曲轴、连杆等摩擦部位，除此之外，发动机机油还应具有冷却、密封、清洁和防锈抗腐蚀、减振、缓冲作用。

机油滤清器是过滤机油中炭、油污和金属杂质的主要部件，如果发动机机油滤清器长时间没有更换，滤清器将堵塞。没有过滤的脏机油将顶开安全阀流向润滑部件，加剧发动机磨损。

三、发动机机油的分类

通常对发动机机油进行分类时有黏度分类法和质量分类法两种，国际上广泛采用的SAE分类法和API分类法，分别是两种分类方法的典型代表。

SAE是美国汽车工程师学会的英文缩写，SAE等级代表油品的黏度等级。SAE30、SAE40为单级油，SAE10W—30、SAE15W—40为多级油。其中，“W”前面的数字越小说

明低温黏度越低，发动机冷起动时的保护能力越好；“W”后面的数字则是机油耐高温性能指标。

API是美国石油学会的英文缩写，API等级代表发动机机油质量的分类。它采用简单的代码来描述发动机机油的工作能力。API发动机机油分为两类：“S”系列代表汽油发动机用油（点燃式发动机，注：Spark—火花塞）；“C”系列代表柴油发动机用油（压燃式发动机，注：Compress—压缩）；若“S”和“C”两个字母同时存在，则表示此机油为汽柴通用型。如“S”在前，则主要用于汽油发动机。反之，则主要用于柴油发动机厂。不论“S”还是“C”，每个系列的油品按英文字母顺序排列，分为若干级别。从“SA”一直到“SM”，每递增一个字母，机油的性能都会优于前者，机油中还有很多用来保护发动机的添加剂。字母越靠后，质量等级越高，国际品牌中S系列机油级别多是SJ级别以上的。

四、发动机润滑油的合理选用

1）不论是汽油车，还是柴油车，在选用发动机润滑油时，均应参阅车型使用手册，并根据汽车厂家使用说明书的推荐选用，也可以选取高于推荐要求的润滑油。

2）确定选择润滑油的API质量等级：汽油机润滑油质量等级可根据压缩比选择，发动机的压缩比越高，热负荷越大，温度越高；选用的润滑油级别越高。柴油机润滑油质量等级可根据强化系数选择，强化系数越高，选用的润滑油等级越高。

3）确定并选择润滑油的SAE黏度等级：

① 以使用的季节、气温为依据，既要保证发动机在低温时能顺利起动，又能在高温运行时保证正常的润滑和密封，一般地说，选择凝点比本地区气温低5～10℃的润滑油。

② 根据发动机负荷大小选择，负荷大转速低时选用黏度高一些的润滑油，负荷小转速高时选用黏度低一些的润滑油。

③ 车龄较长，磨损较大的汽车应选用高黏度润滑油。

④ 如有下属情况的汽车应选择API高一级的润滑油：城市中行驶，经常堵车、走走停停，起动频繁，加快磨损；长途高速行驶，发动机长时间处于高温状态；高负荷行驶，货车严重超载，轿车载货。

【任务准备】

1）安全、整洁的汽车维修车间或模拟汽车维修车间。

2）齐全的消防用具、个人防护用具、清洁用品等。

3）实训整车及其防护用品。

4）汽车举升机、实训用备品如机油、机油滤清器等常用工具。

【任务实施】

一、发动机机油泄漏的检查

1. 预检操作

1）检查前先安放地毯垫、座椅套、转向盘罩及变速杆套，然后通过拉动发动机盖释放柄来打开发动机盖，如图6-5-1所示。

2）打开发动机盖后，安装翼子板垫和前罩，然后用车轮挡块挡住车轮。

3）拔出机油尺，用干净的布擦拭干净，再把机油尺重新插入到底：稍等几秒钟拔出发动机机油尺检查发动机机油液位，观察油面是否在上限（MAX）和下限（MIN）之间。在检查机油液面高度的同时，也可通过观察颜色、鼻嗅手感的方法检验机油的品质，以使自己对发动机的润滑状况做到时时心中有数。

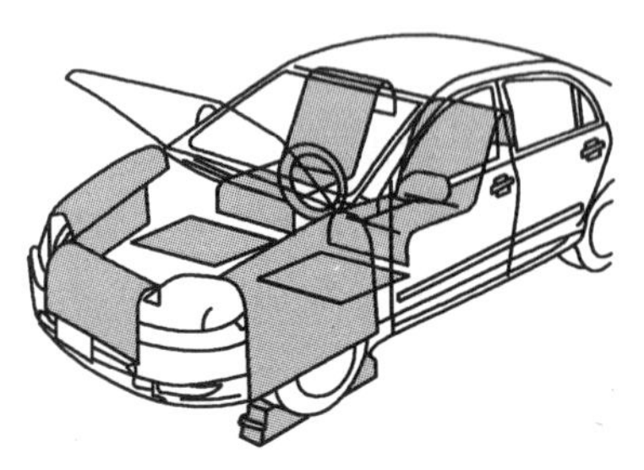

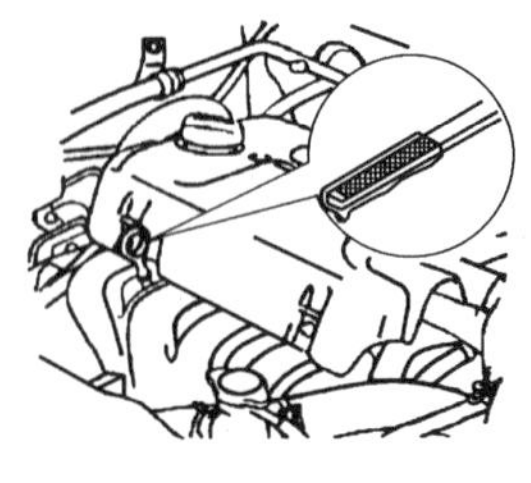

图 6-5-1 预检操作

① 眼观：若机油洁净清澈，则表示机油污染很轻。若油膜表面有水滴或有呈淡黄色的乳沫，则表明机油中有水混入；若机油呈灰黑状，则表明机油已污染严重，应及时更换。

② 鼻嗅：若用鼻子能闻出较浓的汽油味，则表明气缸与活塞环、活塞等零部件磨损严重，是混合气和废气漏入油底壳而造成的，此时应及时到维修站去维修。

③ 手感：用手捻捏少量机油，若手感粗糙，则表明机油中已混入大量的金属屑和其他杂质；若感到机油较稀，则很可能是混合气中的汽油稀释所致，应去维修站检修并更换机油；若感到机油过于黏稠且有胶质感，则说明机油已老化变质，寿命已尽，应及时更换。

2. 举升车辆

车辆的举升如图 6-5-2 所示。

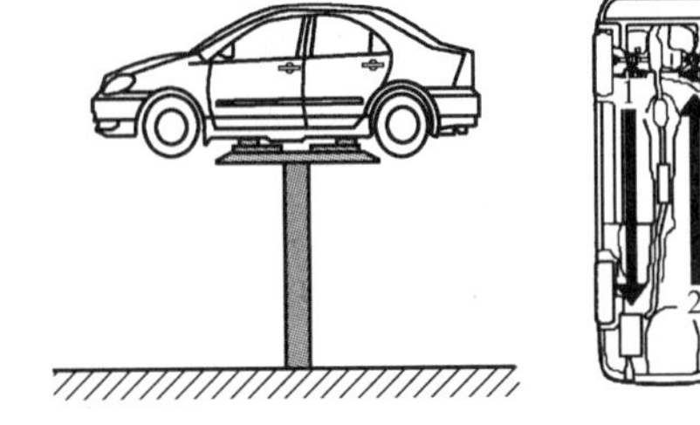

图 6-5-2 车辆的举升

3. 泄漏的检查

1）对车辆进行清洁，除去灰尘和污渍。

2）检查发动机前、后油封有无泄漏，如果发现泄漏视情更换，如图 6-5-3 所示。

3）检查油底壳螺塞有无泄漏，如发现泄漏，视情更换，如图 6-5-4 所示。

4）检查油底壳是否有明显的撞击裂痕。

5）检查油底壳密封面是否泄漏，视情进行检修。

二、发动机机油与机油滤清器的更换

1. 排放发动机机油（见图 6-5-5）

1）换油最好是在行驶一段里程后立即进行，如果不能，也应该在换油前起动车辆几分钟，使机油在发动机内部循环均匀，便于将各种沉积物一同带出。

2）用举升机举起车辆至可以以正常体位进行操作的位置。

图 6-5-3　发动机油封的检查

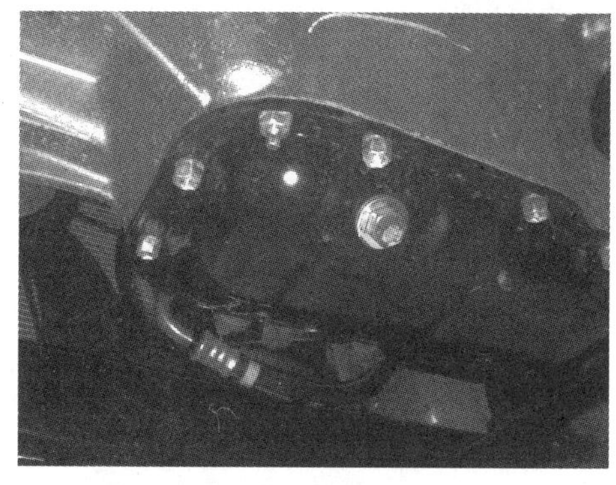

图 6-5-4　油底壳螺塞的检查

3）旋开位于油底壳的放油螺塞，将机油全部放入接油机中（机油较热，小心烫伤），完成后，不要立即关闭放油口，适当空一段时间，以保证发动机内残油完全流出。

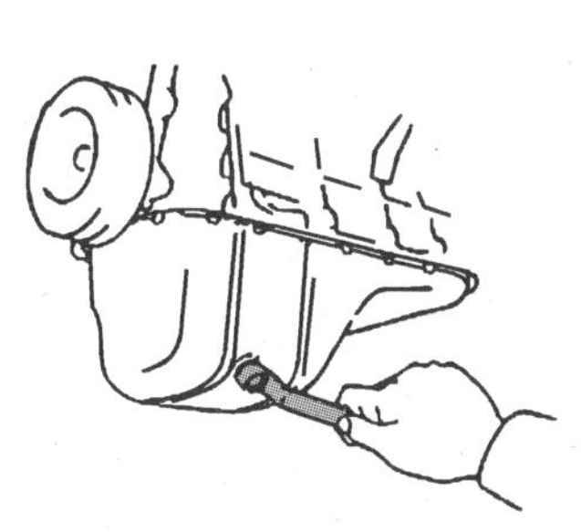

图 6-5-5　排放发动机机油

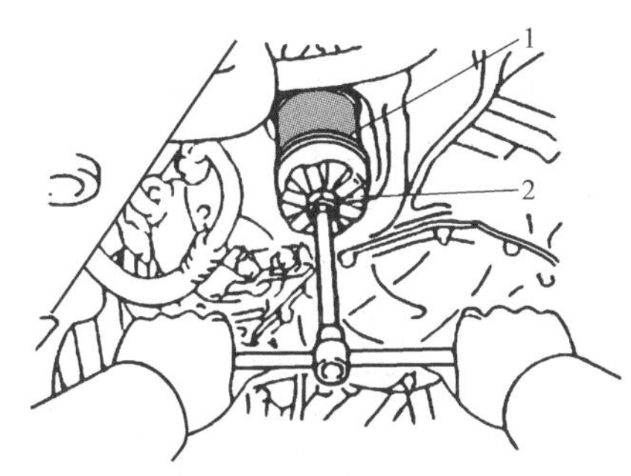

图 6-5-6　更换机油滤清器

2. 更换机油滤清器（见图 6-5-6）

1）用专用工具拆卸机油滤清器，注意用接油机接住废机油。

2）更换一只相同型号的新机油滤清器，用少许新发动机油均匀涂抹在新的机油滤清器的 O 形圈上。

3）清洁机油滤清器座。

4）用手拧紧机油滤清器后再用专用工具拧紧 3 ~4 圈。

3. 安装油底壳螺塞（见图 6-5-7）

1）清洁油底壳螺塞孔和油底壳螺塞。

2）更换一个新的密封垫片（注意垫片上下面）。

3）安装油底壳螺塞，然后按规定力矩拧紧油底壳螺塞。

4. 机油的加注（见图 6-5-8）

1）将车辆放下，擦干净发动机顶部加油口周围的尘土。

2）打开机油加注口盖，然后将新机油慢慢加入（可以使用一只漏斗来加注）。加注时应遵循维修手册推荐的机油规格及添加量（卡罗拉轿车机油加注量为 3.7L）。

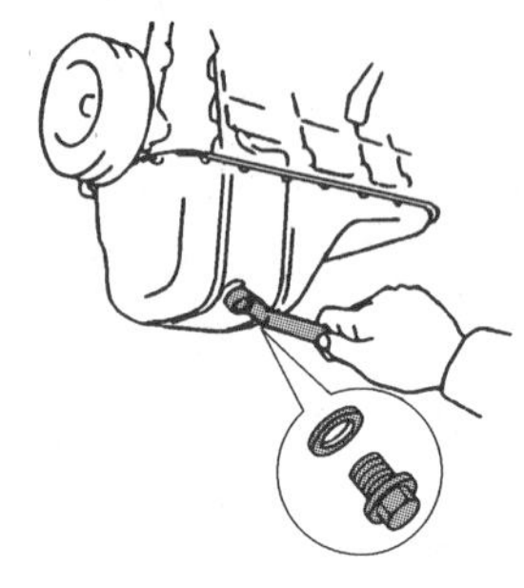

图 6-5-7　安装油底壳螺塞

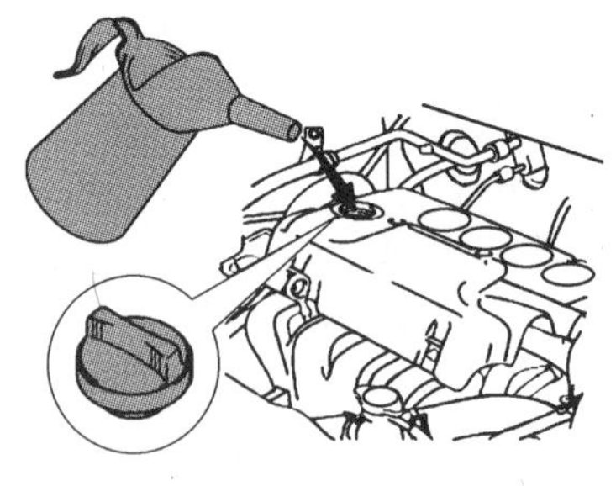

图 6-5-8　机油的加注

3）起动发动机并怠速运转几分钟。

4）等待数分钟后，再检查机油的油位，保证发动机机油液位在指定范围内。

5）关闭点火开关，等待数分钟。再次检查机油的油位，必要时再添加机油。

5. 安装状况的检查（见图 6-5-9）

1）发动机起动运转几分钟，熄火后举升汽车至合适高度。

2）检查机油滤清器及放油螺塞表面是否漏油，如漏油则表示安装不当。

3）降下汽车，拆卸翼子板护垫等设施，如图 6-5-10 所示。

图 6-5-9　安装状况的检查

图 6-5-10　翼子板护垫等的拆卸

【知识扩展】

1. 全合成机油、矿物油以及半合成机油

简单说，机油里只含有 PAO 或酯类合成物（ester），这种润滑油被称为全合成机油（fully synthetic 或 100% synthetic），即真正的化学合成机油。

顶级全合成酯类油的优势：

在一般情况下，油会在两接触面间形成一层连续的油膜。这层油膜起着液态润滑的作用，即防止金属与金属间直接接触，从而减少摩擦。润滑油能否提供液态润滑，取决于能否在两个金属零件表面上形成不断裂的油膜。当这层油膜在重负荷情况下断裂，便会造成阻力和摩擦。

能在其他基础油失效的条件下仍能保持优越的润滑作用，这便是酯类油在临界润滑情况下的优胜之处。酯类分子中所含氧元素使它具有正电极；含氢元素使它具有负电极。由于电极作用，可以使酯类分子吸附在金属表面，形成一层称为黏附分子油膜的油层。正是这层黏附分子油膜使酯类油从其他因黏性而形成油膜的油中脱颖而出。

当发动机起动时，润滑油性能的好坏就更容易辨别了。那些半合成油膜的润滑油，在发动机停止工作时会从金属零件表面流走。当发动机再次起动时，两金属零件表面的油膜已经消失，导致发生干摩擦。相反，顶级全合成油可实现液态润滑的黏附分子油膜，即使是在发动机停止工作后，它也能够存在于在两金属零件表面之间。也就是说，以酯类作为基础油的润滑油，即使发动机停下来，也可以对发动机有着不间断的保护。

矿物油基是从原油提炼而得，也就是原油提出了油气、汽油、柴油、煤油、重油之后，接着提炼出矿物油基，最后留下的是沥青。矿物油基颜色透明微带浅琥珀色，就像色拉油的颜色。

通常矿物机油成本很低，但因矿物油基较容易氧化，虽然现今矿物油都有添加各种添加剂，但使用寿命仅为约 6 个月。

半合成油基是将矿物油基裂解后，再加以合成，可以得到性质较一致的化学成分，颜色与矿物油基相似，为澄清微带浅琥珀色，提炼成本高所以价格昂贵，但抗氧化性良好，是相当好的长效型机油，使用寿命约为 12 个月。

2. 机油使用常识问答

问题 1：是不是什么车都适用顶级的全合成机油？

答：全合成机油的确性能非常好，流动性上佳，不管是冬日冷起动还是夏天的耐高温性都非常出色，并且换油周期长，可以对发动机最大程度保护。但是全合成机油并不适合几万元的微型、小型车、经济型车，因为这几种车的发动机加工精度相对比较低，气缸和活塞环之间的间隙密封性并不是最精细的，要用比较黏稠的机油来起到气缸和活塞环之间的密封作用。如果使用了比较稀的全合成机油，这种发动机的密封就会存在某些问题，开起来总觉得没有力量，并且停车之后，全合成机油会大部分流回到油底壳，发动机的润滑和密封受到了破坏，所以冷车起动后，发动机会受到较大磨损，如果是较为黏稠的中档次机油在这种发动机内就不会出现这种问题。所以，全合成机油是好油，但是并不适合低成本的经济性车发动机。

问题 2：增压发动机如何选机油？

答：如果是普通涡轮增压车，使用原厂机油就足够了。但是如果你更新了电脑，涡轮增压器因为工作转速太高，任何滚珠轴承也承受不了 100000r/min 的强度，所以主转轴不是滚珠轴承和涡轮本体连接的，而是采用浮动式设计。主转轴是浮动在机油中的，涡轮本体和主转轴之间的极为狭窄的空间内充满流动的机油，既起到润滑的作用，又能在主转轴和涡轮本体之间带走杂质并起到散热作用。以宝来 1.8T 轿车为例，原厂 0.38bar（$1bar = 10^5Pa$）增压值一般转速在 10000 ~ 15000r/min，原厂机油完全够支撑这个转速和散热。但是更新电脑后，增压值暴涨，涡轮转速也会暴涨至 20000 ~ 30000r/min，这时原厂机油因为并不是顶级全合成机油，机油黏稠度较高，流动性较差，所以当主转轴超高转速旋转时，机油就无法提供该有的润滑和散热了，这时就会出现机油烧糊、涡轮损坏等问题。

全合成机油相对比较稀，润滑和散热性更佳，涡轮转速提高后，这种更加稀的机油可以100%流动到该润滑的部位，所以不会出现前面说的诸多问题。

问题3：为什么德系车一般都是7500～10000km更换一次机油，而日系车都是5000km换机油？

答：这就是矿物油和合成机油之间的关系。日系车一般的车型（车价小于30万元的）原厂机油一般都是矿物油，换油周期不能太长，一般是5000km就需要更换了，中高档日系车（车价高于30万元的）一般会采用半合成机油，这样换油周期可能会在7500～10000km左右。

车价在15万元左右的德系车，原厂机油基本就都是半合成机油了，所以自然换油周期就会比同档次的日系车要长2500km。而车价超过20万元的很多德系车原厂机油就是全合成的，换油周期理论上可以突破10000km。

问题4：为什么高端车都多少会有点烧机油？

答：高端车一般都用全合成机油，甚至很多超级跑车使用流动性极佳的0W-50系列的超级赛车机油。机油流动性好，就意味着黏度更加稀，好处前面说过很多，但有一个不好的地方就是因为比较稀，所以机油从汽缸和活塞环之间流入燃烧室的比例也就更大，所以机油消耗量自然就比那些家用车要高了很多。

高端车都有点烧机油是不可避免的，除非你不用高档机油。不过，如果每2000km消耗量超过了0.5L机油，那也是有问题的，不是正常消耗量。

问题5：只更换机油，不更换机油滤清器行不行？

答：机油不但用于润滑，另一个很重要的作用是带走发动机内部的脏东西，这些脏东西都是被机油滤清器所过滤掉的，如果换了机油不换机油滤清器，脏东西无法彻底清除，所以换油也没意义了。换机油必须换机油滤清器。

问题6：机油换下来都是黑色的吗？

答：机油在发动机内部主要润滑各个部件，尤其是对活塞和气缸壁的润滑最重要，这里面，燃烧的产物就是深色的胶状物，所以机油自从被注入发动机内部第一天使用开始就已经变色了。不过，正常使用的机油应该是深棕色的，如果是彻底的纯墨黑，那也是有问题的，很可能是换油周期太长了。

问题7：不同品牌的机油能不能混用？

答：每个品牌的机油添加剂都是不一样的，混用可能会造成化学成分之间的变质，强烈不推荐混用。

问题8：全国各地车主，使用机油有什么讲究？

答：东北三省、新疆、西藏，建议使用比较稀的抗低温5W系列的机油，极冷的地区，发动机机油甚至会使用0W系列的。华北、华东、华南地区，建议使用正常的5W-30/40或者10W-30/40机油；海南这种极热的地区，建议使用40或者50的机油，耐高温性是必须的。

【任务工单】

<table>
<tr><td colspan="2" rowspan="2"></td><td rowspan="2">汽车维护与保养</td><td colspan="2">学习单元6 汽车发动机的维护与保养</td></tr>
<tr><td colspan="2">学习任务5 发动机润滑系统的维护与保养</td></tr>
<tr><td>班级：</td><td>日期：</td><td></td><td>姓名：</td><td>学号：</td></tr>
<tr><td>自我评价</td><td></td><td></td><td>教师评价</td><td></td></tr>
</table>

任务描述：丰田卡罗拉汽车进行5000km例行保养时，对润滑系统进行维护与保养。

1. 填空题

1)发动机机油一般每行驶________km或者________更换一次(具体参照车辆维修手册或用户手册)；在更换机油时要求同时更换________。

2)发动机润滑油的主要作用是________、______部位，除此之外，发动机润滑油还应具有______、________、________和______作用。

3)眼观：若机油洁净清澈，则表示机油污染很轻。若油膜表面有________或有呈________的乳沫，则表明机油中有水混入；若机油呈________，则表明机油已污染严重，应及时更换。

4)换油最好是在行驶________后立即进行，如果不能，也应该在换油前起动车辆________，使润滑油在发动机内部循环均匀，便于将各种沉积物一同带出。

5)________是美国石油学会的英文缩写，________等级代表发动机机油质量的分类。它采用简单的代码来描述发动机机油的工作能力。

6)________是美国汽车工程师学会的英文缩写，________等级代表油品的黏度等级。SAE30、SAE40为单级油，SAE10W—30、SAE15W—40为多级油。其中，“W”前面的数字________说明低温黏度越低，发动机冷起动时的保护能力越好；“W”后面的数字则是________的指标。

7)机油过________，会造成发动机各部位摩擦阻力增大，发动机功率损耗。而且________的机油会窜入燃烧室，发动机烧机油，机油消耗量明显增大，发动机内部积炭增多，甚至导致________、________、________，严重损害发动机。反之，如果机油过________，发动机的一些部件无法得到足够的润滑，将造成部件不正常的磨损。

2. 问答题

1)可通过哪几个方面检查机油的品质？

2)卡罗拉机油和机油滤清器的更换步骤是什么？

学习任务6　冷却系统的维护与保养

【任务目标】

1）能正确识别冷却液的种类及更换冷却液。

2）掌握冷却系统的检查与维护。

【任务描述】

丰田卡罗拉汽车进行5000km例行保养时，对冷却系统进行维护与保养。

【相关知识】

一、冷却系统的组成

冷却系统（水冷系统）的组成包括水泵、冷却液、散热器、散热风扇、节温器、膨胀水箱、发动机机体和气缸盖中的水套及其他附属装置等，如图6-6-1所示。

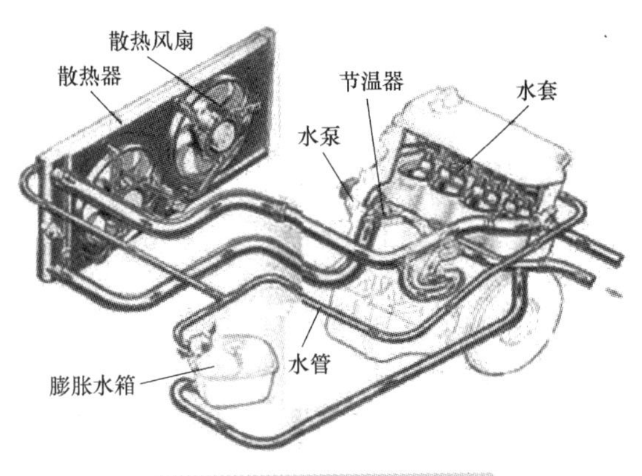

图6-6-1　冷却系统的组成

二、冷却系统的工作原理

发动机冷却液温度较低时，节温器主阀门关闭，旁通阀开启，冷却液在发动机内部进行小循环，此时，冷却液流动路线短，流量小，便于发动机迅速升温。当发动机冷却液温度升高到一定值时，节温器主阀门开启，旁通阀关闭，冷却液流经散热器，风扇的强制抽风作用将热量散发到空气中去，以保证发动机温度不至于过高。此时，冷却液流动路线长，流量大，称为大循环。

三、冷却液

冷却液由水、防冻剂、添加剂三部分组成，按防冻剂成分不同可分为酒精型、甘油型、乙二醇型等类型的冷却液。乙二醇型冷却液是用乙二醇作防冻剂，并添加少量抗泡沫、防腐蚀等综合添加剂配制而成，又称为长效冷却剂（简称LLC）。由于乙二醇易溶于水，可以任意配成各种冰点的冷却液，其最低冰点可达－68℃。这种冷却液具有沸点高、泡沫倾向低、黏温性能好、防腐和防垢等特点，目前国内外发动机所使用的和市场上所出售的冷却液几乎都是这种LLC冷却液。LLC冷却液浓度越高，冷却液就越难以结冰。然而，如果LLC冷却液浓度太大，其性能下降。使用浓度为30%至50%的LLC冷却液，冷却液必须定期更换，因为它在使用过程中会变质。冷却液浓度标准和结冰温度为：浓度为30%时结冰温度大约为－16℃，浓度为50%时结冰温度大约为－35℃。

除了冷却作用外，冷却液还应具有以下功能：

1）冬季防冻。为了防止汽车在冬季停车后，冷却液结冰而造成散热器、发动机缸体胀裂，要求冷却液的冰点应低于该地区最低温度10℃左右，以备天气突变。

2）防腐蚀。冷却液中都加入一定量的防腐蚀添加剂，防止冷却系统产生腐蚀。

3）防水垢。冷却液在循环中应尽可能少地减少水垢的产生，以免堵塞循环管道，影响冷却系统的散热功能。

4）高沸点（防开锅）。符合国家标准的冷却液，沸点通常都是超过105℃，比起水的沸点100℃，冷却液能耐受更高的温度而不沸腾（开锅），在一定程度上满足了高负荷发动机的散热冷却需要。

【任务准备】

1）安全、整洁的汽车维修车间或模拟汽车维修车间。

2）齐全的消防用具、个人防护用具、清洁用品等。

3）实训整车及其防护用品。

4）汽车举升机、实训用备品、常用工具。

【任务实施】

一、冷却液的检查

1. 冷却液渗漏检查

检查冷却液是否从散热器、橡胶软管、散热器盖和软管夹周围渗漏，检查属于冷却系统的橡胶软管是否有裂纹、隆起或者硬化，如图6-6-2所示。如有，应更换所有膨胀或退化失效的部分。

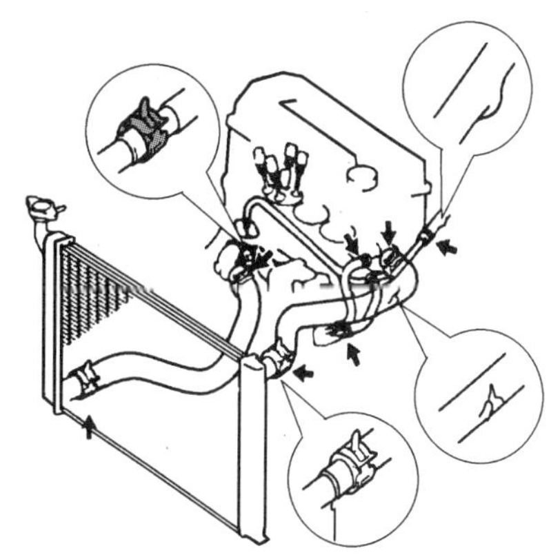

图6-6-2　冷却液渗漏检查

2. 冷却液液位检查

1）发动机预热，然后让发动机冷却下来。

2）通过膨胀水箱上的刻度检查冷却液的液位是否处于规定的范围内。

3. 冷却液质量检测

观察冷却液的外观，辨别其气味，进行直观判别。冷却液应透明，无异味，无沉淀。如发现浑浊、气味异常或有悬浮物时，则说明冷却液已经变质，应立即停止使用并加以更换。

4. 冰点检测

冰点测试是冷却液能否在寒冷天气里使用的一种防冻性能测试。采用冰点测试仪，能快速检测出冷却液的结晶冰点。

冰点仪的使用方法是：掀起盖板用柔软绒布把盖板及棱镜表面擦拭干净；将待测液体用吸管滴于棱镜表面，合上盖板轻轻按压，将折射计对向明亮处，旋转目镜使视场内刻度线清晰，读出明暗分界线在标示板上相应标尺上的数值即可；测试完毕，用绒布擦拭棱镜表面和

盖板，清洗吸管，将仪器放回包装盒内，如图 6-6-3 所示。

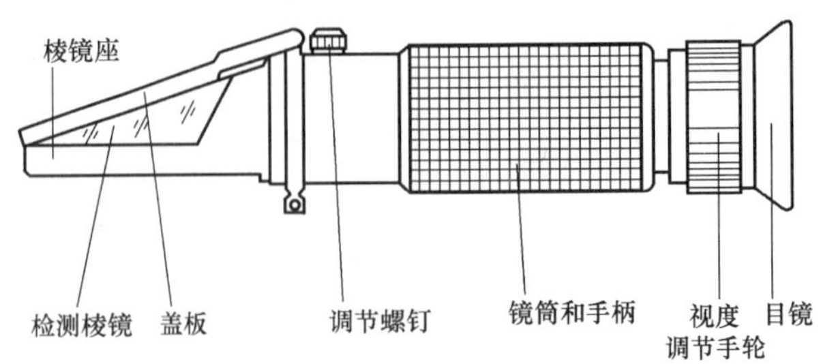

图 6-6-3　冰点测试仪示意图

注意事项：

1）如果想在发动机仍然发热时拆卸散热器盖，在盖上放一块布并且松开 45°以便释放压力。然后，拆卸散热器盖。不要立即拆卸散热器盖，否则冷却液将会溅出。

2）散热器冷却时检查冷却液液位。因为如果散热器发热，冷却液将会是高液位。

二、冷却液的更换

1）将汽车放在平地位置。

2）拧下散热器盖（如果发动机温度过高，不要急于将散热器盖打开，以防烫伤）。

3）将散热器下部的放水管接头松开，将原有的冷却液排出。为了排干净发动机内部的冷却液，可以短时间（不超过 10s）起动发动机。

4）将放水开关关好，向冷却系统内注满四季通用的冷却液，并按标注加至膨胀水箱最大值标记处，如图 6-6-4 所示。

5）起动发动机，观察膨胀水箱上的刻度，数量不足时可适当添加。

图 6-6-4　膨胀水箱示意图

注意事项：

1）补充冷却液时，应将冷却液慢慢注入。

2）当液面高度很低，而发动机温度很高时，不要加注冷却液，应等到发动机温度冷却后再进行。

3）不可加满冷却液，必须留有蒸汽的膨胀余地。

4）在冷却液即将加够时，可将发动机起动 2～3min，使冷却液循环。冷却液循环时会把冷却系统内的空气排出，并使加液口冷却液液位降低，这时应按标准补足。

【任务工单】

	汽车维护与保养	学习单元6 汽车发动机的维护与保养	
		学习任务6 冷却系统的维护与保养	
班级：	日期：	姓名：	学号：
自我评价		教师评价	

任务描述：丰田卡罗拉汽车进行5000km例行保养时，对冷却系统进行维护与保养。

1. 填空题

1）冷却系统（水冷系统）的组成包括________、冷却液、________冷却风扇、________、膨胀水箱、发动机机体和气缸盖中的________及其他附属装置等。

2）发动机冷却液温较低时，节温器主阀门________，旁通阀________，冷却液在发动机内部进行________循环，此时，冷却液流动路线________，流量________，便于发动机迅速________。当发动机冷却液温升高到一定值时，节温器主阀门________，旁通阀________，冷却液流经________，风扇的强制抽风作用将热量散发到空气中去，以保证发动机温度不至于过________。此时，冷却液流动路线________，流量________，称为________循环。

3）冷却液除了具有冷却作用外，还应具有________、________、________和________功能。

2. 问答题

1）简述冷却液液位的检查方法和注意事项。

2）如何从外观检查冷却液的质量？

3）简述冰点仪的使用方法。

4）简述冷却液更换的方法和注意事项。

学习单元7 汽车底盘的维护与保养

学习任务1　离合器自由行程的测量与调整

【任务目标】

1）了解离合器的组成、作用和检查的重要性。

2）熟悉离合器的检查内容。

3）能正确地对离合器进行检查和调整。

【任务描述】

丰田卡罗拉汽车（手动变速器）的发动机进行5000km例行保养时，对离合器进行维护与保养。

【相关知识】

一、离合器的组成

离合器位于发动机与变速器之间，离合器常用的多为干摩擦片式。离合器主要由主动部分、从动部分、压紧机构和操纵机构四部分组成，如图7-1-1所示。其中，发动机飞轮是离合器的主动件。带摩擦片的从动盘的毂通过轴向花键同从动轴（即变速箱第一轴）相连。压紧弹簧将从动盘紧压在飞轮端面上。发动机转矩就靠飞轮同从动盘接触面之间的摩擦作用而传到从动盘上，再由此经过从动轴和传动系统中一系列机件传给驱动车轮。离合器零件如图7-1-2所示。

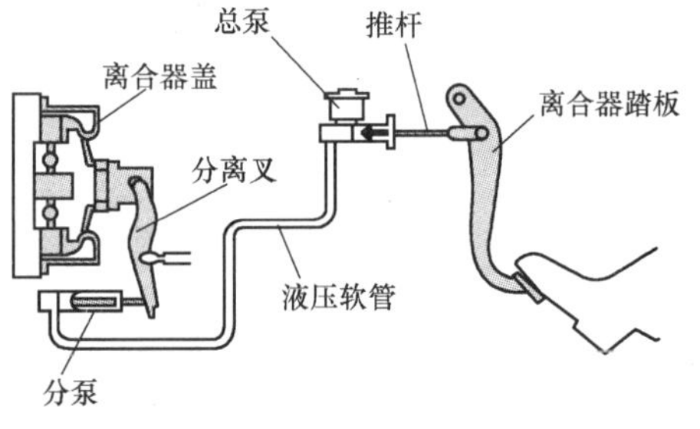

图7-1-1　离合器的组成

二、离合器的功用

1）保证在发动机的曲轴与传动装置间能根据汽车行驶的需要传递或切断发动机动力输出。

2）使汽车平稳起步。

3）便于换档和防止传动系统过载。

对于机械式离合器操纵机构，离合器踏板一般是通过拉索或机械杆件与分离拨叉臂相连；对于液压式或气压式离合器操纵机构，离合器踏板与离合器总泵相连。手动变速的车辆可以通过操纵离合器踏板来接通或切断发动机的动力。

三、离合器检查的重要性

汽车在使用过程中，如果离合器踏板位置不正确（即离合器踏板高度、自由行程不符合规定要求），会导致离合器分离不彻底、换档困难、离合器打滑、汽车加速不良、分离轴承及压盘总成过早损坏等故障。因此，正确地检查与调整离合器踏板的位置，对提高正常使用性能和减轻驾驶人的疲劳强度具有十分重要的意义。

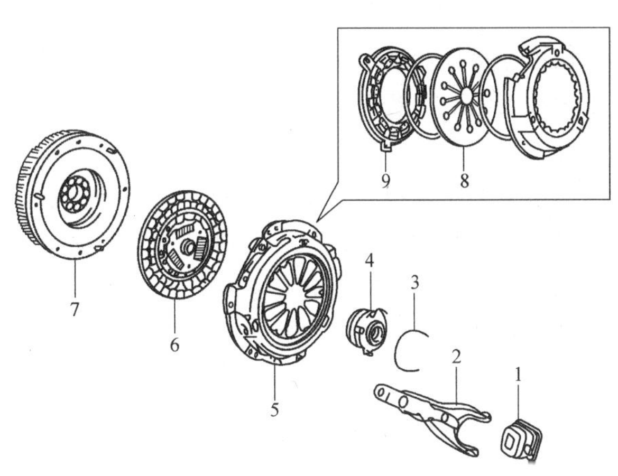

图 7-1-2　离合器零件

1—护套　2—分离叉　3—夹头　4—分离轴承　5—离合器盖　6—离合器盘　7—飞轮　8—膜片弹簧　9—压盘

【任务准备】

1）安全、整洁的汽车维修车间或模拟汽车维修车间。

2）齐全的消防设施、个人防护用具、清洁用品等。

3）实训用整车及防护用品。

4）汽车举升机、常用工具、检测仪器。

【任务实施】

一、离合器踏板的检查

1. 离合器踏板工作情况的检查

如图 7-1-3 所示，踩下离合器踏板，检查是否存在踏板的回弹无力、异常噪声、过度松动、感觉踏板重的故障；发动机怠速时，踩下离合器踏板，换到 1 档或者倒车档，并检查是否有异常噪声和换档是否平稳。同时，检查在踩下踏板时，其重量是否可以接受。

2. 离合器踏板高度的检查

使用一把测量标尺检查离合器踏板高度是否处于标准值以内。测量从地面到离合器踏板上表面的距离。如果必须要从地毯表面开始测量，则从标准值中扣除地毯的厚度，或者地毯和沥青纸毡的厚度。若超出标准范围，则应调整踏板高度。

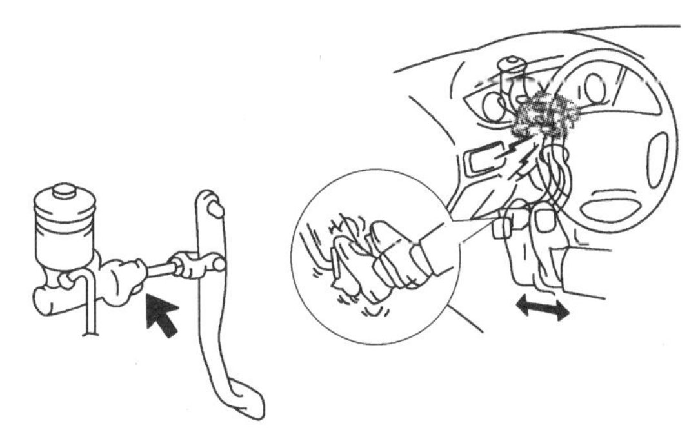

图 7-1-3　离合器踏板检查

3. 踏板自由行程的检查

使用手指按压踏板并使用一把测量标尺测量踏板的自由行程量。检查踏板自由行程是否处于标准范围内。若超出标准范围，则应调整踏板高度。

注意事项：

用手指按压踏板时，感觉踏板逐渐变重的过程分为两步：

第一步：踏板运动直到踏板推杆接触总泵活塞。

第二步：踏板运动直到总泵引起液压上升。

离合器分离轴承推动膜片弹簧以前，随着踏板发生一定量的移动，踏板自由行程也就被确定。

4. 离合器分离点的检查

发动机怠速运转，拉住驻车制动器，不踩下离合器踏板，慢慢挂入倒档，听到齿轮噪声时停止换挡杆的操作，逐渐踩下离合器踏板，测量踏板开始移动到齿轮噪声停止的行程量。

二、离合器踏板调整

1. 踏板高度的调整（见图 7-1-4）

1）松开调整螺栓的锁止螺母。

2）转动调整螺栓直到踏板高度正确。

3）上紧锁止螺母。

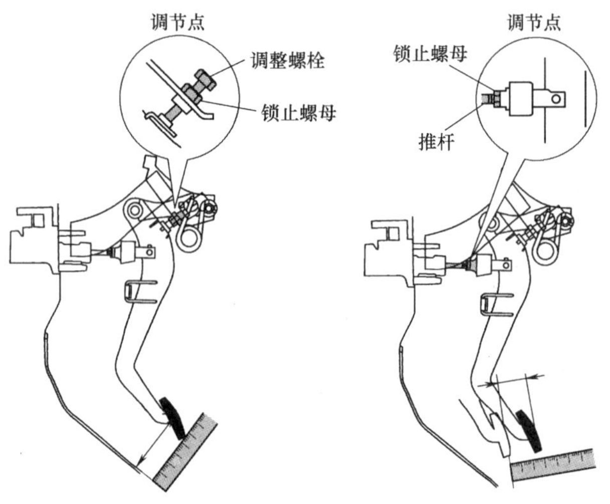

图 7-1-4　踏板高度的调整

2. 踏板自由行程的调整

1）松开推杆锁止螺母。

2）转动踏板推杆直到踏板自由行程正确。

3）上紧推杆锁止螺母。

3. 踏板高度的检查

调整好踏板自由行程后，还要检查踏板高度，如图 7-1-5 所示。

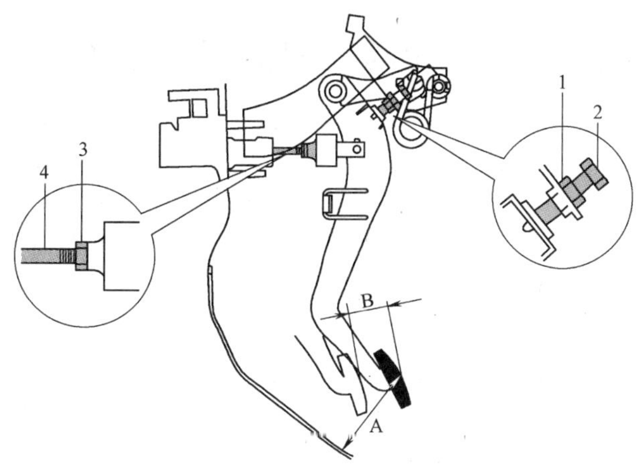

图 7-1-5　踏板自由行程的调整

A—踏板高度　B—踏板自由行程

1—调整螺栓锁止螺母　2—调整螺栓　3—推杆锁止螺母　4—踏板推杆

【任务工单】

	汽车维护与保养	学习单元 7　汽车底盘的维护与保养	
		学习任务 1　离合器自由行程的测量与调整	
班级：	日期：	姓名：	学号：
自我评价		教师评价	

任务描述：丰田卡罗拉汽车的发动机进行 5000km 例行保养，对离合器进行维护与保养。

1. 填空题

1）离合器位于________与________之间，离合器常用的多为干摩擦片式。主要由________、________、________和________四部分组成。

2）离合器的功用是保证在发动机的曲轴与传动装置间能根据汽车行驶的需要传递或切断发动机________；使汽车________；便于________和防止________过载。

3）汽车在使用过程中，如果离合器踏板位置不正确（即离合器踏板高度、自由行程不符合规定要求），会导致离合器________、________、________、汽车加速不良、________过早损坏等故障。

2. 问答题

1）简述离合器检查的重要性。

2）离合器检查的内容有哪些？

3）简述离合器踏板高度和自由行程调整的步骤。

学习任务2　手动变速器油的维护与保养

【任务目标】

1）熟悉汽车常用齿轮油的分类与选用。

2）熟悉汽车变速器机油的更换周期。

3）熟悉变速器机油的常见泄漏部位。

4）掌握变速器机油泄漏的检查方法和步骤。

【任务描述】

丰田卡罗拉汽车的发动机进行5000km例行保养时，对手动变速器油液进行维护与保养。

【相关知识】

目前汽车上使用的手动变速器（MT）和自动变速器（AT）所用的油液是有区别的。手动变速器中的工作液主要是车辆齿轮油，而自动变速器中使用的是液力传动液。

一、车辆齿轮油

通常把用于汽车手动变速器、驱动桥齿轮传动机构的润滑油称为车辆齿轮油。汽车齿轮油在齿轮传动中的主要作用是降低磨损、冷却零部件，同时还具有缓和振动、减少冲击、防止锈蚀以及清洗零件表面杂质等作用。目前，国际上采用美国汽车工程师协会（SAE）标号和美国石油学会（API）的分类标准，来标定齿轮油。

1. 按照黏度分类

汽车齿轮油的黏度采用SAE黏度分类法将齿轮油分为7个黏度牌号（见表7-2-1），冬季用油一组为：70W、75W、80W、85W；夏季用油一组为：90、140、250。冬季用油是根据表观黏度为150Pa·s的最高温度和100℃时的最小运动黏度来划分的；夏季用油仅根据100℃ 时的最小运动黏度来划分。另外，还规定了三个多级油的牌号，即80W/90、85W/90和85W/140。

表7-2-1　SAE齿轮油黏度分类

黏度标号	适用的最低温度(℃)	运动黏度(100℃,m^2/s)	
		最大	最小
20W	-55	4.1	
75W	-40	4.1	
80W	-26	7.0	
85W	-12	11.0	
90		13.5	
140		24.0	<24.0
250		41.0	<41.0

2. 按照使用性能分类

目前国际上广泛采用 API 分类方法，按齿轮承载能量和使用条件不同，分为 GL-1、GL-2、GL-3、GL-4、GL-5、GL-6 六个级别（见表 7-2-2）。

表 7-2-2　齿轮油 API 使用标号及性能

标　号	适　用　范　围
GL-1	齿面压力、低滑动速度下运行的汽车弧齿锥齿轮、涡轮后轴和各种机械变速器
GL-2	汽车涡轮后轴，其负荷、温度及运动速度的状况用 CL-1 级齿轮油不能满足使用要求
GL-3	中等速度及负荷运转的汽车机械变速器和后桥弧齿锥齿轮规定用 GL-3
GL-4	在高速低转矩及低速高转矩下运转的小客车和其他车辆的各种齿轮，特别是准双曲面齿轮
GL-5	在高速冲击负荷、高速低转矩、低速高转矩等条件下运转的小客车和其他车辆的各种齿轮，特别是准双曲面齿轮
GL-6	在高速冲击负荷运转中汽车的各种齿轮，特别是高偏置准双曲面齿轮

二、常用的齿轮油

根据齿轮的形式和负载情况，我国将车辆用齿轮油划分为普通车辆齿轮油、中负荷车辆齿轮油、重负荷车辆齿轮油三个等级。

1）普通车辆齿轮油（GL-3）主要有 80W/90、85W/90、90 号三个牌号，主要适用于中等速度和使用条件比较苛刻的手动变速器和驱动桥。

2）重负荷车辆齿轮油（GL-5）主要有 75W、80W/90、85W/90、85W/140 及 90 号五个牌号。

3）中负荷车辆齿轮油没有自己独立的牌号，一般用准双曲面齿轮油来代替。

三、齿轮油的合理选用

齿轮油的选用主要根据点面压力、滑动速度和油温等工作条件来选择。一般普通轿车选用 85W/90 牌号的齿轮油；越野车一般选用 85W/140 牌号的齿轮油。

四、齿轮油的更换周期

1）一般正常行驶的车辆每 40000km 更换一次齿轮油。

2）按照生产厂家的技术要求更换齿轮油。

【任务准备】

1）安全、整洁的汽车维修车间或模拟汽车维修车间。

2）齐全的消防设施、个人防护用具、清洁用品等。

3）实训用整车及防护用品、齿轮油及相应更换设备。

4）汽车举升机、常用工具、检测仪器。

【任务实施】

一、手动变速器油的检查

1. 手动变速器油泄漏的检查

举升车辆，检查手动变速器的下述区域是否漏油，如图 7-2-1 所示。

1）变速器壳的接触面是否漏油。

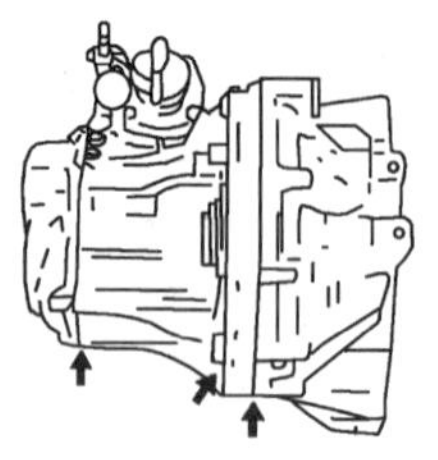

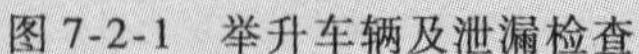

图 7-2-1　举升车辆及泄漏检查

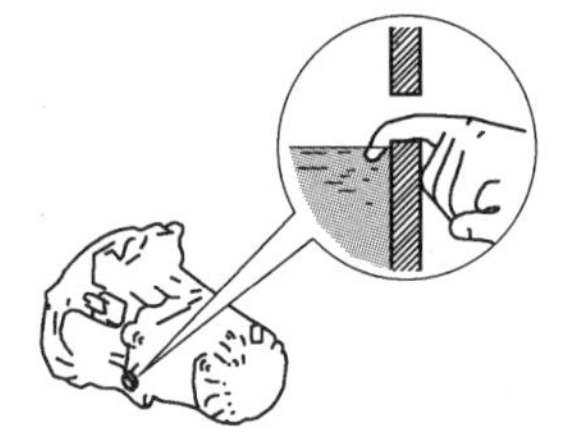

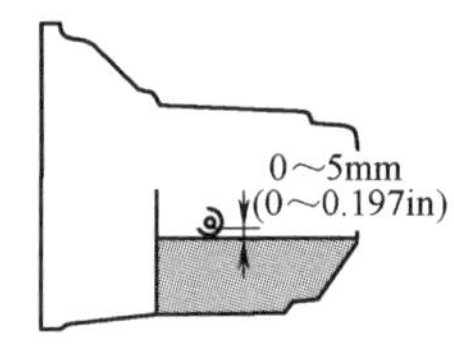

图 7-2-2　手动变速器油液位的检查

2）驱动轴和拉索伸出区域是否漏油。

3）油封表面是否漏油。

4）排放塞和加注塞表面是否漏油。

2. 手动变速器油液位的检查

从变速器壳上拆卸加注塞，将手指插入塞孔，检查油与手指的接触情况，如图 7-2-2 所示。同时察看齿轮油的颜色是否发黄或者发红，凡有红、黄颜色都为变质齿轮油，应及时更换；用手研磨并检查齿轮油是否保持黏滑性能，如没有则需更换；用鼻子闻是否有怪味，如有则需更换新油。

二、手动变速器油的更换

1）拆卸加注塞、排放塞和两个垫片，然后排放变速器油。

2）将油排放之后，用新垫片重新安装排放塞。

3）重新加注规定量的新变速器油。

4）用一个新垫片重新安装加注塞，如图 7-2-3 所示。

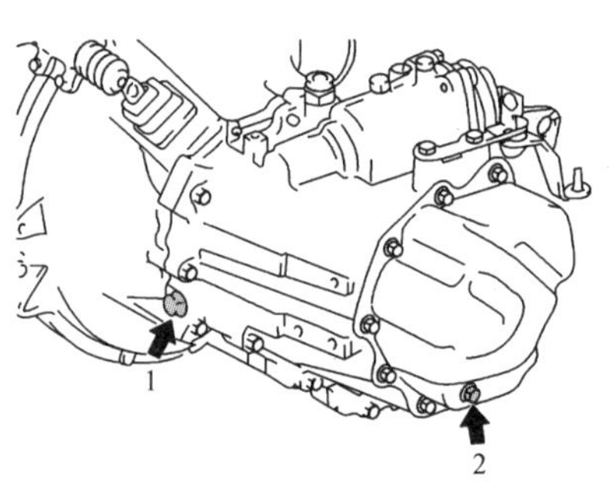

图 7-2-3　更换手动变速器油

1—加油塞　2—排放塞

【任务工单】

	汽车维护与保养	学习单元 7　汽车底盘的维护与保养	
		学习任务 2　手动变速器油的维护与保养	
班级：	日期：	姓名：	学号：
自我评价		教师评价	

任务描述：丰田卡罗拉汽车的发动机进行 5000km 例行保养，对手动变速器油进行维护与保养。

1. 填空题

1）目前汽车上使用的变速器主要有________和________。而且它们使用的工作液也有所区别。前者的工作液主要是________，而后者中使用的是________。

2）通常把用于________、________传动机构的润滑油称为车辆齿轮油。和其他润滑油一样，车辆齿轮油在齿轮传动中的主要作用是________、________零部件，同时还具有缓和振动、减少冲击、防止锈蚀以及清洗零件表面杂质等作用。

3）根据齿轮的形式和负载情况，我国将车辆用齿轮油划分为________、________、________齿轮油三个等级。

2. 问答题

1）可通过哪几个方面检查手动变速器油的泄漏？

2）如何检查手动变速器油液位？

3）简述手动变速器油的更换步骤。

学习任务3 自动变速器油的维护与保养

【任务目标】

1）熟悉汽车自动变速器油的分类与选用。

2）熟悉汽车自动变速器机油的更换周期。

3）熟悉自动变速器机油的常见泄漏部位。

4）掌握自动变速器机油泄漏的检查方法和步骤。

【任务描述】

丰田卡罗拉汽车的发动机进行5000km例行保养时，对自动变速器油进行维护与保养。

【相关知识】

在自动变速器维护保养的实际工作中，对于自动变速器油液（简称ATF）的检查是不可缺少的一步。从冬天到夏天的气温变化可能导致汽车自动变速器ATF发生受热破坏，即便是高质量的油液也可能由于温度的频繁变化而变质。据不完全统计，约70%的变速器故障与油液的破坏和氧化有关。

一、ATF的使用性能及规格

ATF是一种多功能液体，具备传能、控制、润滑和冷却等多种功能。

ATF的规格多采用美国材料实验学会（ASTM）和美国石油学会（API）共同提出的使用分类。

1. PTF-1类油：主要用于轿车、轻型货车，作为液力传动油。此类油对低温黏度要求较高，即要具有良好的低温起动性。

2. PTF-2类油：与前者的最大不同是负荷高，对极压、抗磨要求较高，但低温黏度要求较低。

3. PTF-3类油：主要用于建筑业机械的低速运转的变速器中，对耐负荷和抗磨性的要求比PTF-2类油更严格。

二、ATF的更换周期

ATF会因使用时间过长而变质，如果不及时更换ATF，车辆将会出现换档冲击变大、燃油消耗增加、变速器产生异常噪声等现象。

按生产厂家的规定使用ATF，定期更换ATF及滤清器是延长使用寿命的有效途径，更换周期取决于变速器的工作环境和用途，以及变速器的型号和厂家要求。例如，上海别克汽车4T65－E型自动变速器，在环境恶劣时周期为80000km，而环境较好时允许达到100000km以上。

【任务准备】

1）安全、整洁的汽车维修车间或模拟汽车维修车间。

2）齐全的消防设施、个人防护用具、清洁用品等。

3）实训用整车及防护用品、ATF 及换油设备。

4）汽车举升机、常用工具、检测仪器。

【任务实施】

一、ATF 的检查

ATF 的检查主要包括油面高度检查、油质检查、油温检查和泄漏检查。

1. 油尺法液面高度检查

油液液面的高低对自动变速器的工作有很大的影响。油液液面过低时空气可能进入油泵内部循环并与油液发生混合导致油液分解，出现气阻使油压难以建立或油压过低，导致离合器和制动器打滑。油液液面过高同样会使油液分解，因为行星齿轮在过高的液面下转动，空气同样会被压入油液。被分解的油液可能会产生泡沫、过热或氧化等现象。所有这些问题都会使得各种阀门、离合器、伺服机构等部件因压力不够而出现故障。

在对变速器进行检查前或故障诊断前，首先要对变速器油面高度进行检查，一般在车辆行驶 10000km 或 6 个月后检查油液面。

ATF 油液的液面高度检查分为热机和冷机两种方式。自动变速器的油尺上刻有 COOL（冷）和 HOT（热）两个范围。COOL 是更换自动变速器液时的参考依据，检查液面高度时应以热态为准，液面高度必须处于 HOT 的范围。其检查方法是：

1）将车辆停放在平直路面上，拉紧驻车制动器。

2）起动发动机热车，使冷却液温度达到 80～90℃，发动机保持运转状态。

3）踩住制动踏板，将变速杆从 P 位依次挂入每一个档位后回到 P 位，使油液进入阀体和变速器壳体。

4）抽出油尺，用干净的抹布擦净后重新插入，接着拔出检查。

液压油油面高度的标准是：如果自动变速器处于冷态（即冷车刚刚起动，液压油的温度较低，为室温或低于 25℃时），液压油油面高度应在油尺刻线的下限附近；如果自动变速器处于热态（如低速行驶 5min 以上，液压油温度已达 70～80℃），油面高度应在油尺刻线的上限附近（见图 7-3-1）。这是因为低温时液压油的黏度大，运转时有较多的液压油附着在行星齿轮等零件上，所以油面高度较低；高温时液压油黏度小，容易流回油底壳。因此油面高度较高。如果过低或超出允许范围，则要添加或排出部分油液。

2. 溢油法油面高度检查

除了使用油尺检查油面的变速器之外，有一些自动变速器（如大众、奥迪、雷诺、部分宝马、标志、雪铁龙等）没有油尺。这些变速器是通过溢油法检查油面高度的。宝马公司的 ZFSHP30/EH 自动变速器利用油底壳中一处台阶的螺孔进行检查和加注变速器油，其工作示意图如图 7-3-2 所示。这种类型变速器油位的检查同普通手动变速器齿轮油位检查相似。检查按下述程序进行：

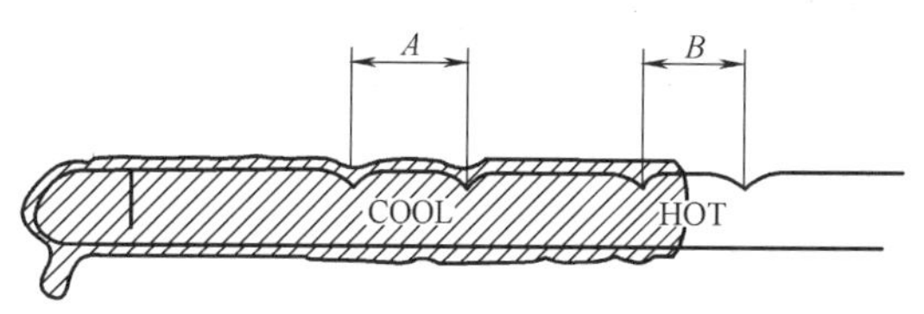

图 7-3-1 自动变速器油面高度的检查

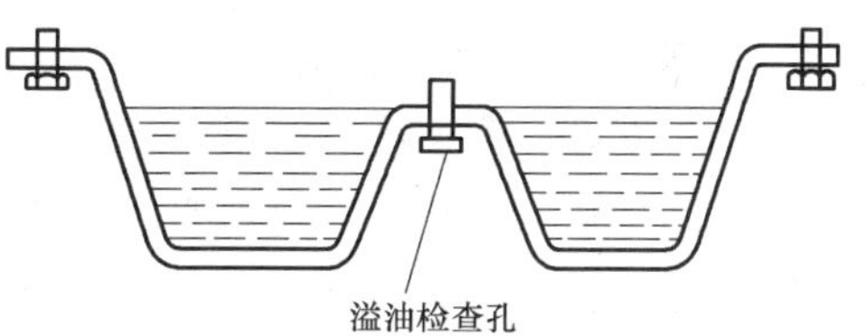

图 7-3-2 溢油孔式检查示意图

1）检查时使汽车车身保持水平，发动机运转时通过打开空调器提高发动机怠速转速，以保证自动变速器油泵向油道且泵油充足。

2）踩下制动踏板，并将变速杆置入各档位停顿片刻，保持发动机怠速运转，将变速杆置于 P 或 N 档，从变速器油底壳卸下处于高处的溢油检查螺塞，如果有 ATF 油液连续溢出即为合适。

3）如果油液没有连续溢出，应加注 ATF 油液，直到连续溢出为止。在发动机运转状态时，以 100N · m 的转矩拧紧加油螺塞。

4）在向自动变速器加注油液时若有吸气声，则表明有空气进入，这样会产生油沫，应该关闭发动机等待一段时间，让 ATF 油液稳定后再加注。

5）油温对油位的影响很大。自动变速器油液受热后，体积会膨胀，使液面升高，因此在不同油温下，相同油量的油面高度也不同。

3. ATF 油质检查

正常情况下，油液应该清爽，并保持原来的粉红色。如果变脏、变色或者有粉末，则说明自动变速器内部有损坏。油液的品质可用检测仪器进行检查。如无检测设备，可从外观上加以判断，如用手指捻捻油液感觉一下黏度，用鼻子闻一闻有无特殊的气味。

4. ATF 油温检查

油温过高将使油液黏度下降，性能变坏，产生油膏沉淀物和积炭，堵塞细小孔道，阻滞控制阀，降低润滑与冷却效果，破坏密封件等，最终导致故障。影响油温的主要因素有液力变矩器故障；离合器、制动器打滑或分离不彻底；单向离合器打滑及油冷却器堵塞等。因此，驾车时必须按规定正确操纵自动变速器，保证自动变速器技术状况良好。行车过程中应注意检查自动变速器的温度是否异常。ATF 油温异常可以通过自动变速器故障警示以及系统温度警示等形式表现。

5. ATF 泄漏检查

检查自动变速器的下述区域是否有渗漏，如图 7-3-3 所示。

1）举升车辆，检查自动变速器壳的接触面是否漏油。

2）检查驱动轴和拉索伸出的区域是否漏油。

3）检查油封表面是否漏油。

4）检查排放塞和加注塞表面是否漏油。

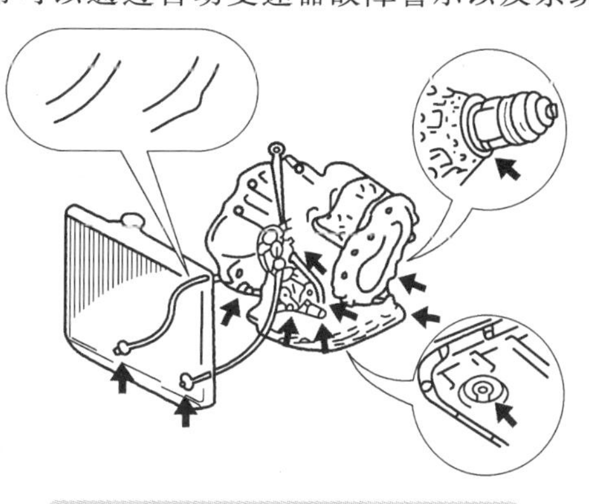

图 7-3-3 自动变速器的泄漏检查

5）检查 ATF 管道和软管接头是否漏油。

二、自动变速器 ATF 的更换（见图 7-3-4）

1. 拆卸排放塞和垫片，排放自动变速器 ATF 油液。
2. 将液体排放后，重新安装带有一个新垫片的排放塞。
3. 通过量油尺指示重新加注规定数量的 ATF 油液。
4. 检查 ATF 油液冷态时的液位，然后起动发动机按规范检查热态时的液位。

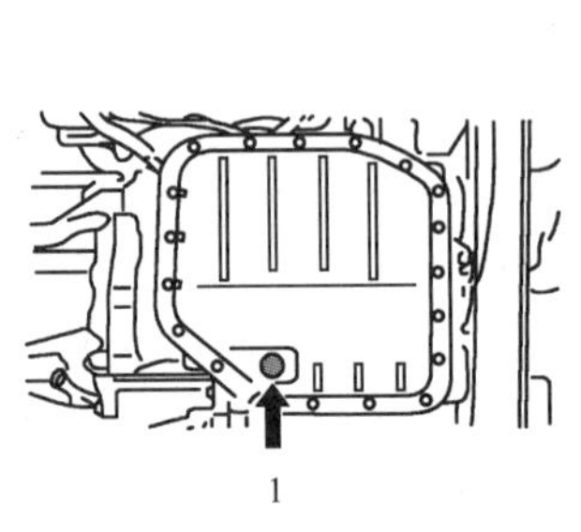

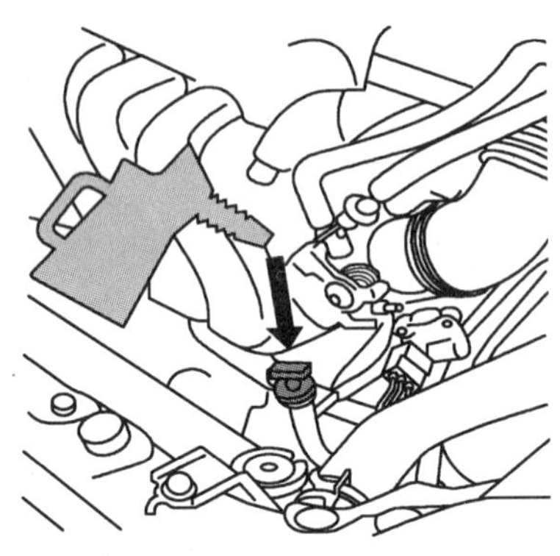

图 7-3-4 自动变速器 ATF 的更换

【任务工单】

	汽车维护与保养	学习单元 7 汽车底盘的维护与保养 学习任务 3 自动变速器油的维护与保养	
班级：	日期：	姓名：	学号：
自我评价		教师评价	

任务描述：丰田卡罗拉汽车的发动机进行 5000km 例行保养，对自动变速器油进行维护与保养。

1. 填空题

1）现代轿车及工况变化较大的大型客车、重型货车和工程车辆上广泛采用液力变矩器，有的车辆采用液力耦合器，它们均是依靠________传递动力，称为液力传动装置。液力传动装置的工作介质是________，又称为汽车自动变速器油，简称________。

2）ATF 是一种多功能液体，应具备________、控制、________和________等多种功能。

3）ATF 会因使用时间过长而变质，如果不及时更换 ATF，车辆将会出现换档________、燃油消耗________、变速器产生________等现象。

4）ATF 必须定期进行更换，国产汽车正常行驶 8000 ~ 10000km，进口汽车正常行驶 20000 ~ 40000km 或者停车超过________时，均应将自动变速器油液全部更换。

5）ATF 油液的液面高度检查分________和________两种方式。自动变速器的油尺上刻有 COOL（冷）和 HOT（热）两个范围。COOL 是更换自动变速器液时的参考依据，检查液面高度时应以________为准，液面高度必须处于 HOT 的范围。

2. 问答题

1）简述 ATF 液面高度的检查步骤和注意事项。

2）可通过哪几个方面检查 ATF 的泄漏？

3）简述自动变速器 ATF 的更换步骤。

学习任务4　轮胎的检查与维护

汽车行驶在道路上，轮胎胎面和路面之间发生着接触、滑磨现象，而且还担负着转向的任务，因此轮胎的好坏直接影响着汽车的安全性、稳定性和经济性。轮胎选用不当，会引起轮胎早期磨损，给安全行车构成严重威胁，因此应谨慎选择、使用并认真维护轿车轮胎。

【任务目标】

1）掌握轮胎的检查方法。

2）熟悉轮胎的换位方法。

3）掌握轮胎的动平衡操作规范。

【任务描述】

丰田卡罗拉汽车进行5000km例行保养时，对轮胎进行检查与维护。

【相关知识】

一、轮胎的性能

轮胎的性能主要包括：滚动阻力、轮胎所产生的热量、轮胎的制动性能、胎面花纹噪声、驻波、浮滑现象、拐弯力性能和轮胎磨损等，如图7-4-1所示。

a) 承载功能

b) 牵引/制动功能

c) 机动稳定性

d) 行驶舒适性

图7-4-1　轮胎性能

二、轮胎的分类

1. 按轮胎结构分类

1）子午线轮胎（RADIAL）。胎体帘线与钢丝带束层帘线之间所形成的角度，就像地球的子午线一样，所以顾名思义称为子午线轮胎，如图 7-4-2 所示。

2）斜交轮胎（BIAS）。胎体帘线层与层之间，呈交叉排列，所以称为斜交轮胎，如图 7-4-3 所示。

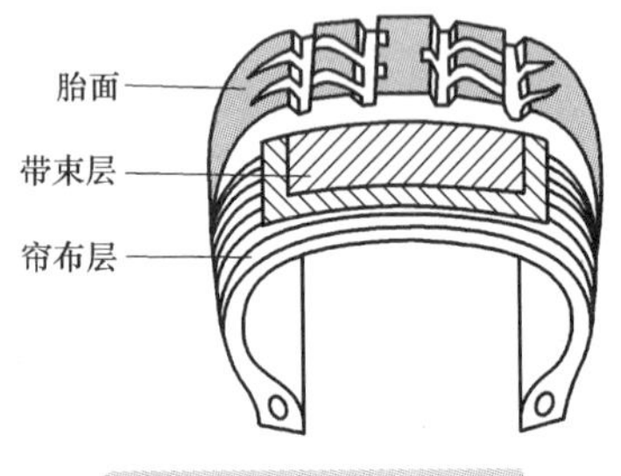

图 7-4-2　子午线轮胎

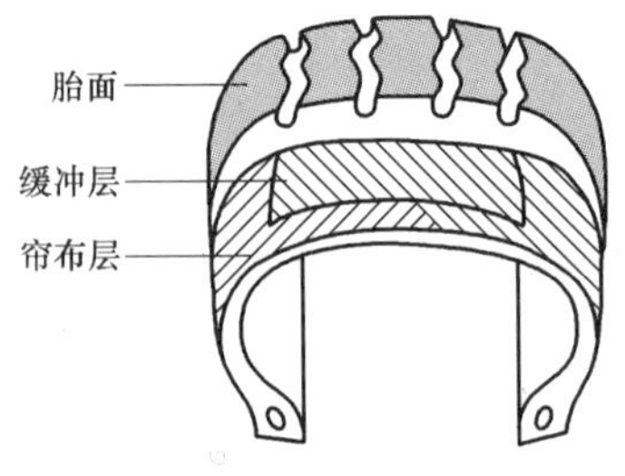

图 7-4-3　斜交轮胎

2. 按气候条件分类

1）雪地轮胎（SNOW TIRE）。

2）夏季轮胎（SUMMER TIRE）。

3）全天候轮胎（ALL SEASON TIRE）。

3. 按轮胎花纹分类（见表 7-4-1）

表 7-4-1　轮胎花纹分类

类型	花纹形状	花纹特性	适用条件	实例
条形花纹	花纹延圆周连接在一起	1. 低滚动阻力 2. 优良的乘坐舒适性 3. 防侧滑，转向稳定性优异 4. 噪声低	铺装路面 高速	
横向花纹	横向切割的花纹	1. 出色的驱动力和制动力 2. 强大的牵引力	普通路面 非铺装路面	
混合花纹	横纹和纵纹相结合的花纹	1. 纵纹提供转向稳定性，并有助于防止侧滑 2. 横纹改善了驱动力、制动力及牵引力	普通路面 非铺装路面	
越野花纹	由独立的块组成的花纹	1. 出色的驱动力和制动力 2. 在雪地和泥泞路面上具有良好的转向稳定性	普通路面 非铺装路面	

三、轮胎的规格

轮胎的规格用外胎直径 D、轮辋直径 d、断面宽度 B 和断面高度 H 的名义尺寸代号表示。如图 7-4-4 所示。

1. 斜交轮胎规格

我国采用国际标准，斜交轮胎的规格用 B-d 表示。载重汽车斜交轮胎和轿车斜交轮胎的尺寸 B 和 d 均以 in（英寸）为单位。B—轮胎名义断面宽度代号；d—轮辋名义直径代号。例如：9.0-20 表示轮胎名义断面宽度为 9.0in，轮辋名义直径为 20in。

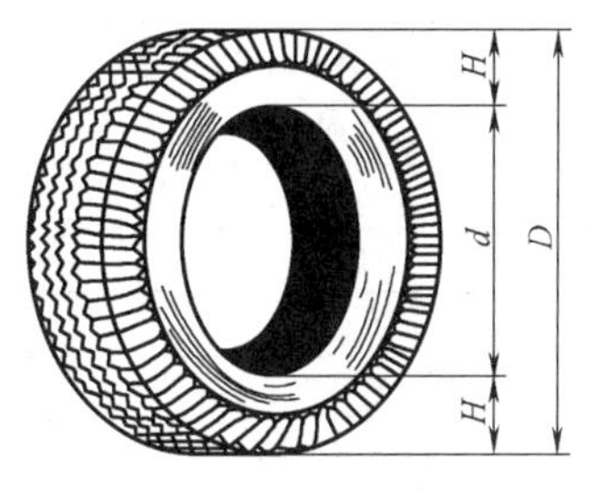

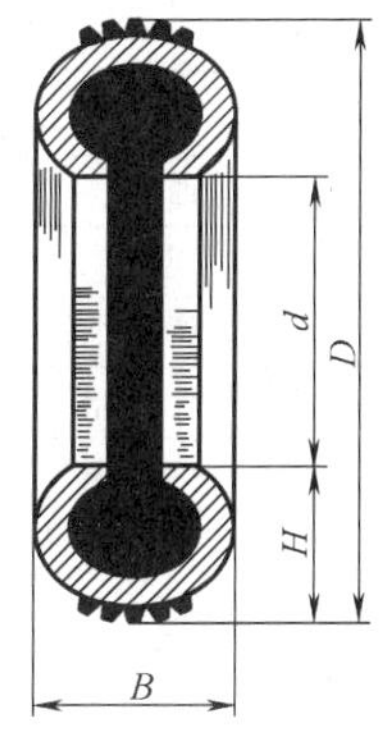

图 7-4-4 轮胎尺寸标记

2. 子午线轮胎规格

子午线轮胎规格示例如下：175/70HR13 表示轮胎断面宽度为 175mm、扁平率为 70%、速度等级为 H 、轮辋直径为 13in 的子午线轮胎。

轮胎按其扁平率—高宽比划分系列，目前国产轿车子午线轮胎有 80、75、70、65、60 五个系列，数字分别表示断面高度 H 是断面宽度 B 的 80%、75%、75%、65% 和 60%。显然，数字越小，即轮胎越扁平。

3. 无内胎轮胎规格

例如，轮胎 195/70SR14TL，表示轮胎的断面宽度为 195mm、扁平率为 70%、轮胎速度等级为 S 级、子午线轮胎、轮胎直径为 14in，最后“TL”表示无内胎轮胎。

4. 速度等级

近年来，汽车和轮胎的性能都有了很大的提高，要求轮胎的速度性能和汽车的最高速度相匹配，见表 7-4-2。我国采用了国际标准化组织规定的速度标志。例如：轿车子午线轮胎 185 / 705SR13 规格中的 S 即表示允许的最高行驶速度为 180km/h。

表 7-4-2 轮胎速度等级

速度标志	速度/(km/h)	速度标志	速度/(km/h)
L	120	S	180
M	130	T	190
N	140	U	200
P	150	H	210
Q	160	V	240
R	170	W	270

四、典型轮胎的标识解读

以普利司通 215/55R17 93V ER33 轮胎为例，相关标识见图 7-4-5 和表 7-4-3。

表 7-4-3　轮胎标识解读举例

编号	项目	英文标识	中文含义
1	商标	BRIDGESTONE	普利司通(轮胎品牌)
2	规格	215/55R17 93V	轮胎规格标识
3	轮胎结构	STEEL BELT RADIAL	钢丝带束层子午线
4	无内胎	TUBELESS	无内胎
5	生产编号	1ULM JAF 4205	生产编号
6	最大负荷及最大气压	MAX. LOAD650kg(1433LBS) 350kPa(51PSI)MAX PRESS	在350kPa(51PSI)的最大充气压力下轮胎最大能承载650kg(1433LBS)
7	轮胎构造	PLIES: TREAD 2 STEEL + 2 POLYESTER +1 NYLON SIDEWALL:2 POLYESTER	层数:胎面2层钢丝 +2层聚酯 +1层尼龙 胎侧:2层聚酯
8	标准轮辋	STANDARD RIM:6J	标准轮辋:6J
9	国家强制性认证		3C认证标识
10	生产地	MADE IN CHINA	中国制造
11	国际认证	DOT	DOT:美国道路交通安全管理局认证
12	黄点		黄点,轮胎静不平衡最小点
13	红点		红点,轮胎RFV性能高点
14	磨耗标记		磨耗标记,推荐轮胎使用的磨耗标准

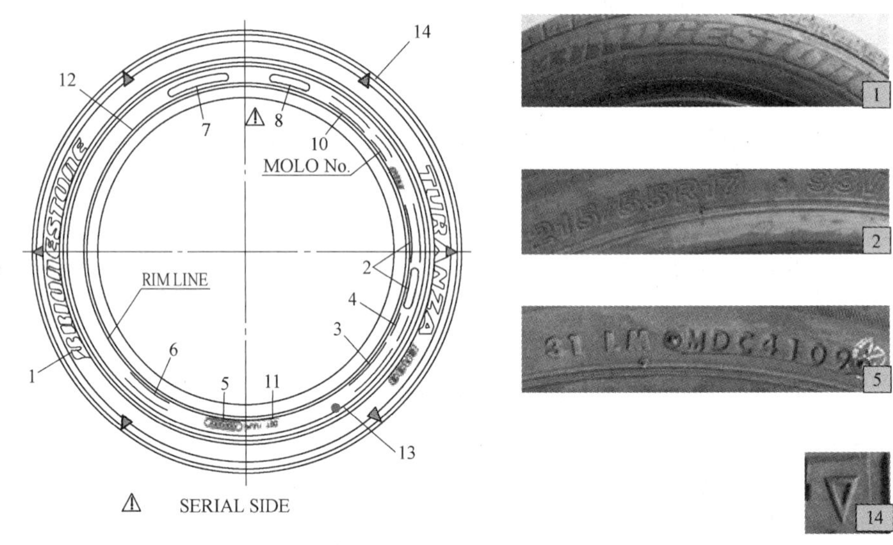

图 7-4-5　轮胎上的标识

【任务准备】

1）安全、整洁的汽车维修车间或模拟汽车维修车间。

2）齐全的消防用具、个人防护用具、清洁用品等。

3）实训整车及其防护用品、轮胎。

4）汽车举升机、轮胎动平衡机等常用工具。

【任务实施】

一、轮胎的检查

1. 车轮与轮胎的外观检查

1）检查轮胎胎面和胎壁是否有裂纹、割痕或其他损坏。

2）检查轮胎胎面和胎壁是否嵌入金属物、石子和其他异物。

3）检查轮辋和轮辐是否损坏、腐蚀和变形，平衡块是否脱落。

4）检查车轮轴承间隙是否有明显的松旷，运转是否良好，是否有明显的噪声。

2. 轮胎磨损的检查

当汽车轮胎磨损超过一定限度时，轮胎附着性能就无法保证。高速行驶时，容易出现车轮滑转或侧滑，制动距离大大延长，制动稳定性下降，严重时，由于轮胎长距离滑磨，温度剧增，易造成爆胎；湿滑路面行驶时，磨损过度的轮胎会因花纹过浅，将严重影响轮胎的排水能力，当车速提高时有可能出现轮胎的“滑水现象”，使汽车失去操纵控制能力；松软路面行驶时，将影响其抓地能力，易使车轮出现滑转（打滑）现象。汽车在维护和检测时，应检查轮胎花纹深度。轿车轮胎胎冠上花纹磨损至磨耗标志时，就应更换新胎。对于轮胎胎冠上花纹深度，应使用深度尺进行检测，如图7-4-6所示。

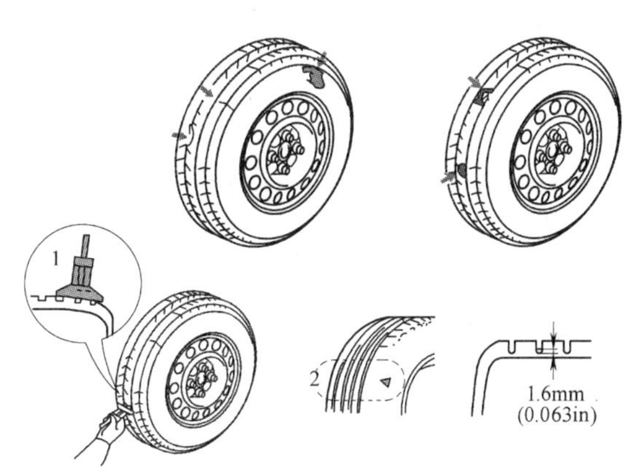

图 7-4-6　轮胎磨损的检查

检查轮胎的异常磨损，可以发现轮胎故障的早期征兆和原因，以便及时排除影响轮胎寿命的不良因素，防止早期损坏，从而确保行车安全。

3. 轮胎充气与气密性的检查

1）轮胎充气应按照相应车型使用说明书上规定的标准气压执行，并在冷态时用气压表测量。若在热态时测量，应略高于标准气压，取适当的修正值。气压表应定期校准，以保证读数准确。

2）轮胎装好后，应先充入少量空气；待内胎充气伸展后再继续充至所规定的气压。

3）充气前应检查气门芯和气门嘴是否配合平整，并擦净灰尘。

4）充入的空气不得含有水分和油雾。

5）充气时应注意安全防护，充气后应进行气密性检查。一般可用肥皂水检查气门芯和气门嘴处是否漏气，然后将气门帽旋紧。

二、轮胎换位

按时进行正确的轮胎换位可使轮胎磨损均匀，延长使用寿命。轮胎换位应结合车辆的二级维护定期进行。一般轮胎换位如图7-4-7所示，具体参见厂家要求。

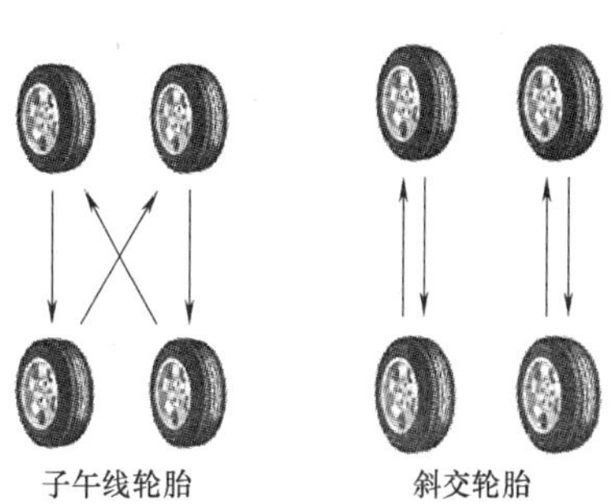

图 7-4-7　轮胎换位

【知识扩展】

一、轮胎的选型与正确使用

1. 轮胎的选型

当今轮胎的发展趋势是集子午化、无内胎化和扁平化于一体，以适应汽车高速行驶和安全要求。现代汽车宜选用子午线轮胎、无内胎轮胎，并注意速度代码。轮胎的性能和质量是在高速行车中保证安全的必要条件，选用轮胎时应注意轮胎的认证标志，它是质量检测权威机构根据一系列规定与标准，通过严格检测后的结果，经认证后方可允许在轮胎上镌刻。选用时应注意轮胎的花纹，汽车轮胎花纹的作用就是增加胎面与路面间的附着能力、抓地能力和排水性。

2. 保持轮胎气压正常

轮胎气压过高时，轮胎内部压力增加，接地面积减小，使轮胎的胎冠部位向外凸起，造成胎冠磨损加剧。气压过高，易使轮胎的橡胶、帘布等材料过度拉伸，轮胎刚性增加，一旦遇到冲击，极易造成轮胎的爆破。轮胎气压过低时，造成胎侧变形加大，胎冠部位向内凸起，胎面接地面积增大，滑移量增加，使胎肩部位磨损加剧。气压低容易使轮胎变形增大，轮胎帘布层中的帘线应力增加，使得轮胎温度升高，加速橡胶老化和帘布与橡胶脱层，帘布松散，甚至帘线折断。另外，轮胎气压过低，会使滚动阻力增大，燃料消耗增加。轮胎的磨损及气压检查如图 7-4-8 所示。

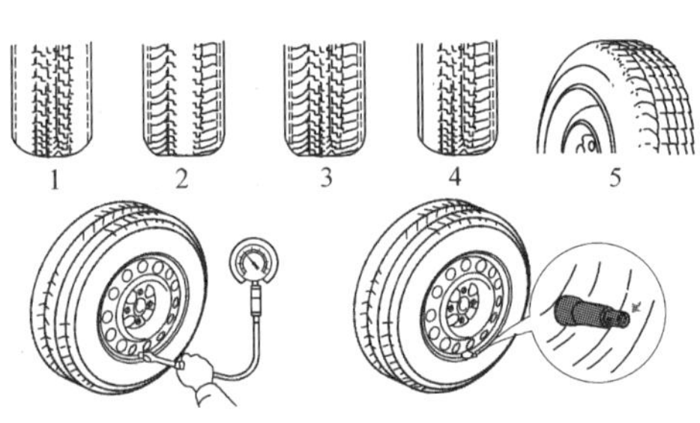

图 7-4-8　轮胎的磨损及气压的检查

检查车胎的整个外围是否有均匀磨损或者阶段磨损，是否有双肩磨损，中间磨损，薄边磨损，单肩磨损和跟部磨损。

轮胎气压的检查周期：每 10000km 或 6 个月。轮胎气压标准：例如，威驰轿车前 0.225MPa，后 0.206MPa；如果气压异常低，可能是轮胎漏气，轮胎气压的设定值可参照用户手册，检查轮胎的同时，检查备胎。检查气压后，在气门周围涂肥皂水检查是否漏气。

3. 防止轮胎超载

轮胎承受负荷的高低，对其使用寿命影响较大。轮胎承受的负荷较小时，使用寿命大大提高，但是不利于提高运输生产效率。轮胎承受的负荷较大时，使用寿命随负荷的增加而缩短。其原因是轮胎超载后，帘线应力增大，容易造成帘布与橡胶脱层和帘线松散、折断，同时因为变形加大使轮胎接地面积增加，致使轮胎胎肩磨损加剧：轮胎超载后，变形加大使轮胎温度升高，一旦遇到障碍物时极易引起轮胎爆破。

防止轮胎超载的关键是按标定的装载量载货载客，不得超载。同时，还需要注意货物装载的平衡，否则易造成偏载后的局部超载。

4. 合理搭配轮胎

合理搭配轮胎的目的是使整个汽车上的几个轮胎尽量磨损一致，使其有同等寿命。一般搭配轮胎的原则是：装用新轮胎时，同一车轴上配同一规格、结构、层级和花纹的轮胎，货车双胎并装的后轮，需使用同一品牌的轮胎；装用成色不同的轮胎时，前轮尽量使用好的轮胎，备用轮胎使用较好的轮胎，直径较大的轮胎应该安装在双胎并装的后轮外挡，翻新轮胎不得用于转向轮。

5. 汽车底盘保持良好的技术状况

轮胎的异常磨损与底盘技术状况有关。如前轮定位中的前轮外倾与前轮前束配合不当、轮辋轴承松旷、转向传动机构间隙过大、车轮不平衡、轮辋变形、悬架变形、车架变形以及制动技术状况不良等都会引起轮胎的不正常磨损，因此汽车底盘保持良好的技术状况对防止轮胎的磨损非常关键。

6. 精心驾驶车辆

车辆驾驶技术的好坏直接影响到汽车的使用寿命，轮胎也是如此。精心驾驶车辆从而节省轮胎的驾驶操作要领是：起步平稳，避免轮胎滑转；均匀加速，中速行驶，避免急加速和急减速；选择路面，避免在不良路面上行驶；转弯减速，避免高速转弯引起的轮胎横向滑移，以滑代制，避免紧急制动，造成轮胎拖磨。此外，夏季高温行车，应防止轮胎过热和内压过高，严禁放气降压和泼水冷却，应该选择阴凉地方并增加停歇时间；汽车陷入泥泞路面时，应增加附着力，以避免轮胎打滑；在冰雪路面上行驶时，装用防滑链应两边对称装用，到达不滑的路面时，应立即拆除，以避免链条对轮胎的伤害。

二、车轮动平衡检查与调整

再好的车也是需要四个轮子与地面接触。因此，轮胎及轮毂的好坏也成为影响车辆在驾驶方面感受的重要因素。轮胎及轮毂都是圆形的，圆形具有一条重要的性质，几何中心的稳定性，圆的中轴在圆转动时是保持高度不变的，始终是地面以上半径的高度。如果用上面给出的另一条定宽曲线，它的几何中心是不稳定的，随着图形的转动上下跳动，这样是不适合做车轮的，因此轮胎及轮毂在出厂后是否规则，决定了车辆驾驶的好与坏。各种漂亮的轮毂在车辆出厂装配时，都会做动平衡测试，就是为了让车轮高速行驶更平稳。

1. 车轮与轮胎动不平衡

（1）车轮与轮胎动不平衡的危害　车轮与轮胎动不平衡时易造成车轮的跳动和偏摆，使汽车的有关零件受到损坏，使用寿命下降。对于高速行驶的汽车来说，还容易造成行驶不安全。

（2）车轮与轮胎动不平衡的原因　车轮与轮胎动不平衡的主要原因包括质量分布不均匀，轮辋、制动鼓变形；轮毂与轮辋加工质量不佳，如轮毂与轮辋两者不同心、轮胎螺栓孔分布不均、螺栓质量不佳；安装位置不正确；轮胎有不均匀或不规则磨损、损坏等。

2. 离车式平衡仪的结构及使用方法

（1）离车式平衡仪的结构　离车式车轮平衡机按动平衡原理工作，既可以检测不平衡力，也可用以测定不平衡力矩，平衡操作时只要将被测车轮的轮辋直径和轮胎宽度以及安装尺寸输入待测电路即可完成平衡作业，平衡机仪表即会自动显示轮胎两侧的不平衡质量 m_1 和 m_2 及其相位。

（2）离车式平衡仪的使用方法

1）清除被测车轮上的泥土、石子和旧平衡块。

2）检查轮胎气压，视必要充至规定值。

3）根据轮辋中心孔的大小选择锥体，仔细地安装上车轮，用大螺距/螺母上紧。

4）打开电源，检查指示与控制装置的面板是否指示正确。

5）用卡尺测量轮辋宽度、轮辋直径（也可从胎侧读出），用平衡机上的标尺测量轮辋边缘至机箱距离，再用输入或选择器旋钮对准测量值的方法，将以上参数值输入指示与控制装置中去。

6）放下车轮防护罩，按下起动键，车轮旋转，平衡测试开始，并自动采集数据。

7）车轮自动停止或听到“嘀”声按下停止键并操纵制动装置使车轮停止旋转后，从指示装置读取车轮内、外不平衡量和不平衡位置。

8）抬起车轮防护罩，用手慢慢转动车轮。当指示装置发出指示时停止对车轮实施转动。在轮辋的内侧或外侧上部（12 点位置）加装指示装置显示的该侧平衡块质量。内、外侧要分别进行，平衡块装卡要牢固、可靠。

9）安装平衡块后有可能产生新的不平衡，应重新进行平衡试验，直至不平衡量小于5g，指示装置显示“00 ”或“OK”。

10）测试结束，关闭电源开关。

（3）检测标准及检测结果分析　车轮不平衡检测时，若其不平衡量小于该车型的规定值，则对该车轮不必进行平衡；若其不平衡量超标，则应进行平衡作业。实际上往往通过平衡作业可使车轮平衡性满足要求，但当不平衡值过大时，或通过平衡作业难以达到要求时，应对车轮进行进一步的检查，以找出故障原因。车轮不平衡的主要原因有以下几项：

1）轮胎前轮定位不当，尤其是前束和主销倾角，不仅影响汽车的操纵性和行驶稳定性，而且会造成轮胎偏磨，这种胎冠的不均匀磨损与轮胎不平衡形成恶性循环，因而使用中出现车轮不平衡，也可能是车轮定位角失准的信号。

2）轮胎和轮辋以及挡圈等因素使形状失准或密度不均匀而先天形成的重心偏离。

3）因轮胎和轮辋定位误差使安装中心与旋转中心难以重合。

4）维修过程的拆装破坏了原有的整体综合重心。

5）车辆直径过小，运动中轮胎相对于轮辋在圆周方向发生滑移，从而产生波状不均匀磨损。

6）车轮碰撞造成的变形引起的质心位移。

7）轮胎翻新后因定位精度不高而造成新胎冠厚度不均匀而使重心改变。

8）高速行驶中制动抱死而引起的纵向和横向滑移，会造成局部的不均匀磨损。

9）车轮平衡块脱落。

【任务工单】

	汽车维护与保养	学习单元7　汽车底盘的维护与保养	
		学习任务4　轮胎的检查与维护	
班级：	日期：	姓名：	学号：
自我评价		教师评价	

任务描述：丰田卡罗拉汽车进行5000km例行保养时，对轮胎进行检查与维护。

1. 填空题

1）175/70HR 13表示________、________、________、________的子午线轮胎。

2）轮胎的性能主要包括：________、________、________、胎面花纹噪声、驻波、浮滑现象、拐弯力性能和轮胎磨损等。

3）充气后应进行________。一般可用肥皂水检查气门芯和气门嘴处是否漏气，然后将气门帽旋紧。

4）胎压过高，使轮胎与地面的________，单位面积所承受的压力、磨损剧增，容易造成制动失效，遇地面凸起物或凹陷爆破，损害汽车的________，乘坐不舒适等危害。

5）轮胎前轮定位不当，尤其是________，不仅影响汽车的操纵性和行驶稳定性，而且会造成________，这种胎冠的不均匀磨损与轮胎不平衡形成恶性循环，因而使用中出现车轮不平衡，也可能是车轮定位角失准的信号。

6）高速行驶中制动抱死而引起的________滑移，会造成局部的不均匀磨损。

2. 问答题

1）车轮与轮胎的外观检查的步骤是什么？

2）怎样对轮胎充气与气密性检查？

3）车轮与轮胎动不平衡的原因有哪些？

学习任务5　车轮定位的检测与调整

【任务目标】

1）熟悉车轮定位的技术参数。

2）掌握四轮定位仪的操作方法。

【任务描述】

丰田卡罗拉汽车进行10000km例行保养时，对转向系统进行维护与保养。

【相关知识】

一、车轮定位参数

转向车轮定位包括前轮外倾、主销后倾、主销内倾及前束四个参数。为保证汽车直线行驶稳定性，转向后能自动回正和减少轮胎的磨损，转向轮、转向节和前轴三者之间应保持一定的安装位置，称为转向轮定位。通过确定主销后倾、主销内倾、车轮外倾和前束四个参数可以实现转向轮定位。

1. 主销后倾

主销后倾的作用是保证汽车直线行驶的稳定性，并使汽车转弯后车轮能自动回正。后倾角越大，车速越高，车轮的稳定效应也越强；但后倾角不宜过大，否则在转向时会使转向盘沉重或回正过猛而打手，一般主销后倾角取3°内，如图7-5-1所示。

主销后倾角一般是不能调整的。但对独立悬架的转向桥来说，可在前轴和钢板弹簧底座后部加装楔形垫块进行调整。

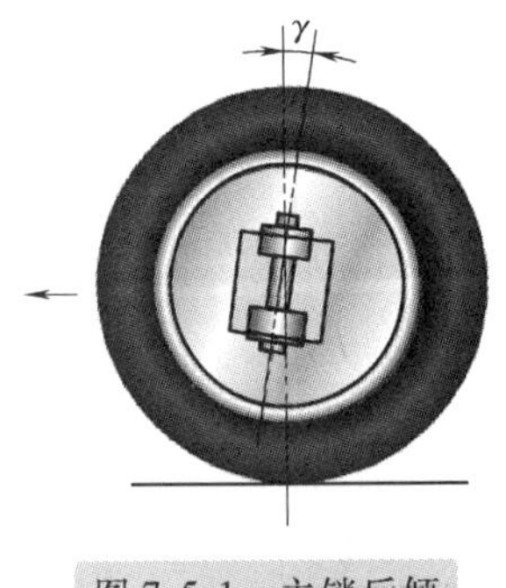

图7-5-1　主销后倾

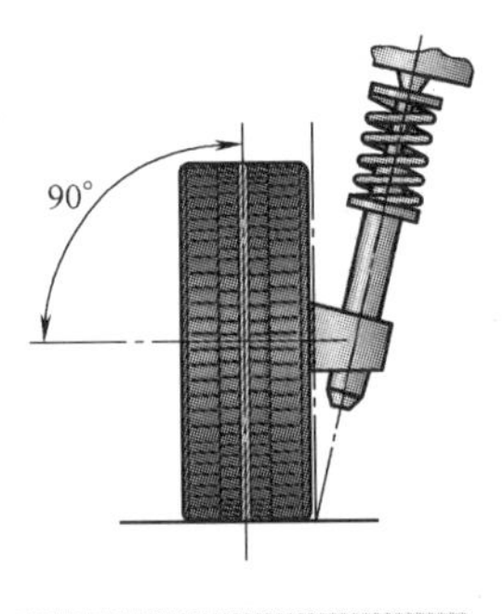

图7-5-2　主销内倾角

2. 主销内倾

主销安装在前轴上后，其上端略向内倾斜，称为主销内倾。在汽车横向铅垂面内，主销轴线与铅垂线之间的夹角叫作主销内倾角，如图7-5-2所示。

主销内倾的作用是使车轮转向后能自动回正且转向操纵轻便。一般主销内倾角取5°~8°。

主销内倾角是制造前轴时使主销孔轴线的上端向内倾斜而获得的。在非独立悬架的转向桥上，主销内倾角是不能单独调整的。

3. 车轮外倾

车轮旋转平面上方略向外倾斜，称为车轮外倾。车轮旋转平面与汽车纵向铅垂面之间的夹角，称为车轮外倾角，如图 7-5-3 所示。车轮外倾角的作用是提高车轮行驶安全性和转向操纵轻便性。

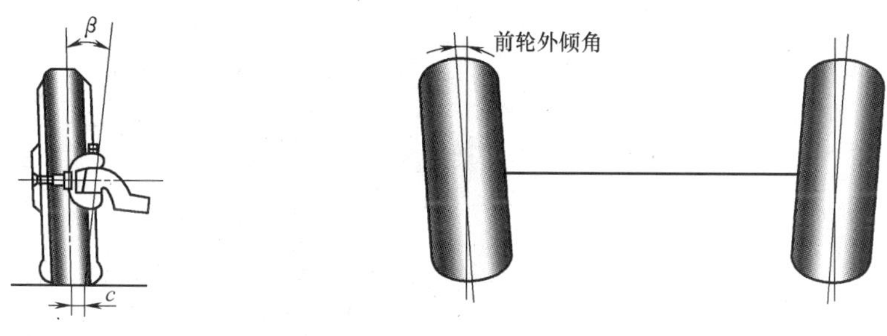

图 7-5-3 车轮外倾角

非独立悬架车轮外倾角由转向节的结构来定，转向节安装到前轴后，其轴颈相对于向下倾斜，从而使车轮安装后外倾，一般不能调整。车轮外倾角一般为 1°左右。

4. 车轮前束

两前轮前段距离 *B*，后段距离 *A*，其差值即为前束值，如图 7-5-4 所示。汽车前束的作用是减少或消除汽车前进中因车轮外倾和纵向阻力导致车轮前端向外滚而造成滑移。

二、四轮定位仪的组成

四轮定位仪整体配置包括：四轮定位仪主机和机箱、传感器、外置接收卡、传感器卡具、传感器充电线、传感器变压器、前轮转角仪、转向盘固定器、制动器等。车轮卡具如图 7-5-5 所示。

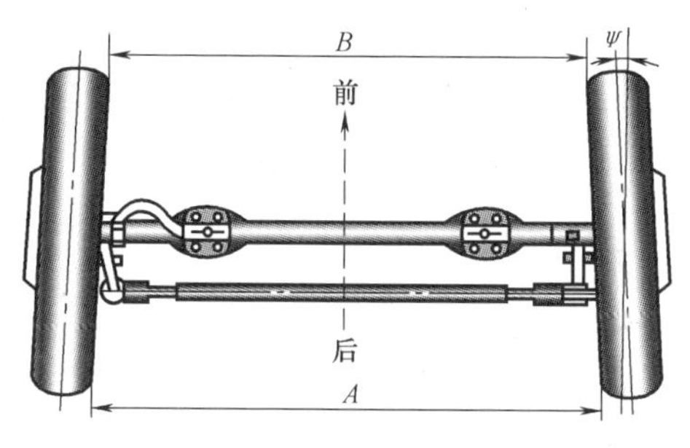

图 7-5-4 车轮前束

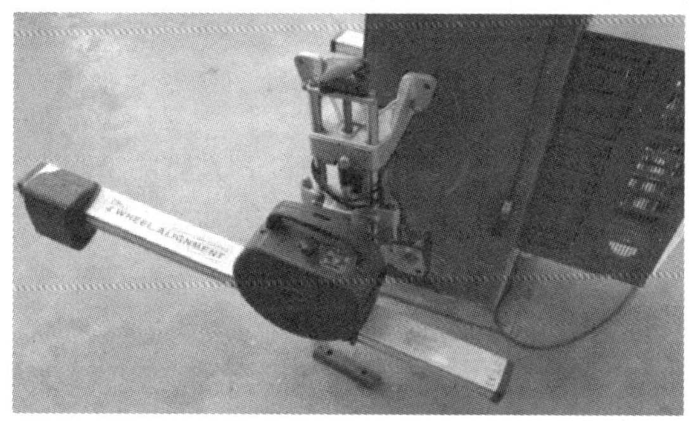

图 7-5-5 车轮卡具

【任务准备】

1）安全、整洁的汽车维修车间或模拟汽车维修车间。

2）齐全的消防用具、个人防护用具、清洁用品等。

3）实训整车及其防护用品。

4）汽车举升机、四轮定位仪，常用工具。

【任务实施】

一、四轮定位检测的操作步骤

1. 预检工作

1）举升机处于驶入时的最低位置。

2）检查车辆停放位置：

① 检查车辆在举升机上停放是否周正。

② 检查前轮中心是否基本正对转角盘中心。

③ 检查后轮是否全部停放在后滑板上。

④ 检查转角盘和后滑板销子是否仍然在锁止状态，如图 7-5-6 所示。

图 7-5-6　预检位置

3）车辆识别。使用钥匙打开车门，找到车辆 VIN 号码并且正确记录，确定车辆生产日期。

4）驾驶人座椅。安装座椅套、安装地板垫、安装转向盘套。

5）转向盘位置。转向盘解锁，检查转向盘是否在正中位置。

6）检查轮胎。是否有裂纹和损坏；是否有异常或过度磨损；测量四个胎面中间沟槽深度并加以记录；使用胎压表检查气压，如需要调整则调整到标准胎压并加以记录；检查钢圈是否过度变形损坏或腐蚀。

7）选择车型数据。完成车型数据的选择，如图 7-5-7 所示。

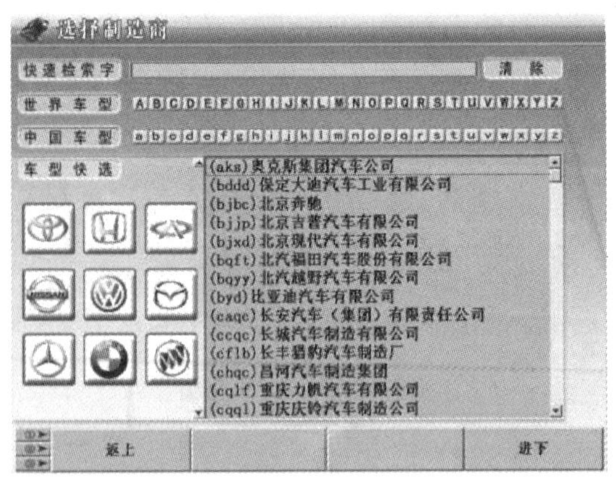

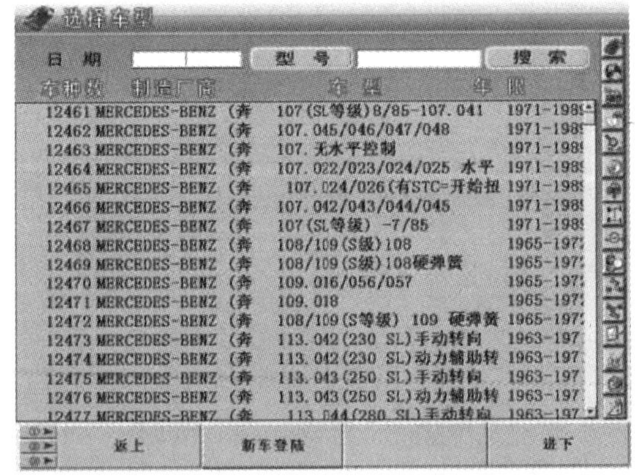

图 7-5-7　车型数据的选择

8）检查车辆承载。检查备胎是否安放到位，检查驾驶室内是否空载。

9）目视检查车身外观。检查车身是否有严重撞击变形，检查车身两侧是否偏斜。

10）车辆状况输入。输入轮胎规格，如图 7-5-8 所示。

车辆数据

制造厂	MERCEDES-BENZ（奔驰）		
车型	109.016/056/057	钢圈	14
前轮	角度	最小	最大
	总前束	0.16	0.5
	外倾角	0	0.5
	主销后倾	3.75	4.75
	主销内倾	0	0
	退缩角	-1.75	0.25
后轮	角度	最小	最大
	总前束	0	0
	外倾角	0	
	推力角		
	退缩角	-0.25	0.25

返上　输入轮胎规格　修改　进下

图 7-5-8　车辆状况的输入

2. 底盘目视检查项目

1）举升机升高到车下可进入检查位置并且平台落锁，如图 7-5-9 所示。

2）检查转向连接机构：

① 检查转向拉杆及球头是否松动。

② 检查转向拉杆有无弯曲和损坏。

③ 检查转向拉杆防尘套是否开裂和撕破。

3）检查前轴悬架：

① 检查（稳定杆）有无损坏；

② 检查（转向节）有无损坏；

③ 检查下臂是否损坏。

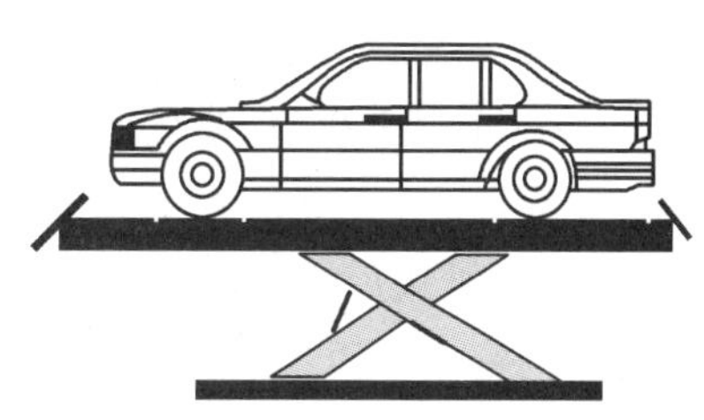

图 7-5-9　车辆举升

4）检查后轴悬架：检查下臂是否变形损坏。

3. 卡具及传感器安装

1）降低大剪举升平台到最低落锁位置并落锁，如图 7-5-10 所示。

2）定位仪的定位准备。安装卡具、安装传感器、连接传感器电缆，如图 7-5-11 所示。

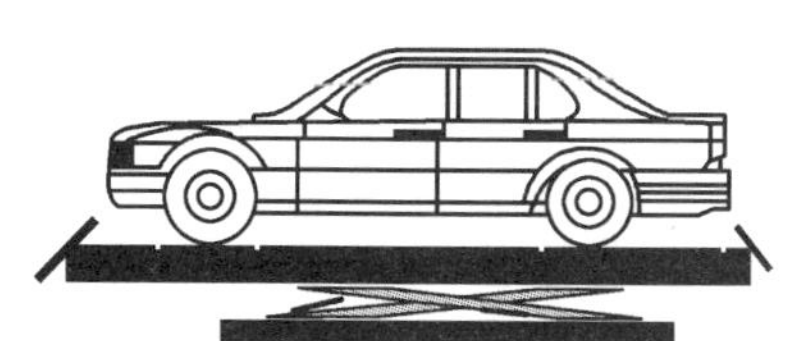

图 7-5-10　降低大剪举升平台

图 7-5-11　定位仪卡具与传感器等的安装

3）车辆变速器的档位调整。将车辆档位调整到空档，放松驻车制动器，如图 7-5-12 所示。

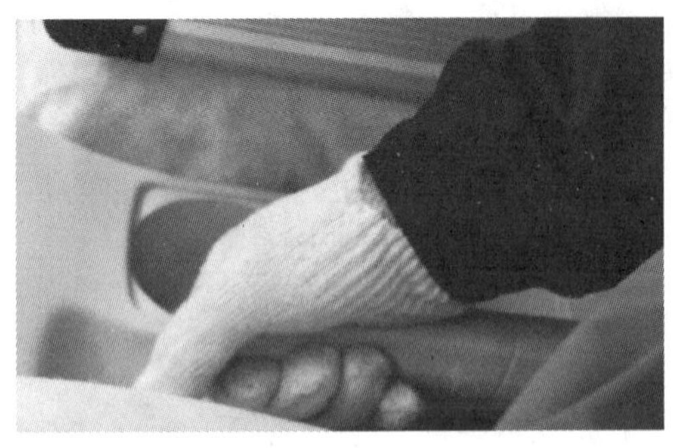

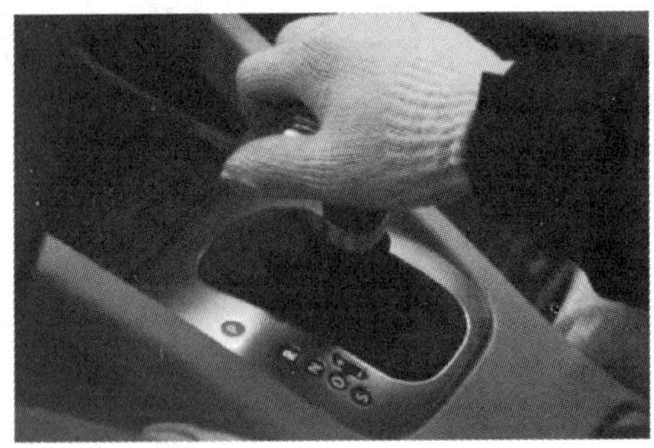

图 7-5-12　车辆变速器的档位调整

4. 偏位补偿

1）放置二次举升支撑块，升起小剪举升机使车轮离开地面 10cm 左右并充分悬空，如图 7-5-13 所示。

图 7-5-13　升起小剪举升机

2）进行轮毂偏位补偿（四轮）：

① 完成前轴车轮的补偿值计算。

② 完成前轴两个车轮的旋转补偿值记录，如图 7-5-14 所示。

3）补偿结束后拔出转角盘和后滑板的固定销，取下前面两个转角盘的固定销、后面两个后滑板的销子、固定销。

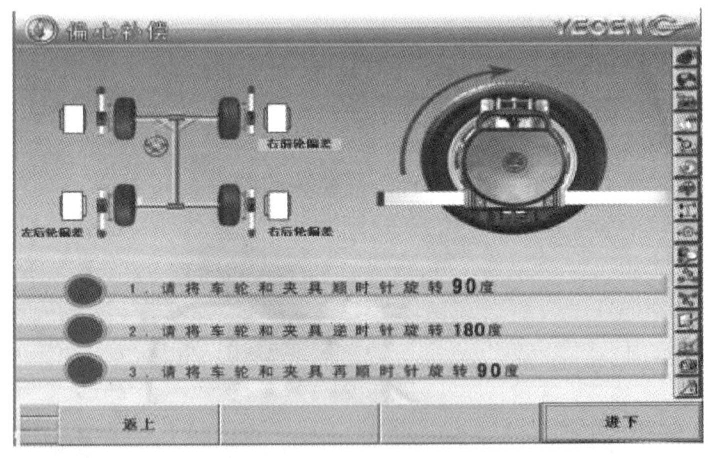

图 7-5-14　轮毂偏位补偿

5. 车轴测量

(1) 举升机操作　二次小剪举升机缓慢回落到位，前轮落在转盘中心，后轮落在后滑板上，移开后轮挡块，拉起驻车制动器，如图 7-5-15 所示。

（2）调整前检测的准备工作　振动前后悬架数次使减振器复位，插入制动锁到位，锁住制动踏板，如图 7-5-16 所示。

图 7-5-15　举升机操作

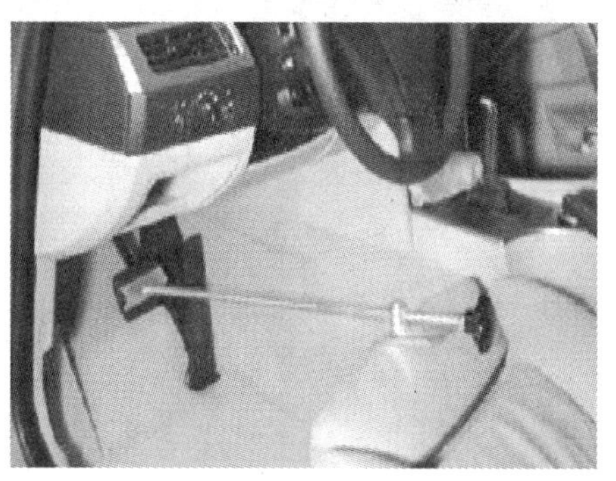

图 7-5-16　锁住制动踏板

（3）按照调整前进程序检测车辆　车轴测量，首先调整后轮水平至屏幕出现“左后及右后轮已调整水平”，系统自动测量 2s 后进入下一程序，系统开始测量。转向盘摆正，按画面提示转动转向盘或摆动一侧车轮（注意不要遮挡前后轮光束），使两前轮摆正，指示视窗变绿，按键盘 M 键，即刻进入前轴测量画面。进行前轴测量时，调整前轮水平至屏幕出现“前左及前右轮已调整水平”，两轮都调平后，系统自动测量 2s 后进入下一程序，如图 7-5-17所示。

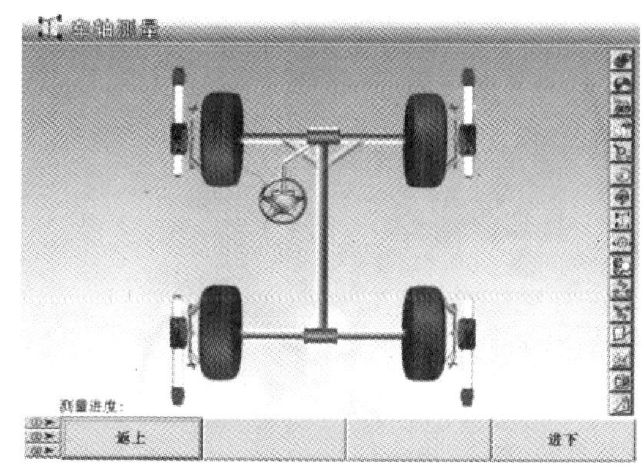

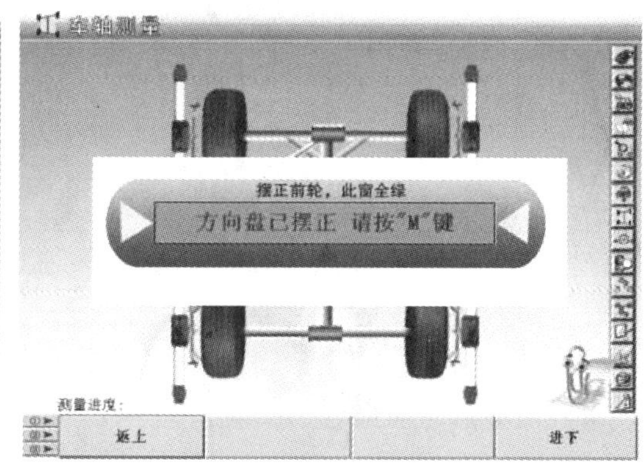

图 7-5-17　转向调整测量

（4）检查检测报告　按程序前进图标，进入定位方调整步骤。

（5）定位调整的准备工作　转动转向盘，车轮转向对中后使用转向盘锁锁定转向盘，如图 7-5-18 所示。

（6）打印检测报告　打印车辆状况和检测结果报表。

6. 结果及调整

1）操作举升机，上升整车平台升高到可以进人的位置并且落锁。

2）后桥数据检查与调整，如图 7-5-19 所示。

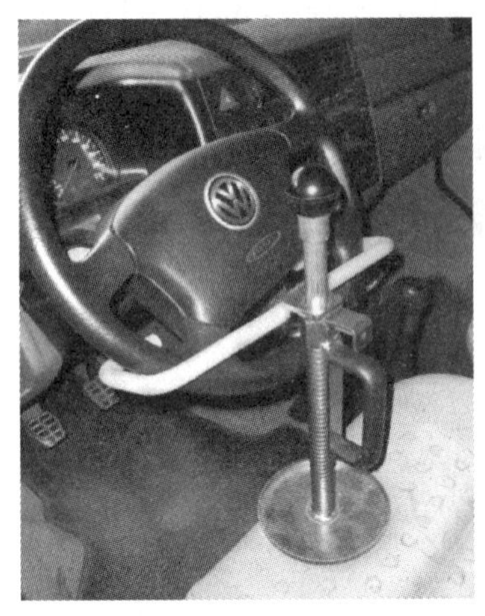

图 7-5-18　锁定转向盘

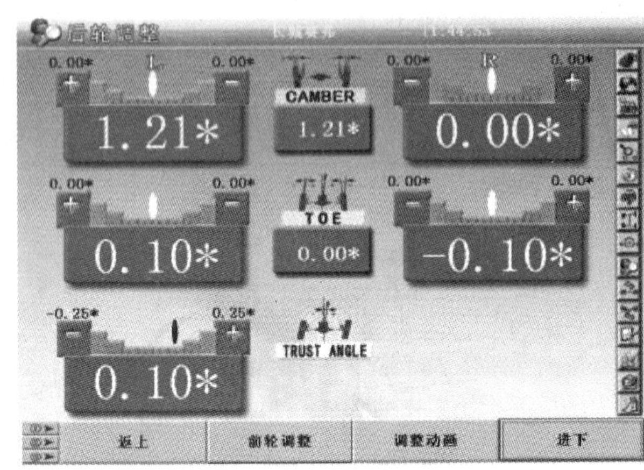

图 7-5-19　检测数据显示

3）前桥外倾角数据检查与调整，如图 7-5-20 所示。

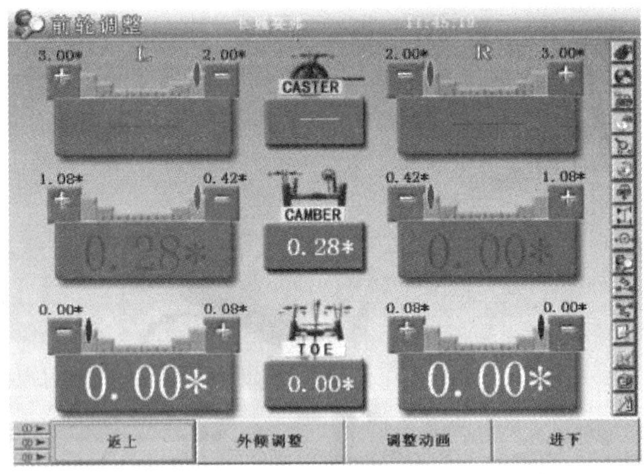

图 7-5-20　检测数据显示

4）调整前轮前束。

7. 设备的复位和工位恢复工作

1）升起举升状态恢复。

2）定位仪复位。

3）工位整理。

① 取下车内三件套。

② 关闭车窗并锁车。

③ 关闭车门（不锁），将钥匙和记录表交还服务顾问。

二、汽车车轮定位仪的使用注意事项和维护

1）定期检查主机的开关和外接供电导线的插头是否绝缘良好。

2）定期检查传感器插座是否锈蚀，其安装轴也需要定期润滑，这样可以减少轴的磨

损，以减小测量偏差，切忌使用润滑脂。

3）定期进行传感器标定工作。

4）定期润滑举升机的导轨和拉索，以减少磨损。

5）定期检查液压缸的油位和管路密封情况。

6）定期清洁举升机平台、转角盘和后滑板的表面。

【知识拓展】

汽车需要四轮定位检测的状况主要有以下几种。

1）每驾驶10000km或六个月后。

2）直行时车辆往左或右边拉。

3）直行时需要紧握转向盘。

4）感觉车身会飘浮或摇摆不定。

5）前轮或后轮单轮磨损。

6）安装新的轮胎后。

7）碰撞事故维修后。

8）换装新的悬架或转向有关配件后。

9）新车驾驶3000km后。

【任务工单】

	汽车维护与保养	学习单元7　汽车底盘的维护与保养	
		学习任务5　车轮定位的检测与调整	
班级：	日期：	姓名：	学号：
自我评价		教师评价	

任务描述：丰田卡罗拉汽车进行10000km例行保养时，对转向系统进行维护与保养。

1. 填空题

1）转向车轮定位包括________、________、________及________四个参数。

2）通过确定主销后倾、主销内倾、车轮外倾和前束四个参数可以实现________。

3）主销后倾的作用是保证汽车直线行驶的________，并使汽车转弯后车轮能________。后倾角越大，车速越高，车轮的稳定效应也________；但后倾角不宜________，否则在转向时会使转向盘沉重或回正________而打手，一般主销后倾角取________内。

4）主销内倾的作用是使车轮转向后能________且转向操纵轻便。一般主销内倾角取________。主销内倾角是制造前轴时使主销孔轴线的上端________倾斜而获得的。在非独立悬架的转向桥上，________是不能单独调整的。

5）两前轮前段距离B，后段距离A，其差值即为________。汽车前束作用是减少或消除汽车前进中因车轮外倾和纵向阻力致车轮前端________滚而造成滑移。

2. 问答题

1）汽车多久或在什么状况下需要四轮定位检测？

2）简述汽车车轮定位仪的使用注意事项和维护要点。

3）简述四轮定位的一般操作顺序。

学习任务6　悬架系统的维护

【任务目标】

能正确地对悬架进行维护与保养。

【任务描述】

丰田卡罗拉汽车进行5000km例行保养时，对悬架系统进行检查与维护。

【相关知识】

一、汽车行驶系统的组成与功用

汽车行驶系统一般由车架、车桥、悬架、车轮及轮胎等组成。车架是全车的装配基体，将汽车的各相关总成连接成一个整体。前后车轮分别支承从动桥和驱动桥。为了减少在不平路面上行驶时车身所受到的冲击和振动，车桥又通过前后悬架与车架相连，如图7-6-1所示。

二、悬架系统的功用与组成

悬架位于汽车的车架与车桥或车轮之间，主要作用是传递作用在车轮和车身之间的力和力矩，并且缓和由不平路面传给车身的冲击载荷、衰减由此引起的振动、保证乘员的舒适性、减小货物和车辆本身的动载荷。

典型的汽车悬架系统由弹性元件、减振器及导向机构组成，这三部分分别起到缓冲、减振和力的传递作用，如图7-6-2所示。常见的弹性元件包括钢板弹簧、螺旋弹簧、扭杆弹簧、油气弹簧、空气弹簧和橡胶弹簧。减振器有筒式减振器、阻力可调式减振器和充气式减振器。通常导向机构由控制摆臂式杆件组成，有单杆式和连杆式两种。钢板弹簧作为弹性元件时，不另设导向装置。

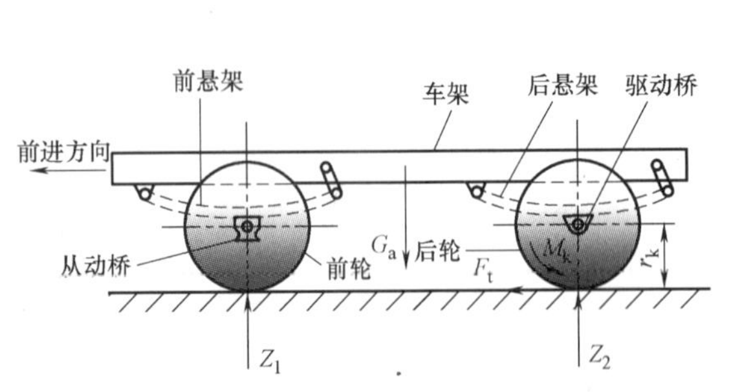

图7-6-1　轮式汽车行驶系统的组成示意图

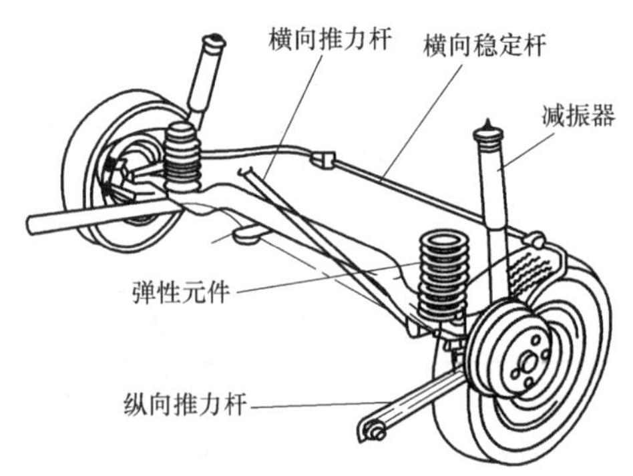

图7-6-2　典型汽车悬架系统的组成

按照悬架控制形式不同，悬架可分为被动式悬架和主动式悬架两大类，主动式悬架系统通常由传感器、控制阀、执行机构和悬架系统组成。按悬架系统结构不同，分为非独立悬架和独立悬架。

【任务准备】

1）安全、整洁的汽车维修车间或模拟汽车维修车间。

2）齐全的消防用具、个人防护用具、清洁用品等。

3）实训整车及其防护用品。

4）汽车举升机、常用工具。

【任务实施】

一、悬架弹簧的检查

汽车悬架弹簧不易损坏，而且出现故障易目视察觉。当汽车车身高度过度降低或发现螺旋弹簧有裂纹和变形，叶片弹簧有断片、缺片、裂纹、变形和磨损等时，可以对悬架弹簧进行及时更换。如果测量螺旋弹簧的自由长度比标准弹簧长度减少5%，即表示螺旋弹簧已产生永久变形，必须更换，如图 7-6-3 所示。

图 7-6-3 悬架的检查与维护

A—前悬架 B 后悬架

1）将车辆开到平整路面上，看四个车轮位置有无明显下沉并造成车辆倾斜。如果有，在胎压正常的前提下，弯腰观察减振器是否有漏油的迹象。

2）检查悬架螺旋弹簧是否有裂纹、损伤及断裂现象，若发现问题应予以更换。

二、减振器的检查

1）采用按压方式，对于四轮独立悬架系统，分别进行按压。用力按下后松开，观察回弹次数，如果超过 2 次，则表明液压减振有故障。

2）在颠簸路面行驶一段时间，停车后用手触摸减振器外筒，正常情况下减振器外筒应该发热。

3）检查减振器是否漏油。观察减振器表面是否有油液渗漏迹象。减振器如果出现问题，一般需要更换新的。

4）检查减振器上是否有凹痕。另外，检查防尘罩上是否有裂纹、裂缝或者其他损坏，如图 7-6-4 所示。

5）检查连接摆动。用手摇晃悬架接头上的连接处，目的是检查衬套是否有磨损或者裂纹，以及检查是否摆动；并检查连接是否损坏。

6）其他检查：

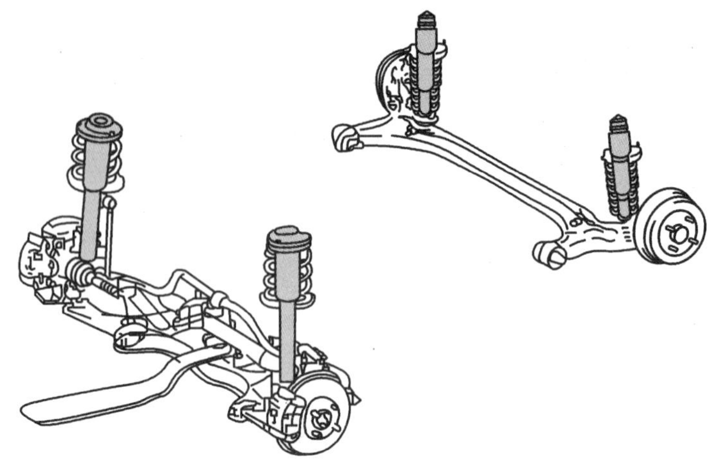

图 7-6-4　减振器的检查

① 检查挡泥板是否严重变形或扭曲，如有则应更换新件。

② 检查悬架焊接处是否出现裂纹或严重变形，悬架支撑轴是否损坏，如有则应更换新件。

【任务工单】

	汽车维护与保养	学习单元 7　汽车底盘的维护与保养	
		学习任务 6　悬架系统的维护	
班级：	日期：	姓名：	学号：
自我评价		教师评价	

任务描述：丰田卡罗拉汽车进行 5000km 例行保养时，对悬架系统进行维护与保养。

1. 填空题

1）汽车行驶系统一般由车架、车桥、悬架、车轮及轮胎等组成。________是全车的装配基体，将汽车的各相关总成连接成一个整体。前后车轮分别支承________和________。为了减少在不平路面上行驶时车身所受到的冲击和振动，车桥又通过________与车架相连。

2）悬架位于汽车的________与________之间，主要作用是传递作用在车轮和车身之间的________，并且________由不平路面传给车身的冲击载荷、________由此引起的振动、保证乘员的舒适性、减小货物和车辆本身的动载荷。

3）典型的汽车悬架系统由弹性元件、减振器及导向机构组成，这三部分分别起到________、________和________作用。常见的弹性元件包括________、螺旋弹簧、________、油气弹簧、________和橡胶弹簧。减振器有________、阻力可调式减振器和充气式减振器。通常导向机构由控制摆臂式杆件组成，有________式和________式两种。

4）按照悬架控制形式不同，悬架可分为________和主动式悬架两大类，主动式悬架系统通常由传感器、控制阀、执行机构和悬架系统组成。按悬架系统结构不同，分为________悬架和________悬架。

5）如果测量螺旋弹簧的自由长度比标准弹簧长度减少________，即表示螺旋弹簧已产生永久变形，必须更换。

2. 问答题

1）如何检查悬架弹簧？

2）减振器检查包含哪些项目？

学习任务7 转向系统的检查与维护

【任务目标】

1）能够实现液压助力转向系统的维护与保养。

2）能够正确对转向油进行检查与维护。

【任务描述】

丰田卡罗拉汽车进行5000km例行保养时，进行转向系统的维护与保养。

【相关知识】

汽车转向系统的作用是保证汽车能按驾驶人规定的方向行驶，而且还具有自动回复到直线行驶位置的功能。

转向系统由转向操纵机构、转向器、转向传动机构和转向助力装置组成。转向操纵机构由转向盘、转向轴、转向管柱等组成，它的作用是将驾驶人转动转向盘的操纵力传给转向器。

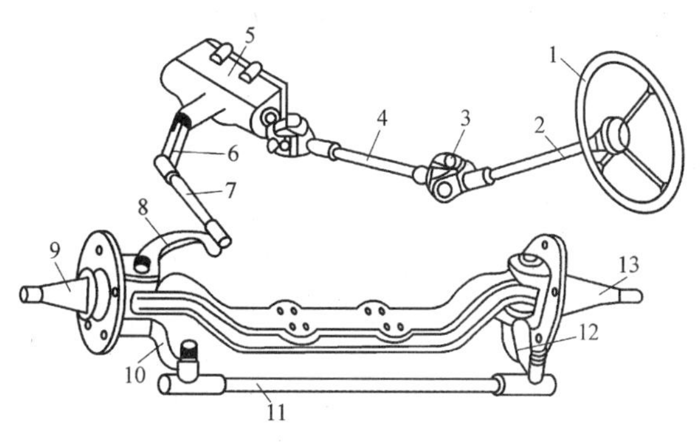

图7-7-1 机械式转向系统的组成

1—转向盘 2—转向轴 3—转向万向节 4—转向传动轴 5—转向器 6—转向摇臂 7—转向直拉杆 8—转向节臂 9—左转向节 10—左梯形臂 11—转向横拉杆 12—右梯形臂 13—右转向节

汽车转向系统按转向能源的不同分为机械式转向系统、动力式转向系统和电子控制式动力转向系统。机械式转向系统的组成如图7-7-1所示。机械转向有蜗轮蜗杆式、蜗杆曲柄指销式、循环球式和齿轮齿条式等形式。

【任务准备】

1）安全、整洁的汽车维修车间或模拟汽车维修车间。

2）齐全的消防用具、个人防护用具、清洁用品等。

3）实训整车及其防护用品。

4）汽车举升机、常用工具。

【任务实施】

一、液压助力转向系统机械部分的维护与保养

对于液压助力转向系统而言，在使用过程中会出现转向液变质、有气泡、浑浊，致使其性能下降或丧失，造成转向沉重。因此，应经常对液压助力转向系统进行检查与维护。液压

助力转向系统的组成如图 7-7-2 所示。

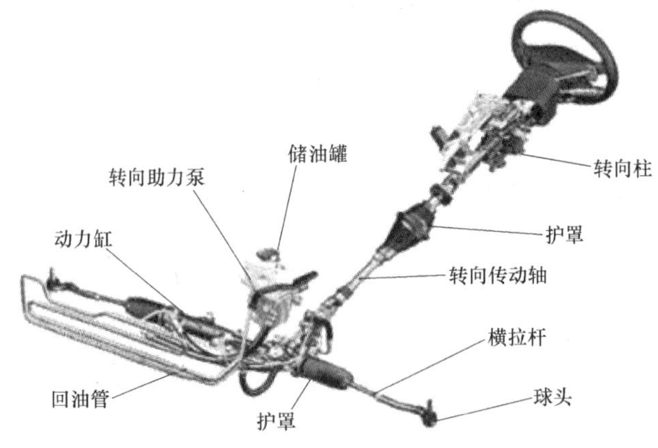

图 7-7-2　液压助力转向系统的组成

1）检查驱动轴护罩。手动转动轮胎向一侧偏转，然后检查驱动轴护罩的整个外围是否有裂纹或其他损坏。检查护罩卡箍，确保其正确安装。检查护罩是否有油脂渗漏。

2）检查转向连接机构。用手晃动转向连接机构，检查是否松动或者摆动；检查转向连接机构是否弯曲或者损坏；检查防尘罩是否有裂纹或者损坏。

3）检查横直拉杆球头销的使用及润滑情况，如磨损严重，应予以更换。

4）检查转向节主销和衬套的润滑情况，如果润滑不好，会锈蚀，导致转向困难。

5）转向液压泵传动带外观的检查。液压泵传动带外观完好，不允许有龟裂、剥落等损坏，否则应该更换。

6）转向液压泵传动带张紧力的检查：一种方法是将汽车停在干燥的路面上，运转发动机使油液上升到正常温度，左右转动转向盘，此时驱动传动带负荷最大，如果打滑，说明传动带紧度不够或液压泵内有机械损伤；另一种方法是关闭发动机，用手以约 100N 的力从传动带的中间位置按下，传动带应有约 10mm 挠度为合适，否则必须调整。汽车每行驶 15000km 时，应检查传动带的张紧力，必要时应予以更换。传动带张紧力的调整方法如下：

① 松开转向液压泵支架上的固定螺栓。

② 松开特制螺栓的螺母。

③ 通过张紧螺栓把传动带绷紧，当用 100N 的力从传动带的中间位置按下，传动带应有约 10mm 挠度为合适。

④ 拧紧特制螺栓的螺母，拧紧转向液压泵支架上的固定螺栓。

二、动力转向系统密封性的检查

具体检查方法是：转向系统密封性的检查应在热车时进行，将转向盘快速向左、右两侧转至极限位置（注意在极限位置停留不得超过 5s），并保持不动。目测检查转向控制阀、齿条密封（松开波纹管软管夹箍，再将波纹管推至一旁）、叶轮泵、油管接头是否有漏油现象，如有渗漏应更换密封件。同时检查各管路接头处是否漏油，管道是否有扭曲、破损、裂纹、凹瘪等现象。如有上述现象应更换管道。

三、转向操纵力的检查

具体检查方法是：将汽车停放在水平干燥的路面上，油液温度达到40～80℃，轮胎气压正常，并使前轮处于直线行驶位置。发动机怠速运转，将以弹簧秤钩在转向盘边缘上，拉动转向盘，检查转向盘左右转动一圈所需拉力变化，一般来说，如果转向盘操作力超过44.5N，说明动力转向工作不正常，应检查传动带有无打滑或损坏、转向油泵输出的油压或油量是否低于标准、油液中是否渗入空气、油管是否有压瘪或扭曲变形等。

四、转向盘回正能力的检查

具体检查方法是：检查时一面行驶一面观察下列各项：第一，缓慢或迅速转动转向盘，检查两种情况下转向盘的操作力有无明显差别，并检查转向盘能否回到中间位置。第二，使汽车以约3.5km/h的速度行驶，将转向盘顺时针或逆时针转动90°，然后放开手1～2s，如果转向盘能自动回转70°以上，说明工作正常，否则应查明故障原因并予以排除。

五、转向油的检查与添加

如果液面高度太低，会使动力转向系统渗入空气，造成汽车转向操纵不稳。另外，转向时不可将转向盘“打死”，否则易烧坏转向助力泵。

1）将车辆停放在平坦的路面上，使前轮处于直行位置。

2）起动发动机，使其达到正常工作温度。

3）发动机怠速运行大致2min，左右打几次转向盘，使其油温上升到80℃左右。

4）将转向盘打到中间位置，观察储油罐的液面，观察液面应处于Max（上限）与Min（下限）之间。

5）当油液液面高度低于上述液位时，则需添加液压油，注意所加液压油必须与原液压油规格相同，如图7-7-3所示。

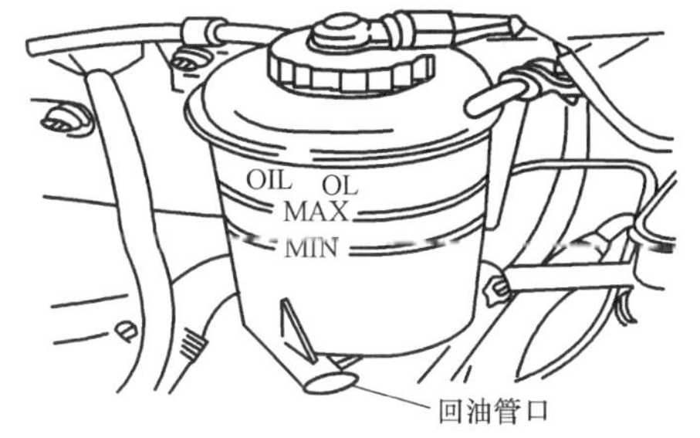

图7-7-3 液压助力储液罐

6）助力转向工作时，观察储液罐内的助力油是否气泡乳化，如有则说明液压转向系统内有空气或者液面过低。此时，应立即排出管路内的空气并添加适当的转向液。

7）转向系统排气的方法是先将油液注到油罐规定的液面高度，然后起动发动机，在怠速状态下左、右打转向盘到极限位置（在极限位置停留不得超过10s，以防液压泵发热），反复几次，并不断往油罐补充油液，同时，松开系统中的放气螺钉，直到油液充满整个系统，放气口没有气泡冒出，油罐内油面不再下降为止，然后拧紧放气螺钉。

注意事项：

（1）液压助力转向系统需要按时换油　因为液压动力转向系统的油液是在高温高压下工作的，容易变质，所以，即使油液看起来比较干净，也要定期更换，一般每行驶40000km应更换油液，或按原厂规定。

（2）转向助力油的排放　换油时，将前轴顶起，发动机以怠速运转，卸下转向器下部的放油螺塞，左、右打转向盘至极限位置数次，待油液排完时立即停熄发动机并旋上放油螺塞。

【任务工单】

	汽车维护与保养	学习单元7　汽车底盘的维护与保养	
		学习任务7　转向系统的检查与维护	
班级：	日期：	姓名：	学号：
自我评价		教师评价	

任务描述：丰田卡罗拉汽车进行5000km例行保养时，进行转向系统的维护与保养。

1. 填空题

1）汽车转向系统的作用是保证汽车能按驾驶人规定的方向行驶，而且还具有________的功能。

2）转向系统由转向操纵机构、________、________和________装置组成。转向操纵机构由________、转向轴和________等组成，它的作用是将驾驶人转动转向盘的操纵力传给________。

3）汽车转向系统按转向能源的不同分为________式转向系统、________式转向系统和________式动力转向系统。机械转向有________式、蜗杆曲柄指销式、________式和________式等形式。

4）因为液压动力转向系统的油液是在________下工作的，容易变质，所以，即使油液看起来比较干净，也要________，一般每行驶________ km应更换油液，或按________规定。

5）如果转向油液面高度________，会使动力转向系统________，造成汽车转向________。另外，转向时不可将转向盘________，否则易烧坏________。

2. 问答题

1）如何对液压助力转向系统进行维护与保养？

2）简述转向油检查与维护的方法和步骤。

3）简述转向助力泵张紧传动带的检查方法。

学习任务8 制动系统的检查与维护

【任务目标】

1）能够正确完成驻车制动器的检查。

2）能够正确完成制动器的检查。

3）熟练掌握制动系统排气操作。

【任务描述】

丰田卡罗拉汽车进行5000km例行保养时，对制动系统进行维护与保养。

【相关知识】

一、汽车制动系统的作用

制动系统的作用是使行驶中的汽车按照驾驶人的要求进行强制减速甚至停车；使已停驶的汽车在各种道路条件下（包括在坡道上）稳定驻车；使下坡行驶的汽车速度保持稳定。

一般来说，汽车制动系统包括行车制动装置和停车制动装置两套独立的装置。其中行车制动装置是由驾驶人用脚来操纵的，故又称为脚制动装置。停车制动装置是由驾驶人用手操纵的，故又称为驻车制动装置。

二、汽车制动系统的基本结构

一般制动系统主要由车轮制动器和液压传动机构组成。车轮制动器主要由旋转部分、固定部分和调整机构组成。其中旋转部分是制动鼓；固定部分包括制动蹄和制动底板；调整机构由偏心支承销和调整凸轮组成用于调整蹄鼓间隙。制动传动机构主要由制动踏板、推杆、制动主缸、制动轮缸和管路组成，如图7-8-1所示。

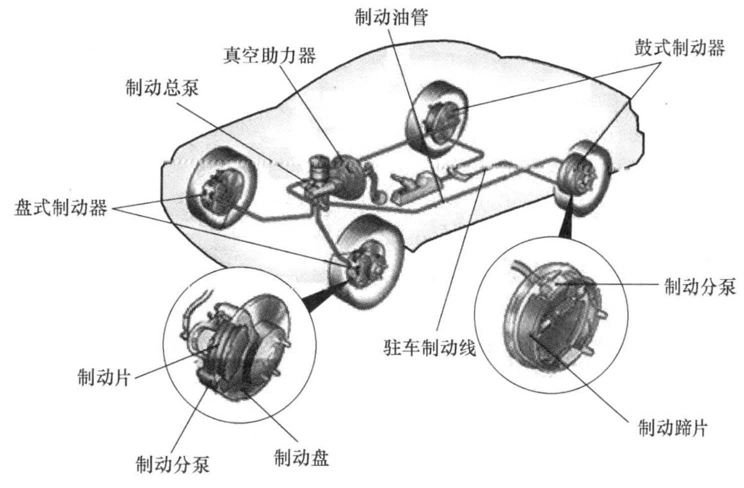

图7-8-1 制动系统的基本结构

【任务准备】

1）安全、整洁的汽车维修车间或模拟汽车维修车间。

2）齐全的消防用具、个人防护用具、清洁用品等。

3）实训整车及其防护用品。

4）汽车举升机、常用工具。

【任务实施】

一、驻车制动器的检查与调整

1）检查驻车制动器操纵杆行程。检查并确保驻车制动器操纵杆拉动时，操纵杆行程在预定的槽数内（拉动时可以听到“咔嗒”声），如图 7-8-2 所示。如果不符合标准，应调整驻车制动器操纵杆的行程。

注意事项：当驻车制动器操纵杆行程超出规定值，调整后制动蹄片或驻车制动蹄片的间隙，然后重复检查。

2）检查驻车指示灯工作情况。在点火开关位于 ON 时，检查驻车指示灯工作情况，确保当驻车制动器操纵杆操作时，在拉动杆到达第一个槽口前，仪表上的指示灯就已经发光，如图 7-8-3 所示。

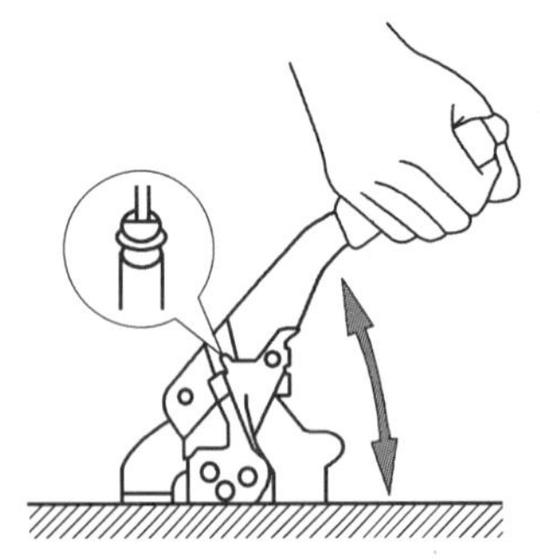

图 7-8-2　驻车制动器操纵杆行程检查

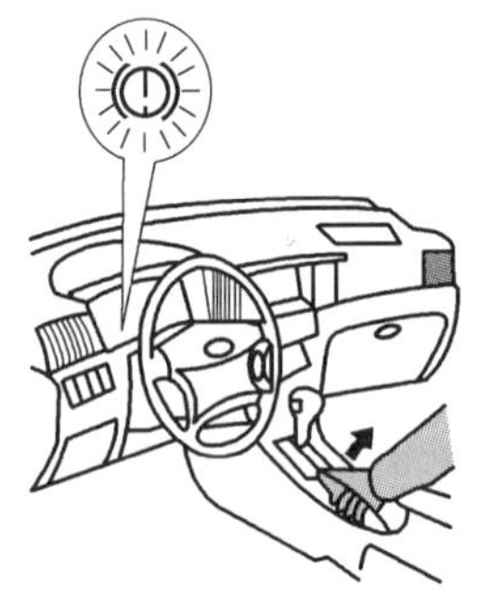

图 7-8-3　驻车指示灯工作情况的检查

3）调整驻车制动器操纵杆行程，调整前，确保驻车制动蹄片间隙已经调整好。

① 松开锁止螺母。

② 转动调整螺母或者调整六角头螺栓直到驻车制动器操纵杆或者踏板行程正确。

③ 上紧锁止螺母。如图 7-8-4 所示。

二、制动器的检查

（1）制动踏板状况的检查　检查制动踏板有无反应灵敏度变差、踏板不完全落下、异常噪声、过度松动等故障，如图 7-8-5 所示。

（2）踏板高度的检查　用一把直尺测量制动踏板的高度。如果超出规定范围，调整踏板高度，如图 7-8-6 所示。

注意事项：测量从地面到制动踏板上表面的距离。如果必须要从地毯表面开始测量，则

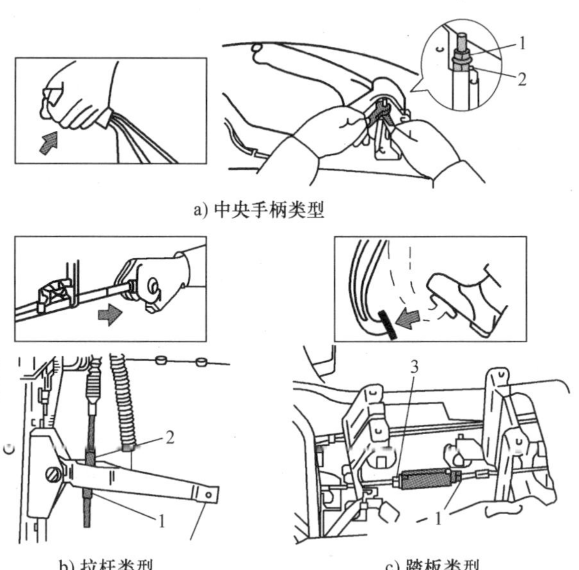

图 7-8-4　驻车制动拉杆行程的调整

1—锁止螺母　2—调整螺母　3—调整六角头螺栓

图 7-8-5　制动踏板的检查

图 7-8-6　踏板高度的检查

从标准值中扣除地毯的厚度，或者地毯和沥青纸毡的厚度。

（3）制动踏板自由行程的检查　发动机停止后，踩下制动踏板几次，以使解除制动助力器。然后使用手指轻轻按压制动踏板并且使用一把直尺测量制动踏板自由行程。对于配备了液压制动助力器的车辆，至少要踩下制动踏板 40 次。如图 7-8-7 所示。

（4）踏板行程余量的检查　发动机运转和驻车制动器松开时，使用 490N（或 50kg）的力踩下制动踏板，然后使用一把标尺测量踏板行程余量，检查其是否处于规定的范围内（标准值参阅车型修理手册），如图 7-8-8 所示。

三、制动液的检查

（1）制动液液位的检查　检查制动总泵储液罐中的液位是否在最高线和最低线之间，如图 7-8-9 所示。注意：如果制动衬片或者制动器摩擦片磨损，制动液液位就会下降。如果

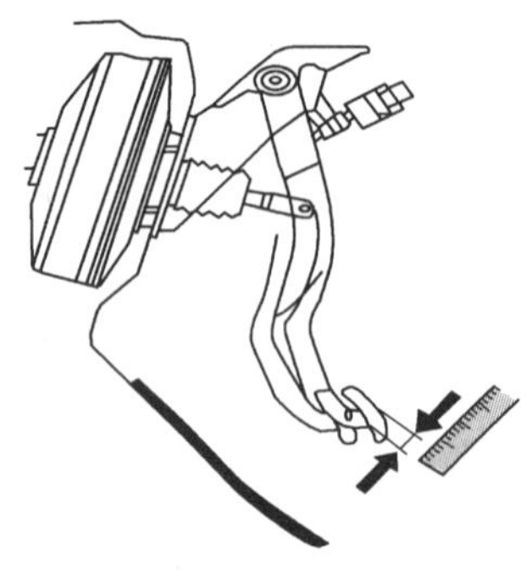
图 7-8-7　制动踏板自由行程

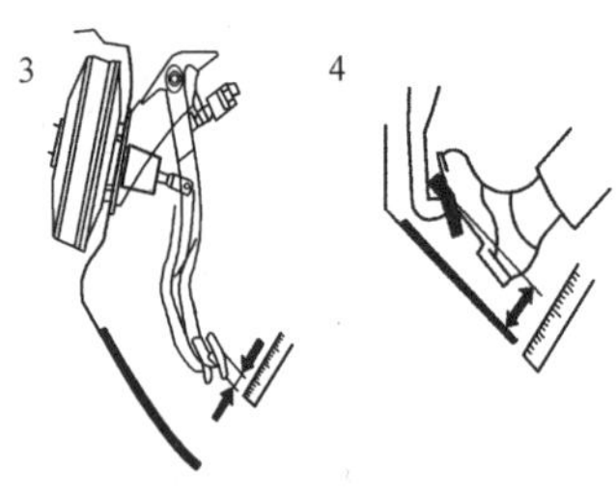

图 7-8-8　踏板行程余量

制动液液位明显偏低，则需要检查制动系统是否渗漏。

（2）制动系统渗漏的检查　检查制动总泵是否有渗漏，检查制动卡钳中是否有液体渗漏，如图 7-8-10 所示。注意：如果制动液溅出或者粘在油漆上，立即用水漂洗；否则，将损坏油漆表面。

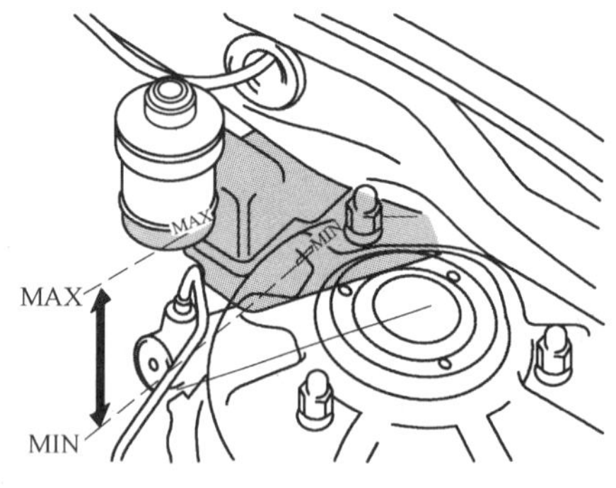

图 7-8-9　制动液液位的检查

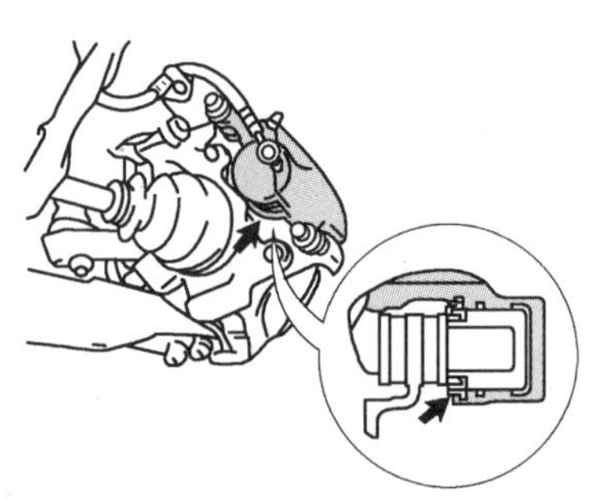
图 7-8-10　制动系统渗漏检查

四、制动管路的检查

（1）制动管路渗漏的检查　检查制动管路连接部分是否有液体渗漏。

（2）制动管路的检查

1）检查制动管路和软管，确保车辆运动时，或者转向盘完全转动到任何一侧时，不会因为振动而与车轮或者车身接触，制动管路安装状况检查如图 7-8-11 所示。

2）检查制动管路软管是否有扭曲、磨损、开裂、隆起和老化等现象，如图 7-8-12 所示。

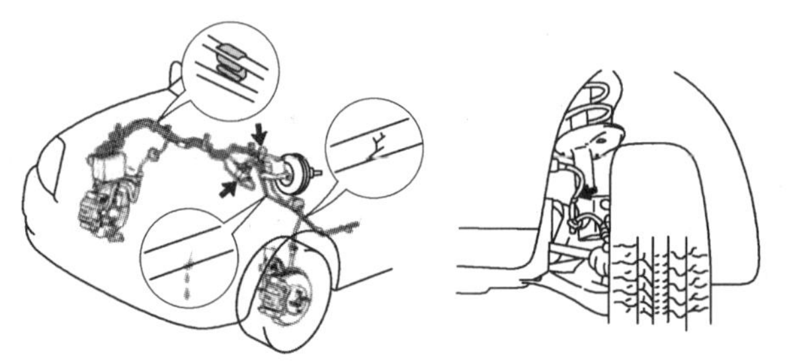
图 7-8-11　制动管路安装状况检查

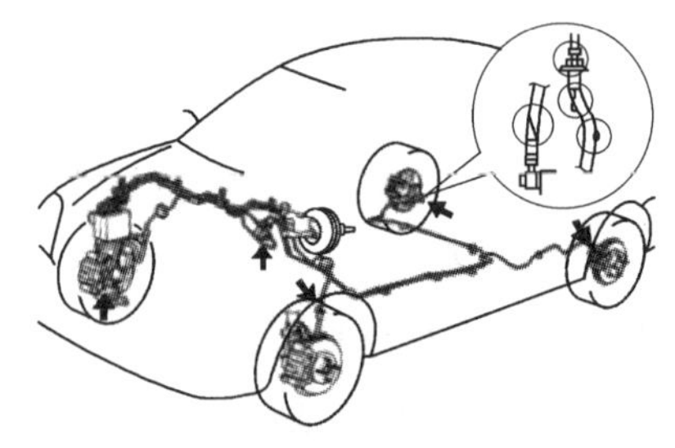
图 7-8-12　制动管路损伤检查

五、盘式制动器的检查

1. 检查制动器摩擦片的厚度（见图 7-8-13）

1）使用一把直尺测量外制动器摩擦片的厚度。如果厚度低于磨损极限，则需要更换。

2）通过制动卡钳内的检查孔目测检查内制动器摩擦片的厚度，确保其与外制动器摩擦片没有明显的偏差。同时，还要确保制动器摩擦片没有不均匀磨损。

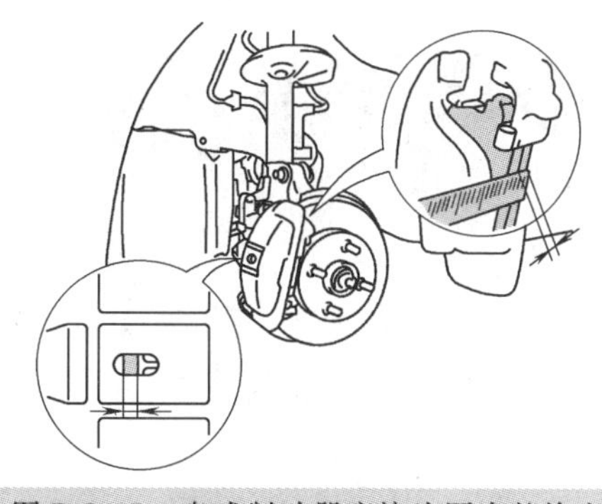

图 7-8-13 盘式制动器摩擦片厚度的检查

2. 根据行驶距离估计制动器摩擦片的剩余磨损量

通过本次检查和上一次检查之间的行驶距离，估计到下一次检查前的行驶距离；通过上一次检查到现在的制动器摩擦片的磨损，来估计制动器摩擦片在下一次检查时的情况。在检查时，如果估计制动器摩擦片的厚度小于可接受的磨损值，建议更换制动器摩擦片。

3. 检查制动盘跳动量

制动盘的跳动量必须符合规定，否则会影响制动效果。具体检查方法如下：

1）在工作台上组装磁性表座，如图 7-8-14 所示。

2）将磁性表座固定在减振器上，如图 7-8-15 所示。

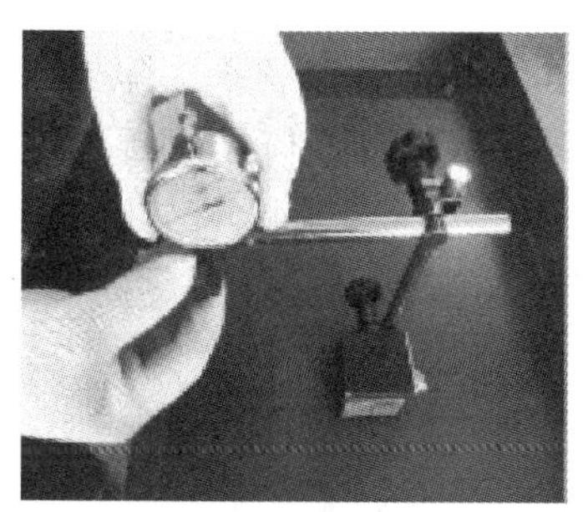

图 7-8-14 组装磁性表座

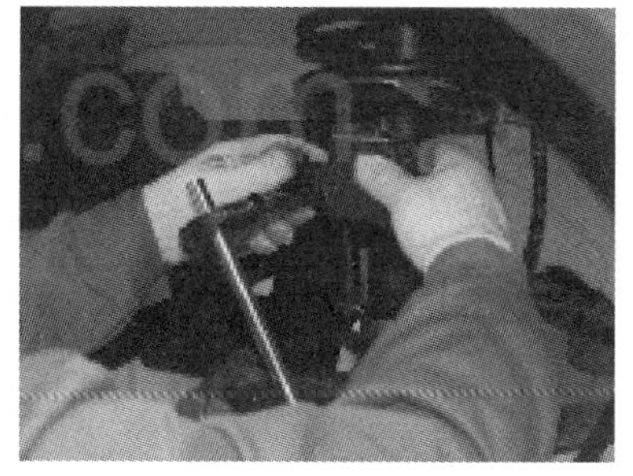

图 7-8-15 固定磁性表座

3）安装百分表，表头距制动盘边缘 10mm，且百分表头与制动盘垂直，如图 7-8-16 所示。

4）均匀转动制动盘并记下制动盘的最大跳动量，如果超出规定范围则需更换新件，如图 7-8-17 所示。

注意事项：

新制动盘在更换之前要用专用清洁剂清洗表面的保护油膜，并用干净抹布擦干或用压缩空气吹除干净。专用清洁剂是易燃、有毒的化学品，使用前要仔细阅读使用方法。

六、液压制动系统人工排放空气

1）向制动主缸的储液罐中加注制动液，注意排气过程中必须保证制动液量超过储液罐 1/2。

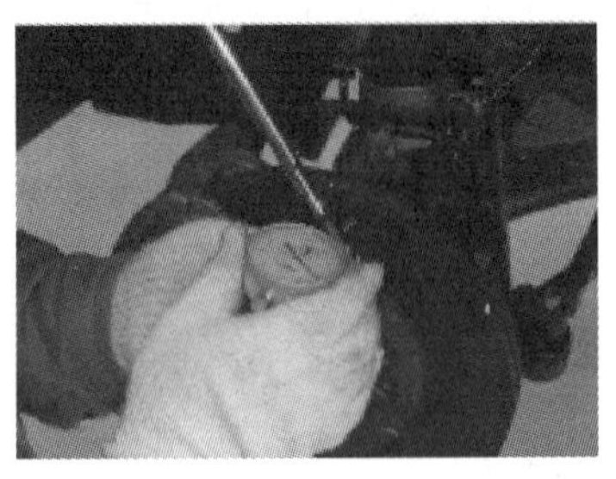

图 7-8-16 安装百分表

图 7-8-17 测量制动盘的最大跳动量

2）旋下放气螺塞帽，把透明导液管一端接到制动轮缸的放气螺塞上，另一端插入容器中。

3）起动发动机，使其处于怠速运转状态；踩动制动踏板几次，使部分主缸和储液罐中的制动液进入制动管路，然后在踩住踏板的同时，拧松放气螺塞约半圈，使含有空气的制动液流入透明容器中，快速旋紧放气螺塞。注意：在排出制动液的同时，踏板高度会逐渐降低，在未拧紧放气螺塞前，切不可将踏板抬起，以免空气再次侵入。

4）反复踩下制动踏板，观察透明导液管，当导液管流出的制动液无任何气泡时，以及踩住踏板的同时，将制动轮缸的放气螺塞拧紧。要注意的是，排气过程中，必须及时补充制动液，使储液罐中的制动液量保持在 MIN 刻线以上，这样做是为了防止空气进入制动主缸。

5）将制动液导液管取下，检查是否有制动液渗漏，确认没有任何问题后，将制动轮缸放气螺塞帽装回。

6）最后，往储液罐内加注制动液，使液位达到储液罐的 MAX 刻线。注意：不宜超过 MAX 线，否则制动液溢出会腐蚀车体或者汽车零部件。

七、大众汽车压力法排放制动系统空气

1）将专用加液放气装置 VW1238/I 连接在储液罐上，在轮缸放气螺塞上接一软管，放入容器，然后根据各轮缸放气顺序进行放气。

2）此装置是以一定的压力把制动液充到制动系统中并使空气排出的。最后储液罐的液面高度必须达到 MAX 处。

注意事项：

1）在更换制动液或者制动系统管路进入空气时，应对制动系统管路进行排气。制动管路排气操作时，要先排放距制动主缸远的制动轮缸，然后再排放距主缸近的制动轮缸。

2）制动系统更换制动液排气的过程，会对汽车的刹车系统造成伤害，所以，只要制动系统无问题，切不可“定期”更换制动液。

八、真空助力器的检查

1. 密封性能的检查

1）起动发动机，在怠速运转 1 ~ 2 min 后关闭发动机。以常用制动踏板力踩制动踏板若干次，每次踩踏板的间隔时间应在5s以上，其制动踏板高度若一次比一次逐渐提高，则表明真空助力器密封性能良好。否则，应检查发动机真空供给情况，若发动机运转时提供的真空度正常，则表明真空助力器密封不良，应予以检修。

2）起动发动机，使发动机怠速运转1 ~2 min后，踏下制动踏板数次，并在踏板处于最低位置保持踏板力不变的情况下，停止发动机运转。若发动机提供的真空度正常，且踏板高度在30s内无变化，则说明真空助力器密封性能良好。如制动踏板有明显的回升现象，则真空助力器有漏气故障。

2. 助力功能的检查

1）在发动机熄火时，以相同的踏板力踏制动踏板若干次，以消除真空助力器内的全部残余真空，并确认踏板高度无变化后，踏住踏板不动。

2）起动发动机，若制动踏板略为下沉，则说明真空助力器助力功能正常。如踏板不动，则助力器无助力作用，应首先检查真空源是否提供了一定的真空度，然后检查真空管路、单向阀及真空助力器。

3. 真空供给的检查

如果制动时真空助力器助力功能丧失或助力作用微弱，除需检查真空助力器外，更应重点检查给助力器提供真空的真空源及其真空管路。检查时，拔下真空助力器的真空接头，起动发动机使其怠速运转，用拇指迅速将真空管口堵住。此时若感到有强烈的吸力，则表明发动机提供的真空度足够，且真空管路正常；若无强烈的吸力或根本无吸力，则应关掉发动机，检查真空管路是否损坏、卷曲、松动或堵塞。若真空管路损坏，则应予以更换；若真空管路正常，则应用真空表检查发动机怠速时进气歧管的真空度，若真空度小，表明提供真空源的发动机有问题。

4. 真空单向阀的检查

真空单向阀位于发动机进气歧管和真空助力器之间。发动机进气歧管的真空通过真空单向阀到达真空助力器，真空单向阀的作用是保证发动机停转后，真空助力器内的真空能维持一定的时间，保持一次有效的助力制动。检查时先将发动机怠速运行，然后关闭发动机并等待5 min，再踩踏板施加制动，至少在一个踏板行程中应有助力作用。如果在第一次踩踏板时没有助力作用，则说明单向阀存在泄漏故障。应该进一步检查，将单向阀拆下，用嘴向单向阀进气歧管一端吹气，气流应一点都不能通过。若真空单向阀存在反向泄漏时，应予以更换。另外，真空单向阀有开闭受阻或卡住的现象时也应予以更换。

【知识拓展】

1. 制动液使用要求

1）制动液沸点越高越好，较低蒸发性。沸点不低于205℃，当汽车长时间行驶、在高速或下坡行驶时，温度会高达数百度。制动液温度随着制动蹄片温度升高而升高，若制动液沸点不够高，制动液发生汽化，产生气泡，踩制动发软，不能立即达到制动目的，因而不能保证行车安全。

2）对制动系统各种金属防锈性能好。一般制动液耐腐蚀性较强，但优质制动液对各类金属防腐性及防锈性大大减少，可延长制动油泵寿命。

3）低温流动性很好。这对于严寒地区特别明显。使用优质制动液在严寒时制动一样灵敏、可靠。而使用劣质制动液性能差，凝固点高，气温低于 -20℃就会有凝固现象出现，大大影响行车安全。

4）对各种橡胶不腐蚀。优质制动液使用后极少发生皮碗严重膨胀变形现象。若使用劣质制动液，皮碗容易膨胀变形，导致车辆漏油、制动时翻转，造成事故。标准制动液膨胀率一般为 0.1% ~5%。

2. 部分国家常见制动液等级划分（见表 7-8-1）

表 7-8-1 部分国家常见制动液等级划分

类　型	醇醚型	醇醚硼酸酯型	硅油型
中国	JG3、HZY3	JG4、HZY4	JG5、HZY5
美国	J1703、DOT3	J1704、DOT4	J1705、DOT5、DOT5.1
日本	BF-3	BF-4	BF-5

注：JG3、JG4、JG5 指国内《机动车制动液使用技术条件》（GB 10830—1998）标准中的质量等级；HZY3、HZY4、HZY5 指国内《机动车辆制动液》（GB 12981—2012）标准中的质量等级；BF-3、BF-4、BF-5 指日本工业 JISK 2233-1995 标准中的质量等级；J1703、J1704、J1705 指美国汽车工程师学会 SAE 中的质量等级；DOT3、DOT4、DOT5、DOT5.1 指美国联邦运输部国家高速公路安全局（NHSB）在联邦车辆安全规范 NO.116 中发布的“机动车辆制动液”标准中的质量等级。

3. 不同级别制动液的区别

（1）DOT3（JG3、HZY3、BF-3、J1703） 这个级别的制动液是醇醚型，这种制动液目前已经很少见了，主要是因为 DOT3 级别制动液的吸水性很强，非常容易受水分的影响而降低制动液沸点，在高温状态下稳定性很难保证。

（2）DOT4（JG4、HZY4、BF-4、J1704） DOT4 级为醇醚硼酸酯型制动液，相对 DOT3 级别制动液而言，DOT4 级别制动液的综合性能有较大幅度的提升，最重要的就是在吸收水分方面，DOT4 不容易受水分的影响而降低沸点，对金属的腐蚀性、橡胶的相容性也有更好的表现，是目前使用最为广泛的制动液，只要不是参加竞技项目，DOT4 级别制动液完全可以满足日常驾驶需求。

（3）DOT5（JG5、HZY5、BF-5、J1705） DOT5 级别制动液属于硅油型制动液，几乎完全不吸水，表面上看好像是好事，但也正是由于它对水分极强的排斥能力，进入制动管路内的水分不能与其很好的融合，而是以油液、水两种成分独立存在。相对于制动液而言，水的沸点极低，所以这部分不能融合的水分会导致制动性能的快速下降。因此 DOT5 级别的制动液比 DOT4 的衰减还要快，基本上半年就要更换一次。

4. 制动气阻现象

制动液在高温状态下工作时由于温度不断上升，在接近沸点时会导致制动液产生很多气泡，如果在这个时候我们依然让制动系统处于高强度状态下，一旦气泡增多后便有可能堵塞制动油管，让本该属于真空环境的制动油管内充满了气泡，这就是气阻现象。气阻现象发生后，制动时制动液会因为气泡的存在而无法正常传递制动压力，从而导致制动系统失灵。

避免气阻发生最重要的一点就是一定要按时更换制动液，定期检查制动油管的密封性，严防空气渗入。

5. 制动液更换周期

正常来说，制动液的更换周期为2年，但是在实际使用中我们还是要根据实际使用环境进行定期检查，查看制动液是否发生氧化、变质等现象。

1）不同类型和不同品牌的制动液不要混合使用。由于配方不同，混合使用制动液会造成制动液性能指标下降或者发生化学反应，导致事故的发生。

2）制动液吸入水分或有杂质时，应及时更换或加以过滤，否则会造成制动压力不足，影响制动效果，尤其是南方潮湿地区的车主更需要注意这点。

3）车辆正常行驶超过2年或40000km时，制动液容易因使用时间长而变质，要及时更换。

4）车辆正常行驶中，若出现制动忽轻忽重，需要及时对车辆进行检查，如果发现制动液质量变差，应及时进行更换。

5）在踩制动时如果车辆出现跑偏，应及时对制动系统进行全面检查。

【任务工单】

<table>
<tr><td rowspan="2"></td><td rowspan="2">汽车维护与保养</td><td colspan="2">学习单元7　汽车底盘的维护与保养</td></tr>
<tr><td colspan="2">学习任务8　制动系统的检查与维护</td></tr>
<tr><td>班级：</td><td>日期：</td><td>姓名：</td><td>学号：</td></tr>
<tr><td>自我评价</td><td></td><td>教师评价</td><td></td></tr>
</table>

任务描述：丰田卡罗拉汽车进行5000km例行保养时，对制动系统进行维护与保养。

1. 填空题

1）制动系统的作用是使行驶中的汽车按照驾驶人的要求进行＿＿＿＿＿＿甚至＿＿＿＿＿＿；使已停驶的汽车在各种道路条件下（包括在坡道上）＿＿＿＿＿＿；使下坡行驶的汽车速度＿＿＿＿＿＿。

2）一般来说，汽车制动系统包括行车制动装置和停车制动装置两套独立的装置。其中行车制动装置是由驾驶人用＿＿＿＿＿＿来操纵的，故又称为＿＿＿＿＿＿。停车制动装置是由驾驶人用＿＿＿＿＿＿操纵的，故又称为＿＿＿＿＿＿。

3）一般制动系统主要由车轮制动器和液压传动机构组成。车轮制动器主要由旋转部分、固定部分和调整机构组成。其中旋转部分是＿＿＿＿＿＿；固定部分包括＿＿＿＿＿＿和制动底板；调整机构由偏心支承销和调整凸轮组成用于＿＿＿＿＿＿。制动传动机构主要由＿＿＿＿＿＿、推杆、＿＿＿＿＿＿、＿＿＿＿＿＿和管路组成。

2. 问答题

1）驻车制动器在保养与维护时要检查哪些项目？如何实施？

2）制动器在保养与维护时要检查哪些项目？如何实施？

3）简述制动系统排气的具体操作步骤。

4）简述真空助力器的检查方法。

学习任务9　车身、底盘连接及接触部件的检查与润滑

【任务目标】

1）熟悉汽车常用润滑脂的分类。

2）掌握润滑脂的选用原则。

3）掌握润滑脂的质量检查方法。

4）掌握车身、底盘的检查与润滑方法。

【任务描述】

客户丰田卡罗拉汽车进行10000km例行保养，进行车身、底盘连接及接触部件的检查与润滑。

【相关知识】

一、润滑脂的基本知识

润滑脂是将稠化剂分散于液体润滑剂中所组成的一种稳定的固体或半固体产品，可加入添加剂或填料。润滑脂是介于液体与固体之间的半流动的塑性物质。因而它既有固体的特性，也有液体的特性。

1. 润滑脂的分类

（1）钙基润滑脂　它是动物、植物脂肪与石灰制成的钙皂稠化矿物润滑油，并以水为胶溶剂而成。它是目前我国汽车用量最大的一种低档润滑脂。虽然它具有良好的抗水性，遇水不易变质，但是它含有起稳定作用的结构水，限制了它的使用温度，当使用温度超过60℃时，易引起流失，造成磨损。它主要用于汽车轮毂轴承、拉杆球节、水泵轴承、分电器轴等。钙基润滑脂是趋于淘汰的品种。

（2）钠基润滑脂　钠基润滑脂是以动物脂肪酸钠与皂稠化矿物润滑油制得的耐高温但不耐水的普通润滑脂。由于钠皂熔点很高，脂的滴点可达160℃，耐热性好，可在120℃条件下长时间工作，并有较好的承压抗磨性，可适应较大的负荷；但钠皂遇水容易乳化变质，不适用于潮湿和与水接触的部件使用。

（3）汽车通用锂基润滑脂　通用锂基润滑脂是用天然脂肪酸锂皂稠化低凝点润滑油，并加抗氧化、防锈蚀剂制成。它具有良好的机械安定性、胶体安定性、抗水性、防锈剂、氧化安定性和高低温性能。它对于汽车轮毂轴承、底盘等润滑点通用，除了-30℃以下的严寒区外，可在我国的平原和山区通用。目前轿车上普遍使用这种润滑脂，其更换周期为15000km。

（4）石墨钙基润滑脂　石墨钙基润滑脂由动植物油钙皂稠化68号机械油，其中加有10%的鳞片石墨，具有良好的抗水性和抗碾压性能，适合于重负荷、低转速和粗糙的机械润滑。它适用于汽车钢板弹簧、半挂车的转盘等承压部位的润滑。

2. 润滑脂的使用特点

同润滑油相比，润滑脂具有以下优点：

1）在金属表面具有良好的黏附性，不易流失；在不易密封的部位使用，可简化润滑系统的结构。

2）抗碾压性能好，在高负荷及冲击负荷作用下，仍有良好的润滑能力。

3）润滑周期长，不需经常补充与更换，而且对金属部件具有一定的防锈性，相应也降低了维护费用。

4）适用温度范围较宽，适用的工作条件也较宽。

因此，润滑脂在车辆上的使用也比较广泛，车辆上不适合采用液体润滑剂的部位均可使用润滑脂。

二、车身、底盘的检查与润滑

1. 车身的检查

1）打开车辆前发动机盖，检查前发动机盖铰链有无松动，视情况进行润滑。

2）打开行李箱盖，检查行李箱盖铰链有无松动，视情况进行润滑。

3）打开车门，检查车门铰链有无松动，视情况进行润滑。

4）检查座椅滑轨是否损坏，安全带螺钉有无松动。

2. 底盘的检查与润滑

第一步：底盘零部件的检查与润滑。

1）将车辆举升至适当高度，用轮胎气动扳手拆卸车轮。

2）检查盘式制动器浮动销是否卡死、生锈，浮动销的防尘罩是否老化、破裂。

3）若有必要拆下浮动销进行清洁与润滑。

4）浮动销的拆装方法是：先用梅花扳手拆下浮动销两颗固定螺钉；然后取出卡钳，拔出浮动销。清洁与润滑完毕，按与拆卸相反的顺序装回浮动销。

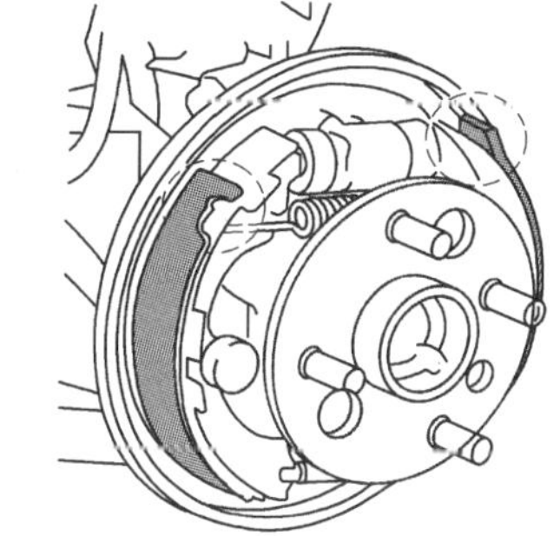

图 7-9-1 鼓式制动器的检查

第二步：鼓式制动器的检查，如图 7-9-1 所示。

1）松开轮胎螺栓，举升汽车，放松驻车制动。

2）拆卸车轮，取下制动鼓，用螺钉旋具轻轻撬起摩擦片，检查摩擦片与制动背板间是否磨损，并实施润滑。

3）若有必要，需要拆下鼓式制动器进行清洁润滑。

4）鼓式制动器拆卸方法是：先拆下回位弹簧，然后拆卸摩擦片支撑销，清洁与润滑完毕，按与拆卸相反的顺序装回。

5）检查制动间隙调整螺栓是否卡死，并对其进行清洁与润滑，如图 7-9-2 所示。

第三步：检查驱动轴防尘罩（见图 7-9-3）。

1）检查驱动轴防尘罩是否老化、破裂。

2）检查驱动轴防尘罩有无泄漏，并视情况进行检修。

第四步：安装状况的检查。车身、底盘零部件安装完毕必须进行安装状况的检查。

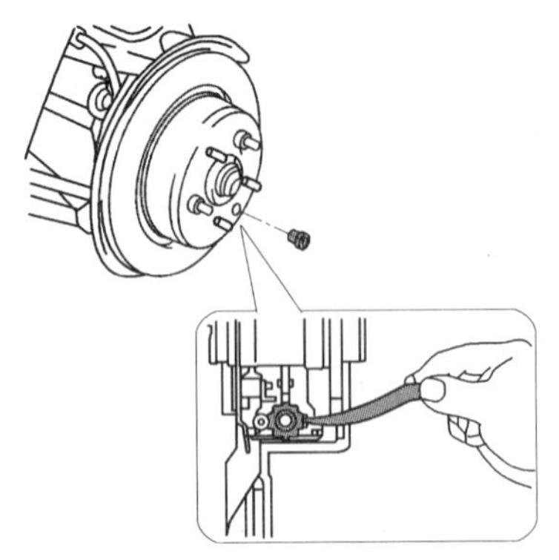

图 7-9-2　制动间隙调整螺栓的检查

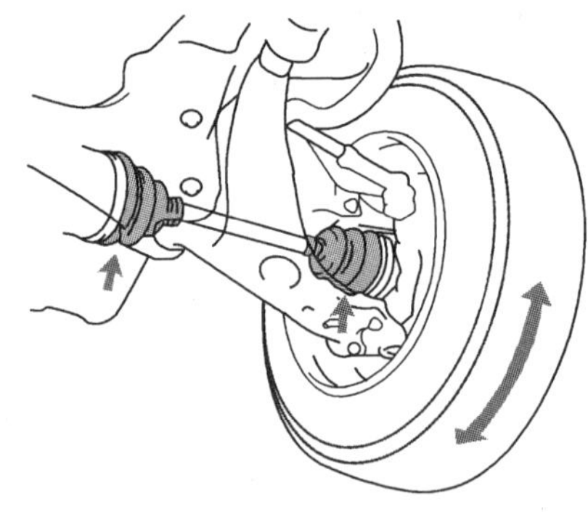

图 7-9-3　驱动轴防尘罩的检查

1）举升汽车至合适高度。

2）检查零部件安装状况。

3）降下汽车，拆卸翼子板护垫等设施。

三、车身、底盘零部件的检查和润滑过程中的注意事项

1）必须根据维修手册规定选用相同型号或级别更高的润滑脂。

2）驱动轴球笼必须加注高速轴承专用润滑脂。

3）加注润滑脂前应检查零件状况。

4）加注润滑脂前应对零件进行清洁。

5）维护及加注完毕必须检查安装状况。

【知识拓展】

1. 润滑脂使用注意事项

尽量避免不同型号的润滑脂的混用。由于各种润滑脂的化学成分和性质不同，混合在一起使用时，可能会产生分油增大、滴点下降等副作用。

新润滑脂不能与旧润滑脂混合使用，即使是同一类型，因为旧润滑脂内含有大量有机酸和杂质，若与新润滑脂混合将加速其氧化变质。所以在更换润滑脂时，必须将零部件上的旧润滑脂清洗干净，然后加入新的润滑脂。

润滑脂一旦混入杂质便难以除去，在保存、分装和使用过程中，应严格防止灰、沙和水分等外界杂质污染，容器和注脂工具必须干燥清洁；尽可能减少脂与空气接触；作业场所要清洁无风沙；轴承及注脂口在加脂前必须擦洗干净；作业完毕，盛脂容器和加注器管口应立即加盖或封帽。

2. 润滑脂的用量

润滑脂的使用要适量。轮毂轴承的润滑是汽车上最为重要的，而且润滑脂用量也是最多的。更换轮毂轴承润滑脂时，只需在轴承的滚珠之间塞满润滑脂，两轮毂内腔采用空毂润滑，即在轮毂腔内涂上一层润滑脂，可以起到防锈作用即可。这样易于散热，可降低润滑脂的工作温度，又可以节约润滑脂用量，不应采用满载润滑，即直接把润滑脂装满轮毂内腔，这样既不科学，又浪费，甚至在汽车制动频繁和制动时间过长的情况下，可能会因轮毂过热

而使润滑脂流到制动摩擦片表面，造成制动失灵，影响行车安全。

【任务工单】

	汽车维护与保养	学习单元7　汽车底盘的维护与保养	
		学习任务9　车身、底盘连接及接触部件的检查与润滑	
班级：	日期：	姓名：	学号：
自我评价		教师评价	

任务描述：客户丰田卡罗拉汽车进行10000km例行保养，进行车身、底盘连接及接触部件的检查与润滑。

1. 填空题

1）润滑脂是介于________与________之间的半流动的塑性物质。因而它既有________的特性，也有________的特性。

2）通常把用于________、________传动机构的润滑油称为汽车齿轮油，和其他润滑油一样，车辆齿轮油在齿轮传动中的主要作用是________、________零部件，同时还可缓和振动、减少冲击、防止锈蚀以及清洗零件表面杂质等作用。

3）润滑脂的使用要适量。________的润滑是汽车上最为重要的，而且润滑脂用量也是最多的。更换________润滑脂时，只需在轴承的滚珠之间塞满润滑脂，两轮毂内腔采用________，即在轮毂腔内涂上一层润滑脂，可以起到防锈作用即可。

4）润滑脂分为________，________，________，________。

2. 问答题

1）汽车通用锂基润滑脂的特性是什么？

2）同润滑油相比，润滑脂具有什么优点？

3）底盘的检查与润滑分哪几步？

学习单元8 汽车电气系统的维护与保养

学习任务1　汽车灯光信号装置的维护与保养

【任务目标】

1）掌握汽车灯光信号装置的作用。

2）掌握汽车灯光的检查与维护。

【任务描述】

客户丰田卡罗拉汽车进行5000km例行保养时，进行灯光信号装置的维护与保养。

【相关知识】

一、汽车照明灯在汽车上的种类及位置

汽车照明灯是汽车夜间行驶、转向、警示等必不可少的照明设备，为了提高汽车的行驶速度，确保行车安全，汽车上装有多种照明设备。汽车照明灯根据安装位置和用途的不同，一般可分为：外部照明装置、内部照明装置。外部照明装置如图8-1-1所示，内部照明装置如图8-1-2所示。

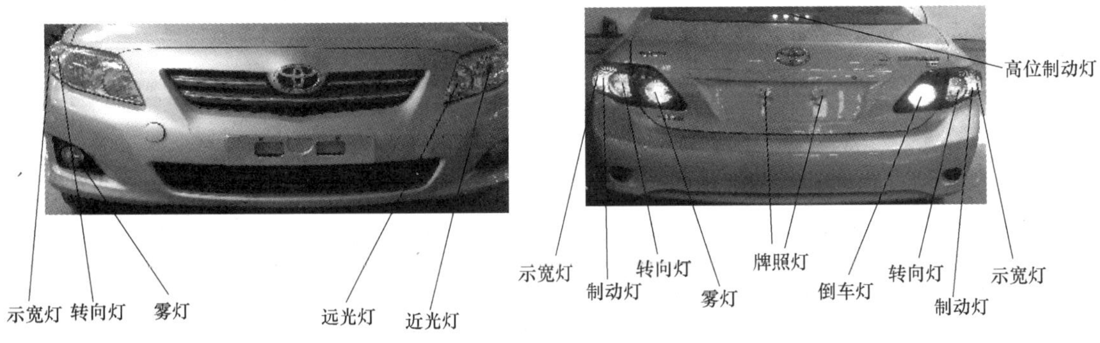

图8-1-1　外部照明装置

二、汽车灯具的作用

（1）前照灯　前照灯装于汽车头部两侧，用于夜间行车时道路的照明。前照灯有两灯

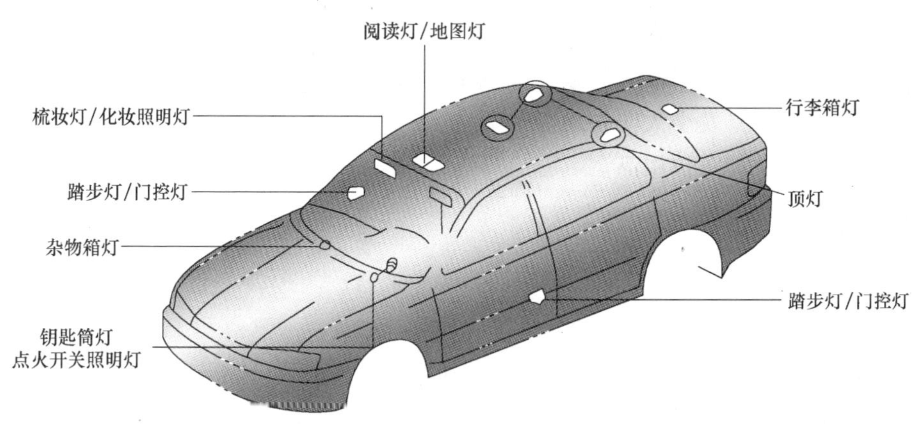

图 8-1-2 内部照明装置

制和四灯制之分，功率一般为 40～60W。

（2）雾灯　雾灯有前雾灯和后雾灯两种。前雾灯装于汽车前部比前照灯稍低的位置，用于在雨雾天气行车时照明道路。为保证雾天高速行驶的汽车向后方车辆或行人提供本车位置信息，交通管理部门规定，在车辆后部加装功率较大的后雾灯，以降低交通事故发生率。雾灯的光色规定采用光波较长的黄色、橙色或红色。

（3）牌照灯　牌照灯装于汽车尾部的牌照上方，用于夜间照亮汽车牌照。

（4）仪表灯　仪表灯装于汽车仪表板上，用于仪表照明，以便驾驶人获取行车信息和正确进行操作，其数量根据仪表设计布局而定。

（5）顶灯　顶灯装于驾驶室或车厢顶部，用于车内照明。

（6）转向信号灯　汽车转弯时，发出明暗交替的闪光信号，以表明汽车向左或向右转向行驶，使前后车辆、行人知其行驶方向。转向信号灯一般有四只或六只，它有前、后、侧转向信号灯之分，光色一般为橙色。

（7）危险报警闪光灯　危险报警闪光灯与转向信号灯共用。当车辆出现故障停留在路面上时，按下危险警报开关，全部转向灯同时闪亮，提醒后方车辆避让。

（8）示宽灯　示宽灯（前小灯）装于汽车前后两侧边缘，白色，用于标示汽车夜间行驶或停车时的宽度轮廓。

（9）尾灯　尾灯装于汽车尾部，左右各一只，红色。用于警示后面的车辆。

（10）制动灯　制动灯装于汽车后面，每当踏下制动踏板时，便发出较强的红光，以示制动或减速停车，向车后发出灯光信号，警示随后车辆及行人。制动灯多采用组合式灯具，一般与尾灯共用灯泡（双丝灯），但制动灯功率较大，为 20W 左右。

（11）倒车灯　倒车灯装于汽车尾部，左右各一只，白色。用于照亮车后路面，并警告车后其他车辆和行人，表示该车正在倒车。

目前，多将前照灯、示宽灯、前转向灯等组合起来，称为组合前灯；将后位灯、后转向信号灯、制动信号灯、倒车灯组合起来称为组合后灯。

【任务准备】

1）安全、整洁的汽车维修车间或模拟汽车维修车间。

2）齐全的消防用具及个人防护用具。

3）实训用整车及其防护用品。

4）汽车举升机、常用工具。

5）清洁用品等。

【任务实施】

一、前照灯的调整

1）在轮胎气压正常的情况下，将被调整的车和校验屏幕垂直停放在平直路面上，车和屏幕相距10m，前座坐一人或配重75kg。

2）起动发动机，使之以2000r/min的速度旋转，即在蓄电池不放电的情况下点亮前照灯远光。

3）调整灯光调节螺钉，使灯光明暗截止线与校验屏幕上的分离线重合，明暗截止线的拐点与中心标记重合，见图8-1-3和图8-1-4所示。

4）灯光调整应单灯进行，在调整其中一个灯时，应该把另一个灯遮盖住，或者拔掉另一个灯的熔丝。

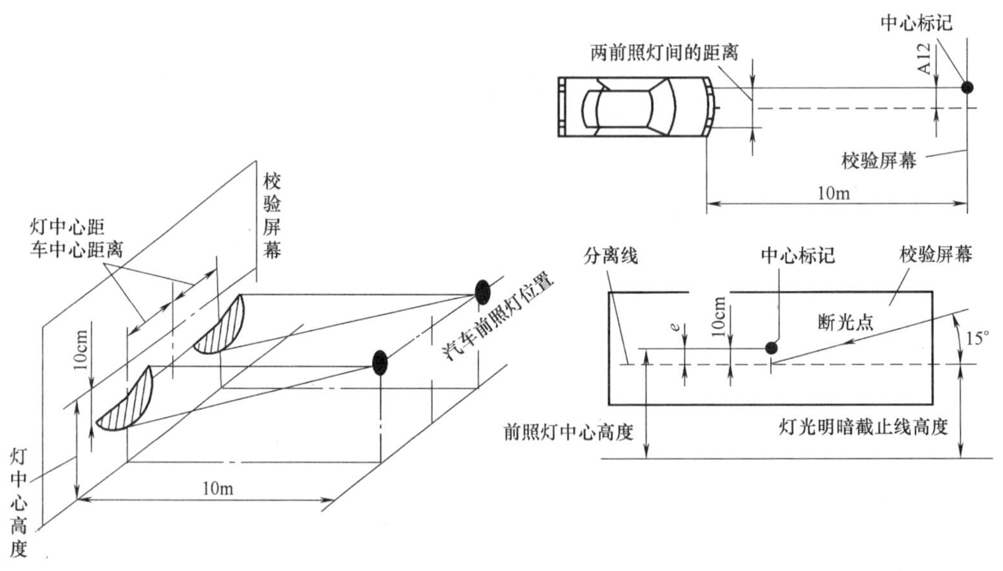

图8-1-3 汽车前照灯的校验

二、其他信号装置的检查

（1）仪表指示灯 打开点火开关，车辆自检；5s之后各个故障指示灯自检完毕，起动

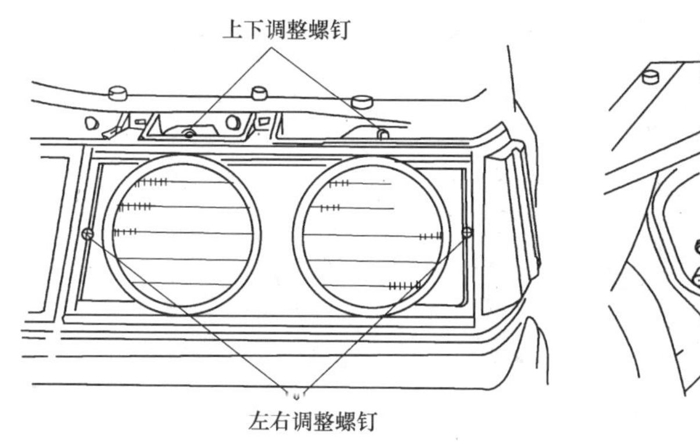

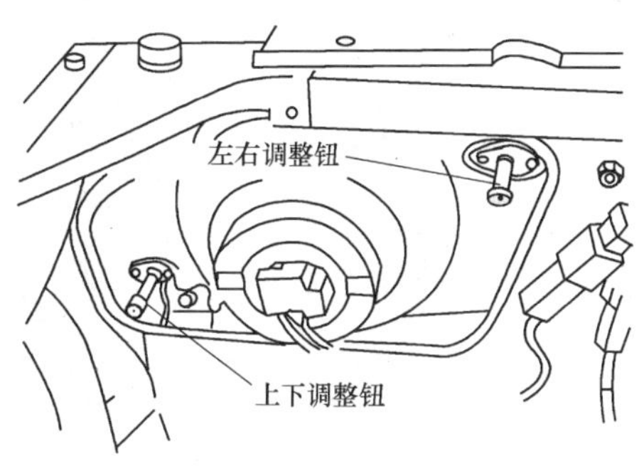

图 8-1-4 前照灯的调整

发动机以后所有指示灯熄灭为正常。

（2）警告灯 当系统存在故障时，该灯就会变亮或闪烁。

（3）制动系统警告灯 该灯亮起，提示制动系统存在故障，应该立即检修。

（4）发动机机油压力警告灯 该灯亮起提示发动机润滑系统存在问题，应该立即检修。

（5）燃油指示灯 该灯亮起，提示需要添加燃油。

（6）安全带指示灯 该灯亮起，提示主驾驶或副驾驶安全带未系。

【知识扩展】

一、氙气大灯

氙气灯的英文是 High intensity Discharge，缩写为 HID，是指高压气体放电灯。氙气灯是重金属灯，通过在抗紫外线水晶石英玻璃管内填充多种化学气体，如氙气等惰性气体，然后再透过增压器将车载 12V 电源瞬间增至 23000V，在高电压下，氙气会被电离并在电源两极之间产生光源。

汽车 HID 氙气灯与传统卤素灯不同，这是一种高压放电灯，它的发光原理是利用正负电刺激氙气与稀有金属发生化学反应而发光。它采用一个特制的镇流器，利用汽车电池 12V 电压产生 23000V 以上的触发电压使灯起动。起动时 0.8s 的亮度是额定亮度的 20%，达到卤素灯的亮度，并使大灯 4s 以内达到额定亮度的 80% 以上。

二、随动转向前照灯

随动转向前照灯也称之为自适应前照灯，英文简称 AFS。普通前照灯具有固定的照射范围，当夜间汽车在弯道上转弯时，由于无法调节照明角度，常常会在弯道内侧出现“盲区”，极大地威胁了驾驶人夜间的驾车安全。随动转向前照灯能够根据行车速度、转向角度等自动调节前照灯的偏转，以便能够提前照亮“未到达”的区域，提供全方位的安全照明，以确保驾驶人在任何时刻都拥有最佳的可见度，有无随动转向前照灯区别如图 8-1-5 所示。

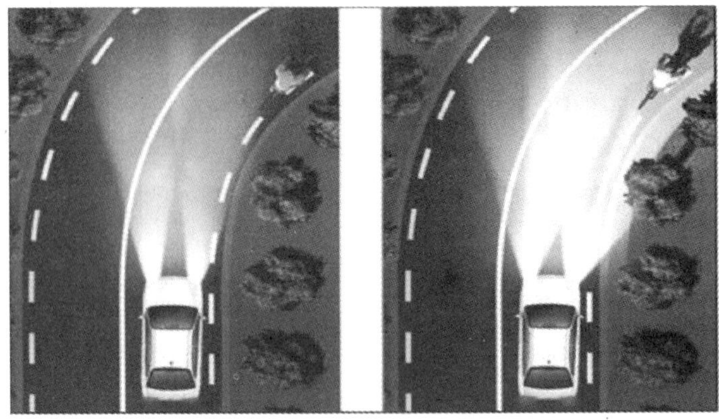

a) 无AFS　　b) 有AFS

图 8-1-5　有无随动转向前照灯区别

【任务工单】

	汽车维护与保养	学习单元 8　汽车电气系统的维护与保养 学习任务 1　汽车灯光信号装置的维护与保养	
班级:	日期:	姓名:	学号:
自我评价		教师评价	

任务描述:丰田卡罗拉汽车进行 5000km 例行保养时,进行灯光信号装置的维护与保养。

1. 填空题

1)汽车照明灯根据安装位置和用途的不同,一般可分为:____________、____________。

2)雾灯有____________和____________两种。

3)示宽灯(前小灯)装于汽车前后两侧边缘,白色,用于____________或____________轮廓。

2. 写出各指示灯的含义

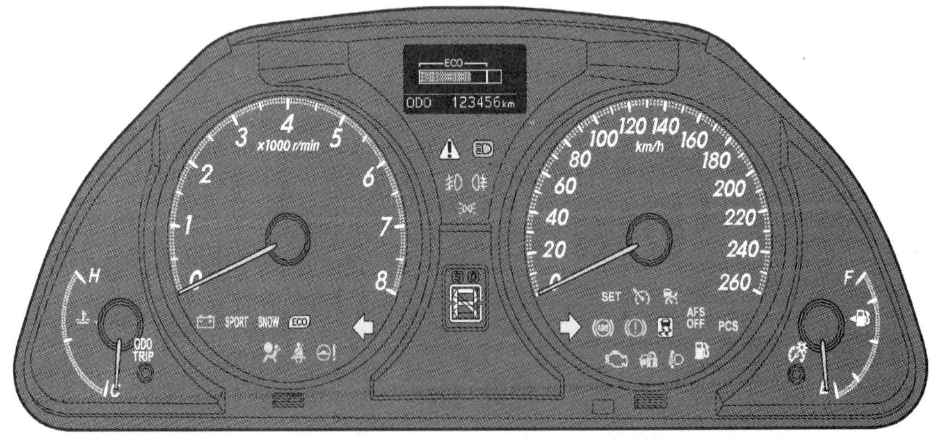

3. 判断题

1)制动灯装于汽车后面,每当踏下制动踏板时,便发出较强的红光,以示制动或减速停车,向车后发出灯光信号,警示随后车辆及行人。(　　)

2)制动系统警告灯亮起,提示制动系统存在故障。(　　)

3)安全带指示灯亮起,提示主驾驶安全带未系。(　　)

4. 问答题

简述汽车前照灯的调整方法。

学习任务2　汽车交流发电机的维护与保养

【任务目标】

1）熟悉汽车发电机的检查与维护。
2）能进行汽车发动机的就车检查。
3）能进行汽车发电机传动带的检查与调整。

【任务描述】

丰田卡罗拉汽车进行5000km例行保养时，进行交流发电机的维护与保养。

【相关知识】

发电机在汽车正常运行时除向起动机外的全部用电设备供电外，还向蓄电池充电。现代汽车装用的交流发电机是一个带有硅整流器的三相同步交流发电机，具有体积小、功率大、对无线电干扰小、维护周期长等优点，能够满足现代汽车高转速、用电设备多和安全舒适的要求。但现代汽车上的初始电源蓄电池是化学电源，它只能产生直流电，向用电设备输出直流电。而发电机要与蓄电池配合供电，也只能输出直流电。因此，发电机产生的交流电，必须经过整流。发电机的结构与充电电路如图8-2-1所示。

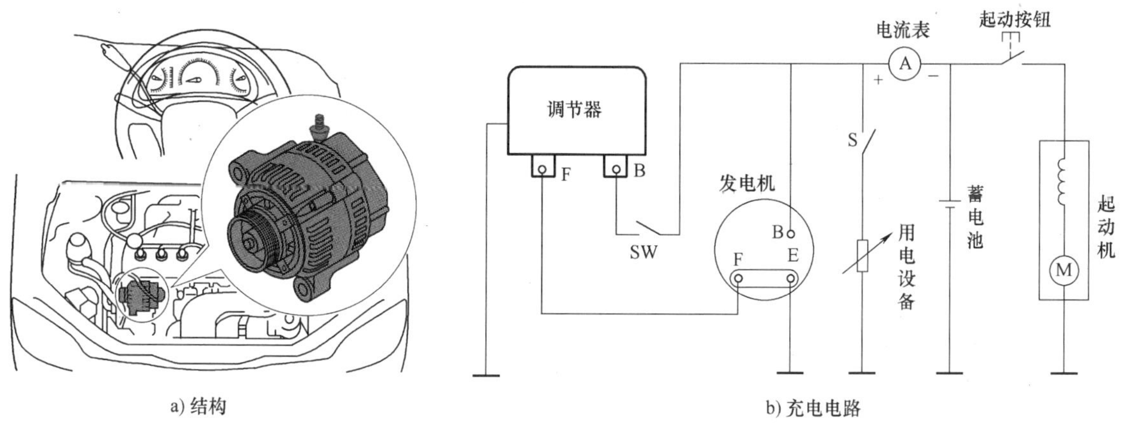

图8-2-1　交流发电机的结构与充电电路

【任务准备】

1）安全、整洁的汽车维修车间或模拟汽车维修车间。
2）齐全的消防设施、个人防护用具、清洁用品等。
3）实训用整车及防护用品、发电机总成。
4）汽车举升机、常用工具。

【任务实施】

一、发电机的维护与保养

1. 检查注意事项

1）在拆开充电系统中的任何导线前，先要拆开蓄电池的搭铁电缆。

2）在所有的导线连接器插接好前，不要连接蓄电池搭铁电缆。

3）避免接触交流发电机的输出端子，蓄电池电缆连接时，该端子会很烫。

4）安装蓄电池时，要仔细分辨蓄电池的极性，如果将电缆的极性接反，将会导致二极管损坏。连接辅助蓄电池时，也必须保证极性正确，使正极接正极，负极搭铁。

5）要保证头发、衣服和首饰远离运动部件。

2. 常规检查项目

1）驱动带的检查，如图 8-2-2 所示。

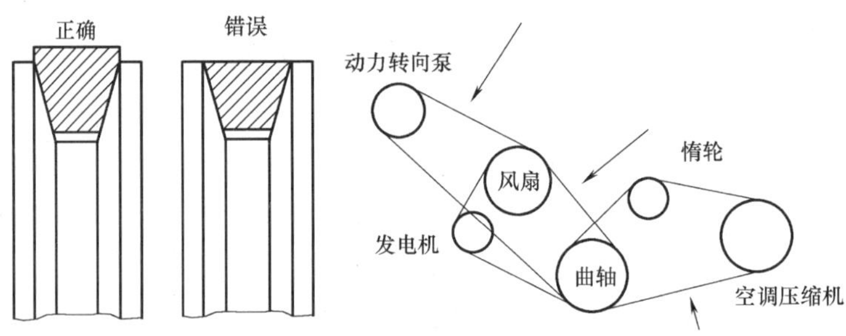

图 8-2-2　交流发电机驱动带的检查

① 汽车每行驶 15000km，应检查与调整交流发电机驱动带的挠度。

② 检查驱动带外观。观察有无裂纹和破损现象，如有则应进行更换。

③ 检查驱动带挠度。在两个驱动带轮之间驱动带的中央部位施加 100N 压力，此时驱动带的挠度应符合规定指标。新驱动带一般为 5～7mm，旧驱动带一般为 10～14mm，挠度不符合规定应予以调整。

2）检查导线连接。

3）检查安装发电机的螺栓、发电机接线螺栓是否有松动。

4）检查各处绝缘垫等是否有效，检查发电机各输出导线是否与发动机油管、气管等相互绑扎。

5）检查有无运转噪声。

3. 发电机发电情况的检查

（1）充电指示灯的检查　当打开点火开关但不起动发动机时查看仪表充电指示灯是否点亮，如图 8-2-3 所示。如不亮应检查相应电路、指示灯灯泡、充电指示灯熔丝。起动发动机，当发动机正常运转时充电指示灯应熄灭，否则应检查发电机。

（2）励磁电路的检查　在打开点火开关状态下用一金属物体检查发电机转子轴有无磁性，如图 8-2-4 所示。如有，说明发电机励磁电路良好。如没有，应检查发电机励磁电路有

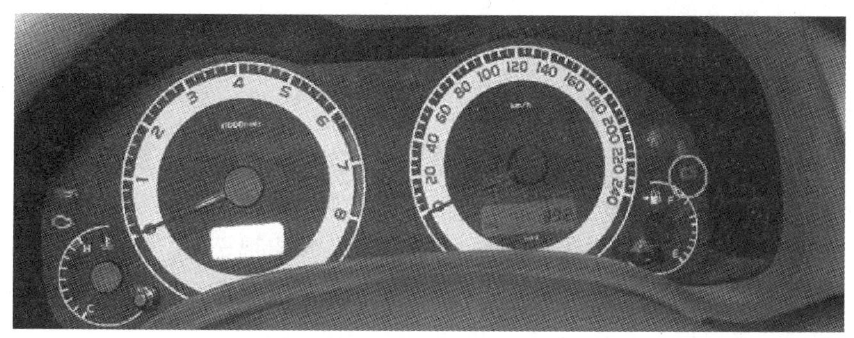

图 8-2-3 充电指示灯的检查

无输入电压。如有电压，则检查电压调节器及励磁绕组有无损坏。

图 8-2-4 励磁电路的检查

（3）发电机运行状态的检查 如图 8-2-5 所示，在发动机运转状态下用万用表检查发电机的输出电压，在 2500r/min 的情况下发电机的输出电压应在 14V 左右。

图 8-2-5 发电机运行状态的检查

【知识扩展】

一、发电机的散热

交流发电机在发电的同时，也会产生副产品，即产生热量。因此，在交流发电机的内部都设置了一个风扇，促使冷空气不断地通过发电机以带走热量。另外，在发电机的前部和后部以及侧面还设置了许多用来散热的冷却通风口。为了防止交流发电机出现过热现象，必须保证其外表面的洁净，确保没有任何污垢、油脂以及其他一些碎片残留物，任何残留在发电机外表面上的不洁物质，都会阻止发电机向外散热，并因此导致发电机在很短的时间内因过热而损坏。

二、发电机的线路连接

检查完交流发电机的散热状况以后，接着应该检查交流发电机以及蓄电池的电路连接状况，看看是否保持着良好的连接。电路连接部位出现松动或被腐蚀，会消耗发电机的一部分输出电压，这会导致发电机负荷大幅增加。如果线路连接出现松动，应将其拧紧；如果残留了污垢，应将污垢彻底清除掉再拧紧。如果插接器或连接线端已经严重损坏，不能进行维修了，那么就应将其更换掉。

三、发电机的其他连接部件

在检查交流发电机传动带的张紧度或者更换传动带时，应该同时检查交流发电机装配部件的状况。如果装配部件出现松动，交流发电机将会因冲击而产生振动，这会损坏发电机内部的部件。此外，大多数交流发电机都要依靠装配部件来组成接地线路。如果装配部件出现松动，就会导致接地线路在装配松动处产生电压降，这时，交流发电机就不能向其他电器系统提供应有的满负荷输出。这种情况下，交流发电机将被迫在整段工作时间内超负荷运转。发电机长时间超负荷运转将会缩短其有效寿命。

【任务工单】

	汽车维护与保养	学习单元8　汽车电气系统的维护与保养	
		学习任务2　汽车交流发电机的维护与保养	
班级：	日期：	姓名：	学号：
自我评价		教师评价	

任务描述：丰田卡罗拉汽车进行5000km例行保养时，进行交流发电机的维护与保养。

1. 填空题

1）发电机是汽车上的主要电源，它在汽车正常运行时除向__________外的全部用电设备供电外，并向__________充电。

2）现代汽车装用的交流发电机是一个带有硅整流器的三相同步交流发电机，具有__________、__________、__________、__________等优点。

3）现代汽车上的初始电源蓄电池是________电源，它只能产生________电，向用电设备输出________电。

2. 判断题

1）交流发电机的输出电流不需要进行调节。（　　）

2）汽车行驶中充电指示灯亮表示蓄电池处于充电状态。（　　）

3）充电指示灯亮表示蓄电池处于充电状态。（　　）

4）在拆开充电系统中的任何导线之前，先要拆开蓄电池的搭铁电缆。（　　）

5）在发动机运转状态下用万用表检查发电机的输出电压，在2500r/min的情况下发电机的输出电压应大于12V。（　　）

3. 问答题

1）进行发电机的维护与保养应该注意哪些事项？

2）发电机的常规检查项目有哪些？

3）检查发电机是否发电的方法有哪些？

学习任务3 汽车起动机的维护与保养

【任务目标】

1）熟悉汽车起动机的检查与维护。

2）能进行汽车起动机的就车检查。

【任务描述】

丰田卡罗拉汽车进行5000km例行保养时，进行起动机的维护与保养。

【相关知识】

一、起动机的组成及工作原理

图8-3-1所示为起动机的结构，它由以下三部分组成。

（1）控制电路　用来控制蓄电池与起动机之间电流的通与断，由点火开关、起动机继电器等组成，图8-3-2所示为起动机的控制过程。

（2）起动机　它的作用是产生驱动发动机曲轴的转矩，由直流电动机和传动机构组成。

（3）电源　12V或24V蓄电池向起动机提供电能。

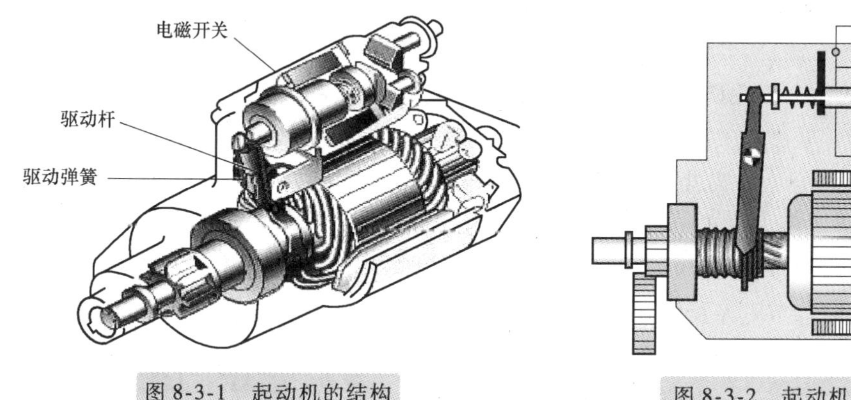

图8-3-1　起动机的结构

图8-3-2　起动机的控制过程

二、起动机的工作条件

1. 起动时蓄电池能为其提供较大的瞬间脉冲电流

首先要保证蓄电池接线端的夹钳清洁并且连接牢固，这样蓄电池就能向起动机提供所需的大电流。其次，蓄电池必须能够通过负载测试，并具有一定的电压缓冲能力。此外，起动机的电路连接必须保持牢固和清洁，即使是起动机与蓄电池之间笨重的电缆连接状况也必须保持良好。只要线路上存在接线端，就要务必保证这些接线端的连接保持牢固和清洁。与交流发电机一样，起动机的接地线路也经过发动机外壳。因此，在保证起动机安装支承部件清洁且连接牢固的同时，还应检查发动机与蓄电池间接地线路的状况是否良好。任何原因引起的起动机正极或者负极的电压下降，都会降低起动机的起动动力。

2. 起动机的工作环境必须干燥洁净

大多数汽车的起动机都被安装在发动机底部附近。由于重力的存在，发动机泄漏出的任何液体都会流向位于其附近的起动机。如果起动机被冷却液、机油或其他黏性液体浸湿，将不能按预先设计的情况正常工作。如果起动机被长期浸泡，它可能会因长期处于非正常工作状态而彻底报废。将起动机彻底清洁之后，需要测试起动机与蓄电池之间的线路，以确定起动机因长期被黏性液体浸泡而导致的损耗。如果在测试中发现起动机性能指标处于正常值的边缘或者已经低于正常值，就要将其更换掉。

【任务准备】

1）安全、整洁的汽车维修车间或模拟汽车维修车间。

2）齐全的消防设施、个人防护用具、清洁用品等。

3）实训用整车及防护用品、起动机总成。

4）汽车举升机、常用工具。

【任务实施】

一、起动机的维护与保养

1. 起动机的维护注意事项

1）起动机的安装：起动机安装面和凸缘止口（径向定位面）与发动机缸体或变速箱的安装面必须有良好的定位接触，不得有油污和锈蚀；安装固定螺钉时，必须同时交叉紧固，切忌先紧固好其中一只螺钉，然后再紧固其他螺钉，易造成安装中心偏移；起动机固定后，不可再用工具强行撬动，以免破坏起动机的安装接触面和对中性。

2）线束的连接：电磁开关接线柱如图 8-3-3 所示。电磁开关接线柱的 M10 螺母拧紧力矩一般取 14.7 ~ 17.7N · m，力矩过小会引起线束松动，引起发热，增加电路压降，影响起动性能，甚至造成打火烧蚀。力矩过大则会导致拧断接线柱。

图 8-3-3　电磁开关接线柱

3）经常检查电路各节点及接插件，如有生锈、腐蚀或松动，应及时排除，以免电路发热，产生过大电路压降，影响起动机正常工作。

4）个别车型起动机在使用一段时间后，由于环境影响，造成起动机驱动轴上油污、尘埃结聚，引起驱动齿轮复位迟缓而被飞轮反带产生瞬时响声，但不会影响起动性能。消除此响声的最好办法是，将起动机拆下，在驱动轴上加少许中性机油清洗污渍（切不可使用汽油清洗）。

5）起动电路的检查：一般蓄电池端电压小于 12V 时不得强行起动（解释：蓄电池荷电量 100% 时电压在 12.78V 左右，理论上要求蓄电池荷电量低于 95% 时不得起动，而此时蓄电池电压在 12.14V 左右），必须在蓄电池重新充电恢复正常电压后才能起动。

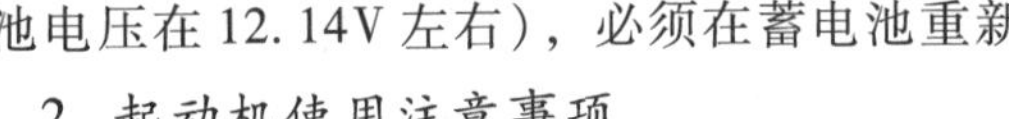

2. 起动机使用注意事项

1）蓄电池的使用：必须按设计要求选择蓄电池，并经常保持蓄电池有良好的放电性能。一旦发现蓄电池损坏，必须及时更换，否则大电流通过时内阻使线路压降大大增加，影响起动机的输出功率。

2）起动机正常工作时间为1.5～2s，最长工作时间每次不得超过5s，如果大于5s还未发动主机，必须中断起动，间隔20～30s后再次起动。如3次不能正常发动，必须检查线路或发动机是否有故障，排除故障后再起动。

3）由于起动机一般安装在发动机旁边，有相当高的环境温度，要避免热态下整车泡进水中，引起零部件受损。

4）发动机长时间不工作时，尽量不要将钥匙停留在“ON”位置上，否则就会导致蓄电池全部放电。当点火开关钥匙旋转到“START”位置之前，一定要把变速杆放在空档位置。

5）点火起动时不要踩动油门踏板。

3. 起动机的检查

（1）定子绕组断路的检修　将万用表置于电阻档，测试接线柱与正电刷的导通情况，如不导通，说明断路，如图8-3-4所示。

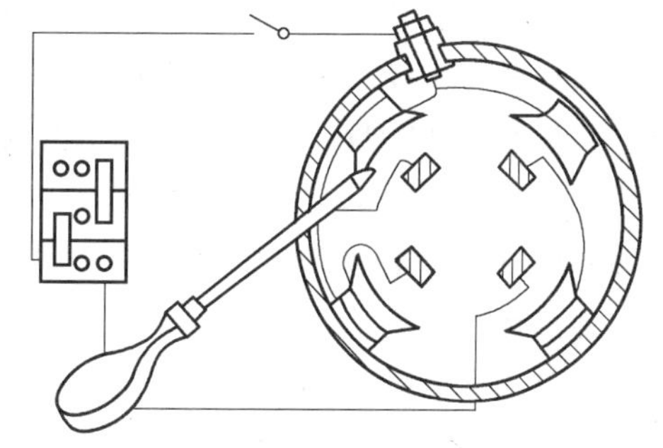

图8-3-4　励磁线圈断路的检查

（2）励磁线圈搭铁的检修　用万用表的两表笔分别接励磁接线柱和外壳，若阻值为无穷大，则正常；若阻值为零，则说明有搭铁故障，如图8-3-5所示。

（3）单向离合器的检修　按顺时针转动驱动齿轮，应自由转动；逆时针转动时应该被锁住，如图8-3-6所示。

（4）电磁开关的检修

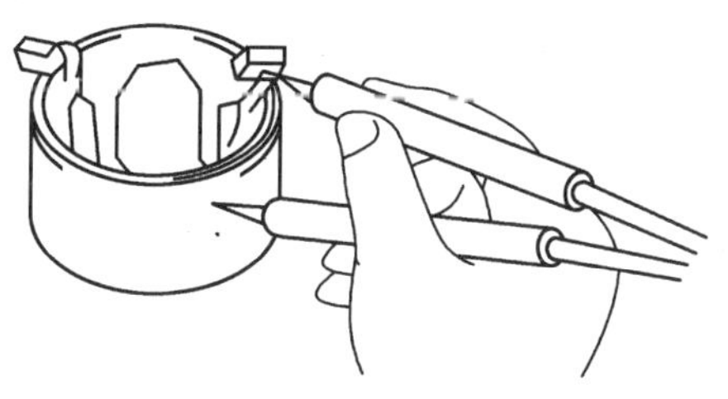

图8-3-5　励磁线圈搭铁的检查

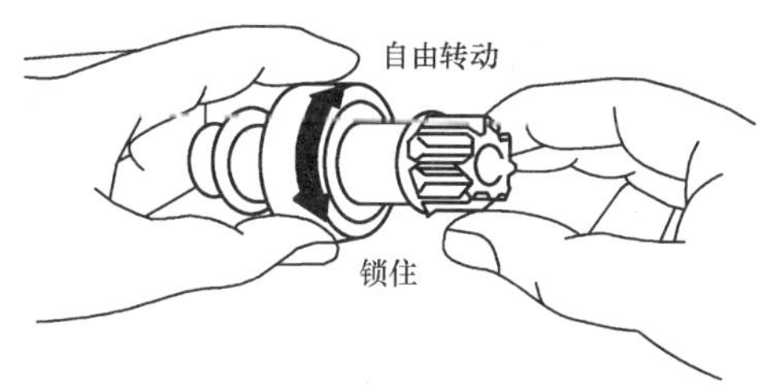

图8-3-6　单向离合器的检查

1）保持线圈的检查：将两表笔分别接于励磁接线柱和电磁开关外壳，若有电阻，说明保持线圈良好；若电阻为零，则为短路；若电阻无穷大，则为断路，短路或断路都应更换保持线圈，如图8-3-7所示。

2）吸引线圈的检查：两表笔分别接于励磁接线柱和起动机控制接线柱，若有电阻，说明吸引线圈良好；若电阻为零，则为短路；若电阻无穷大，则为断路，短路或断路都应更换吸引线圈，如图8-3-8所示。

用手将接触盘铁心压住，让电磁开关上的电源接线柱与起动机接线柱连通，测量两接线柱间的电阻值应为零，否则为接触不良。

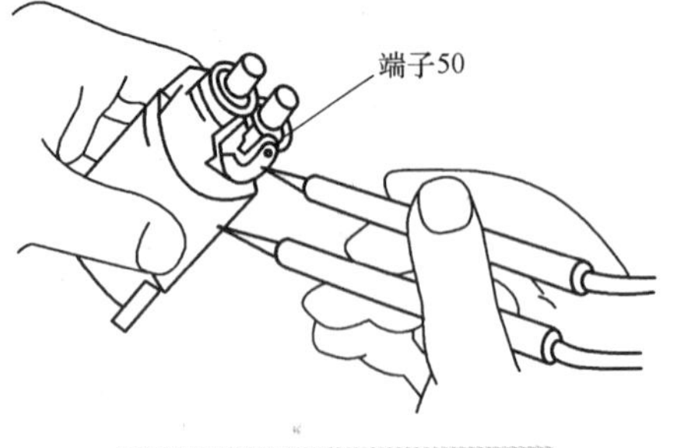

图 8-3-7　保持线圈的检查

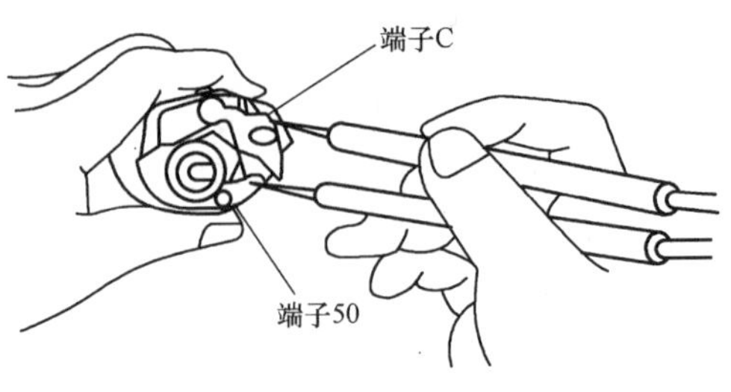

图 8-3-8　吸引线圈的检查

【知识扩展】

一、起动机不转的基本判断方法

首先，应检查蓄电池电量是否充足，导线是否断路。

具体检查方法是在未接通起动开关时，先打开前照灯并按喇叭，若前照灯不亮或灯光暗淡，喇叭不响或音量不足，则应检查蓄电池电量是否不足，导线接头是否松动或断路。如喇叭声及灯光高密度正常，则蓄电池良好。

如果蓄电池电量充足，可接起动开关，观察灯光变化。如灯光变暗，起动机不转，应迅速断开起动开关（起动开关到起动机内部线路有搭铁，造成大量放电。若不及时断开起动开关，会损坏蓄电池或搭铁处发热冒烟而将导线绝缘皮烧损），应检查起动开关及起动机发热处，确认搭铁处。

若灯光亮度不变，需要做进一步检查与维修。

【任务工单】

	汽车维护与保养	学习单元8　汽车电气系统的维护与保养	
		学习任务3　汽车起动机的维护与保养	
班级：	日期：	姓名：	学号：
自我评价		教师评价	

任务描述：丰田卡罗拉汽车进行 5000km 例行保养时，进行起动机的维护与保养。

1. 填空题

1）起动机俗称________。

2）起动机由以下三部分组成：________，________，________。

3）起动机控制电路由________、________、________等组成。

4）起动机不转，首先，应检查________，导线________。

5）汽车上的________向起动机提供电能。

2. 判断题

1）汽车上起动机由发电机供电。（　　）

2）在未接通起动开关时，先开前照灯按喇叭，若前照灯不亮或灯光暗淡，喇叭不响或音量不足，则应检查蓄电池是否电量不足，导线接头是否松动或断路。（　　）

3）起动机正常工作时间为 15 ~ 20s。（　　）

3. 问答题

1）起动机的维护有哪些注意事项？

2）起动机的使用有哪些注意事项？

3）起动机的基本检查方法有哪些？

学习任务4 汽车蓄电池的维护与保养

蓄电池在汽车上占有举足轻重的地位，如果蓄电池坏了汽车不能起动，所有用电设备都不能工作，汽车将会陷入瘫痪状态。所以我们应该定时维护保养蓄电池以延长它的使用寿命，并能判断蓄电池质量的好坏，以免因为蓄电池的损坏而影响汽车的正常工作。

【任务目标】

1）熟悉蓄电池的结构与工作原理。

2）掌握蓄电池检查的方法与步骤。

3）熟悉蓄电池的充电方法。

【任务描述】

丰田卡罗拉汽车进行5000km例行保养时，进行蓄电池的维护与保养。

【相关知识】

蓄电池的寿命一般在2~3年，如果使用和维护得当，可以达到4年以上。如果使用和维护不当，就会造成早期损坏。欲延长其使用寿命，应经常了解蓄电池的技术状况，及时维护使蓄电池在最佳工况下工作。

一、蓄电池的作用

1）发动机起动时，向起动机和点火系统供电。

2）发动机低速运转时，向用电设备供电。

3）发动机中、高速运转时，将发电机剩余电能转化为化学能储存起来。

4）发电机过载时，协助发电机向用电设备供电。

5）蓄电池相当于一个大电容器，能吸收电路中出现的瞬时过电压，保护电子元器件，保持汽车电气系统电压稳定。

二、蓄电池的正确使用

1）经常清除蓄电池表面的灰尘污物。

2）不要连续使用起动机。每次起动的时间不得超过5s，如果一次未能起动，应停顿15s以上再进行第二次起动，连续三次起动不成功者，应查明原因，排除故障后再起动发动机。

3）安装和搬运蓄电池时，应轻搬轻放，不可敲打或在地上拖拽。蓄电池在汽车上应固定牢靠，以防行车时振动和移位。

4）冬季使用蓄电池时，应特别注意保持其处于充足电状态，以免电解液相对密度降低而结冰。

5）停驶车辆的蓄电池，每两个月应进行一次补充充电。

6）拆卸蓄电池电缆时，应先拆下蓄电池负极，再拆下蓄电池正极；安装蓄电池电缆时，应先安装蓄电池正极，再安装蓄电池负极，以免拆卸过程中造成蓄电池短路。

【任务准备】

1）安全、整洁的汽车维修车间或模拟汽车维修车间。

2）齐全的消防设施、个人防护用具、清洁用品等。

3）实训用整车及防护用品。

4）蓄电池、充电机、常用工具、检测仪器。

【任务实施】

一、蓄电池的拆卸步骤

1）将点火开关置于“断开（OFF）”位置。

2）先拧松蓄电池负极柱上的接线柱夹头固紧螺栓，取下负极电缆，再拧松蓄电池正极柱上的接线柱夹头固紧螺栓，取下正极电缆。

3）拆下蓄电池固定夹板的固定螺栓，取下固定夹板。

4）从汽车上取下蓄电池，取下蓄电池时应小心轻放，防止电解液流出。

5）检查蓄电池壳体上有无裂纹和电解液渗漏痕迹，发现裂纹和渗漏应更换蓄电池。

二、蓄电池的安装步骤

1）检查蓄电池型号、规格是否适合该型汽车使用。

2）检查电解液的相对密度和液面高度是否符合技术要求，否则应予以调整。

3）按照蓄电池正、负极柱和正、负电缆端子的相对位置，将蓄电池安放到固定架上。

4）用细砂纸清洁蓄电池的接线柱及接线柱夹头。

5）先安装蓄电池正极夹头，再安装负极夹头，并紧固夹头螺母。

6）在正、负极接线柱及其电缆端子上涂抹一层润滑脂，以防极柱和端子氧化腐蚀。

7）安装固定夹板，拧紧夹板固定螺栓。

注意事项：

1）在发动机运转情况下，严禁拆卸蓄电池；因为蓄电池相当于一个大的电容器，在发动机运行时可以缓和电气系统中的冲击电压。

2）拆卸蓄电池时尽量不要用手直接触摸有酸液的部位，如接触到，应用大量的水清洗。

三、蓄电池的维护及检查

1. 蓄电池外观的检查

1）清洁。经常保持蓄电池外部清洁，清洁蓄电池外表的灰尘及泥水，疏通加液孔盖上的通气小孔，擦去电池上的电解液，清除蓄电池极桩和导线插头的氧化物，并涂以保护剂（凡士林）。

2）紧固。紧固蓄电池安装架，紧固极桩与导线的连接并涂上保护剂。

3）检查蓄电池盖是否有裂纹或者渗漏。

4）检查蓄电池通风孔塞是否损坏或堵塞。

5）检查蓄电池端子导线是否松动。

2. 检测蓄电池电解液液面高度

1）可采用玻璃管测量法，如图 8-4-1 所示。辅助工具是内径为 3 ~ 5mm 的玻璃管。液面高度标准值为 10 ~ 15mm。

2）还可采用观察液面高度指示线法，如图 8-4-2 所示。正常液面高度应介于两线之间，液面过低时，应加入蒸馏水补充，以恢复正确的液面高度。除非确知电解液溅出，否则不许添加硫酸溶液。

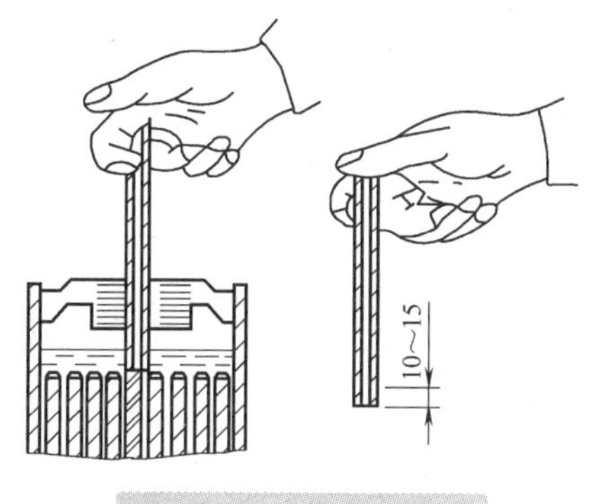

图 8-4-1 玻璃管测量法

图 8-4-2 液面高度指示线法

3. 检查蓄电池电解液密度

电解液密度的大小是判断蓄电池容量的重要标志。测量蓄电池电解液密度时，蓄电池应处于稳定状态。蓄电池充放电或加注蒸馏水后，应静置半小时后再进行测量。

蓄电池充电状态与电解液密度的关系见表 8-4-1。

表 8-4-1 蓄电池充电状态与电解液密度的关系

充电状态(%)	100	75	50	25	0
电解液密度/(g/cm^3)	1.27	1.23	1.19	1.15	1.11

用吸式密度计测量电解液密度，其测量过程如图 8-4-3 所示。

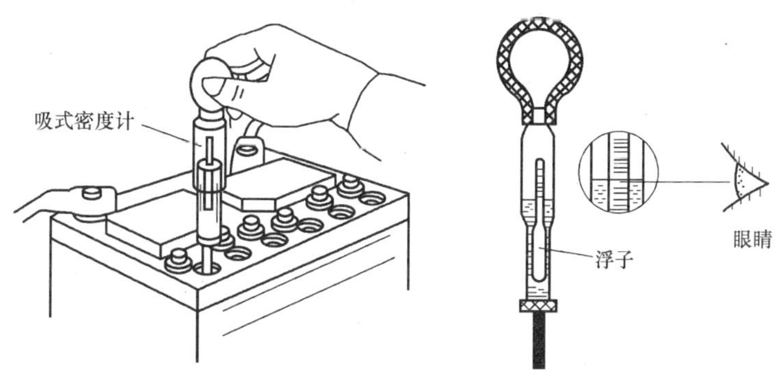

图 8-4-3 电解液密度测量

通过对各个单格电池电解液密度的测量，可以确定蓄电池是否失效。如果单格电池之间的密度相差0.05g/cm³，则说明该电池已失效。

4. 检测静止电动势（开路电压）

若蓄电池刚充过电或车辆刚行驶过，应接通前照灯远光30s，消除“表面充电”现象，然后熄灭前照灯，切断所有负载，用万用表测量蓄电池的开路电压，根据表8-4-2判断放电程度。

表8-4-2 蓄电池电压与放电程度对照

蓄电池开路端电压/V	≥12.6	12.4	12.2	12.0	≤11.7
高率放电计检测蓄电池电压/V	10.6～11.6	9.6～10.6		≤9.6	
高率放电计(100A)检测单格电压/V	1.7～1.8	1.6～1.7	1.5～1.6	1.4～1.5	1.3～1.4
放电程度(%)	0	25	50	75	100

5. 负荷试验检测

1）高率放电计测试，对于12V高率放电计（见图8-4-4），将两放电针压在蓄电池正负极柱上，保持15s，若电压稳定，根据表8-4-2判断放电程度；若电压迅速下降，说明蓄电池已损坏。

2）车上起动测试：拔下点火模块供电端子，采用直流电压档，将万用表接在蓄电池正负极柱上，接通起动机15s，电压应不低于9.6V。

6. 免维护蓄电池的检查

对于无加液孔的全密封型免维护蓄电池，不能采用传统的密度计来测量电解液密度以判断其技术状况，为此，可通过顶端的检查孔观察其颜色来判断蓄电池的技术状况，如图8-4-5所示。

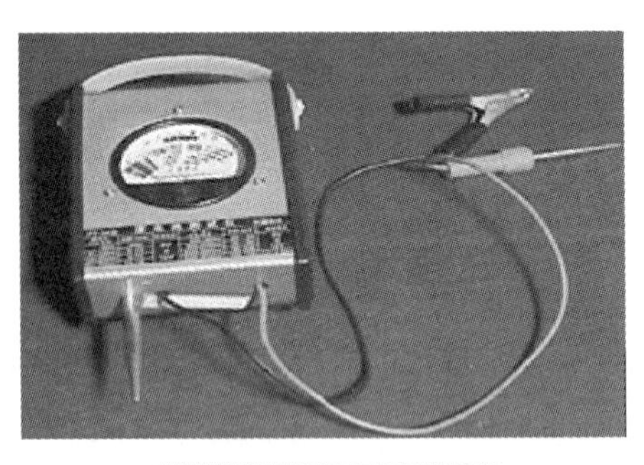

图8-4-4 高率放电计

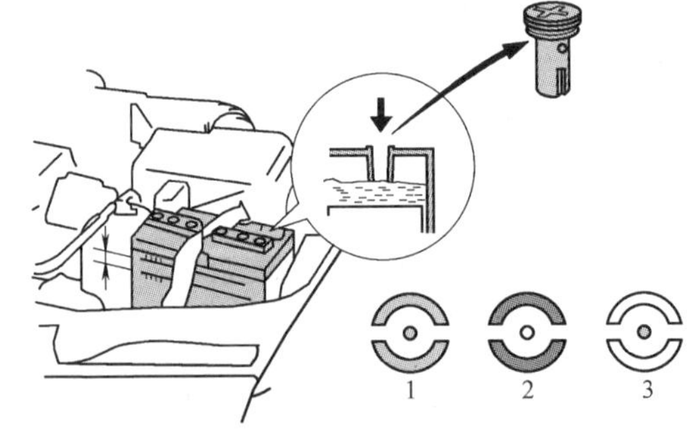

图8-4-5 蓄电池电解液液位的检查

注：蓝色表示正常，红色表示电解液液位不足，白色表示需要充电。

四、蓄电池的充电

新蓄电池和修复后的蓄电池在首次使用前必须进行初充电；放电后的蓄电池也要通过充电才能重新投入使用；蓄电池在正常使用过程中为了保持一定容量，延长其使用寿命，还要进行一些必要的补充充电、均衡充电等维护性充电作业。因此，充电作业是保证蓄电池在整个使用过程中技术性能良好、延长其使用寿命的一个重要环节。由于蓄电池存在自放电现象，蓄电池存储时间越长，自放电越严重。放电程度还与蓄电池温度有关，其关系如图 8-4-6 所示。

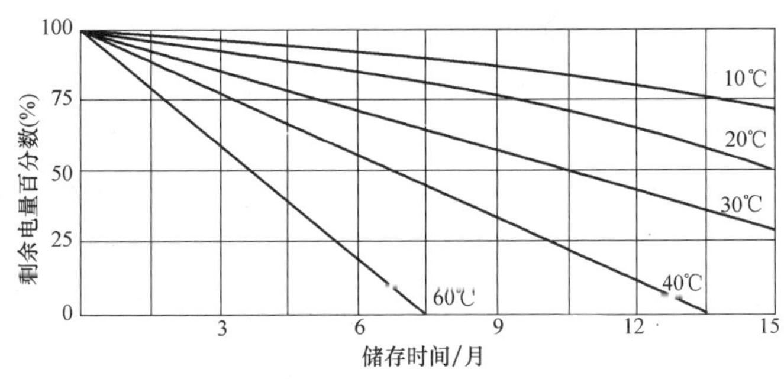

图 8-4-6　蓄电池的自放电

蓄电池的充电作业方法通常有恒压充电、恒流充电和脉冲快速充电 3 种，目前比较流行的充电方法是脉冲快速充电。根据充电目的的不同，蓄电池的充电作业可分为初充电、补充充电、预防硫化间歇过充电等。

1. 初充电

新蓄电池或更换极板后的蓄电池在使用之前的首次充电称为初充电，其目的是恢复蓄电池在存放期间，极板上部分活性物质缓慢硫化和自放电而失去的电量。初充电恰当与否，对蓄电池的使用性能极为重要。初充电的特点是充电电流小、充电时间长、电化学反应充分。初充电必须彻底充足。初充电的具体步骤如下：

1）检查蓄电池外壳有无破裂，拧下加液口盖，检查通气孔是否畅通。

2）加注电解液。按蓄电池制造厂的规定，加注一定相对密度的电解液。电解液加入蓄电池之前温度不得超过 30℃，注入电解液后应静置 3～6h，让电解液充分浸渍极板，待温度低于 35℃后才能充电。若液面因电解液渗入极板而降低，应将液面高度补充到高出极板上沿 10～15mm。

3）连接充电电路，将蓄电池的正极与充电机的正极相接，蓄电池的负极接充电机的负极，并使充电机可靠接地，准备充电。

4）选择充电电流，开始充电，初充电时应按照充电电流规范（见表 8-4-3）进行。因为新蓄电池在储存中可能有一部分硫化，充电时易于过热，所以初充电一般应选用较小的电流。充电分两个阶段进行：第一阶段的充电电流约为额定容量的 1/15，充电至电解液中放出气泡，单格电池端电压达 2.4V 为止；第二阶段将充电电流减半，充电电流约为额定容量的 1/30，继续充电到电解液剧烈放出气泡（沸腾），相对密度和电压连续 3h 稳定不变为止。全部充电时间为 60～70h。

充电过程中应经常测量电解液的密度和温度。若温度上升 40℃，应将电流减半；如继续上升到 45℃，应立即停止充电，并采用风冷或水冷的办法实行人工降温，待冷却至 35℃以下时再继续充电。充电过程中如减少充电电流，则应适当延长充电时间。

表 8-4-3 蓄电池充电电流规范

蓄电池型号	额定容量/(A·h)	初次充电				补充充电			
		第一阶段		第二阶段		第一阶段		第二阶段	
		电流/A	时间/h	电流/A	时间/h	电流/A	时间/h	电流/A	时间/h
3-Q-75	75	5	25 ~ 35	2	20 ~ 30	7.5	10 ~ 11	4	3 ~ 5
3-Q-90	90	6		3		9.0		5	
6-Q-60	60	4		2		6.0		3	
6-Q-90	90	6		3		9.0		4	
6-Q-120	120	8		4		12		6	

5）调整电解液相对密度至规定值。充电初期电解液密度有降低情况，不需要进行调整。初充电临近终了时，应测量电解液的相对密度，如不符合规定，应用蒸馏水或相对密度为 1.40g/cm^3 的电解液进行调整。调整后，应再充电 2h，如果相对密度仍不符合规定，应再调整并充电 2h，直至符合规定为止，然后将加液孔塞拧上，把蓄电池表面擦拭干净，即可使用。

对于新蓄电池的初充电作业，应进行 1 ~ 3 次充放电循环，目的是检查它的容量是否达到额定容量，并促使极板上未转化的物质转变为活性物质，以提高蓄电池的容量功能。放电的方法如下：

新蓄电池初充电后静置 1 ~ 2h，用 20h 放电率放电至单格电池电压降为 1.75V，测量蓄电池容量是否达到额定容量，如容量低于额定容量的 90%，应再进行一次充放电循环，直到容量达到额定容量的 90 % 以上为止。

2. 补充充电

蓄电池在车辆上使用时，常有充电不足的现象，尤其是短途运输车辆，应根据需要进行补充充电。一般每月一次，如有下列现象发生，必须随时进行补充充电。

1）电解液相对密度下降到 1.15g/cm^3 以下。

2）冬季放电超过 25%，夏季放电超过 50%。

3）灯光暗淡、喇叭沙哑。

4）起动机运转无力（并非起动机或连接线路故障）。

另外，蓄电池放置时间超过一个月时，也应进行补充充电；在大量补充蒸馏水后也应进行补充充电。补充充电的规范见表 8-4-3。补充充电的步骤如下：

1）从车辆上拆下蓄电池，清除蓄电池盖上的脏污，疏通加液孔盖通气孔，清除极柱和导线插头上的氧化物。

2）检查并调整电解液液面高度至规定值。

3）用高率放电计检查各单格电池电压的放电情况，要求各单格电池电压读数基本一致。

4）连接好充电电路，按表 8-4-3 选择第一阶段补充充电电流，或以蓄电池额定容量数值的 1/10 作为第一阶段充电电流，充电至单元格电池端电压达到 2.4V 左右，电解液内开

始出现气泡为止，接着将充电电流减半，进入第二阶段，直到充足电为止。

5）充电完成后，也应进行电解液相对密度和液面高度的调整。将加液孔盖拧紧，擦净蓄电池表面，即可使用。

3. 预防硫化间歇过充电

蓄电池充电终了后，继续充电是有害的，但考虑到蓄电池在汽车上经常处于充电不足或部分放电的情况，可能产生硫化现象，为预防硫化，蓄电池每隔3个月进行一次预防硫化过充电。在完成补充充电的基础上，进行一次预防硫化的过充电，即有意识地把充电时间延长，让蓄电池充电更彻底些，以消除可能产生的轻微硫化。具体方法是：在正常的补充充电后，停止1h，再用第二阶段的电流继续充电，直到电解液大量冒气泡时，停止1h，然后再恢复第二阶段的充电。如此循环，直到接通充电电源，蓄电池在1～2min内就出现大量气泡为止。

4. 循环锻炼充电

蓄电池在使用过程中经常处于部分放电的情况，为了避免活性物质长期不工作而收缩，可每隔三个月进行一次循环锻炼充电。

五、蓄电池充电作业方法

1）在将蓄电池与充电机连接之前，应将蓄电池极柱和表面清理干净，将液面高度调整至正常水平。

2）拧下加液孔盖。

3）按图8-4-7所示正确连接充电机和蓄电池。

4）连接充电机的220V电源。

5）打开充电机上的电源开关。

6）按规定选择充电强度档位。

7）充电过程中，应经常查看充电情况，如发现电解液内有大量气泡冒出，表示蓄电池已经充足电。

8）充电结束后应先关闭充电机上的电源开关和拔下220V的电源接头，然后再取下正负充电夹。

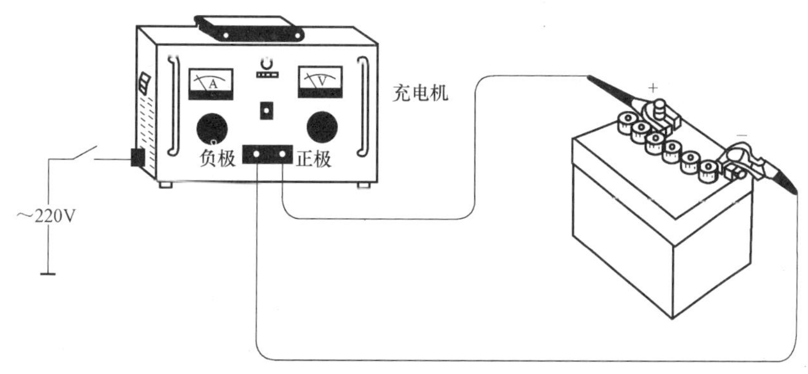

图8-4-7　连接蓄电池与充电机

六、蓄电池充电注意事项

1）严格遵守各种充电方法的充电规范。

2）将充电机与蓄电池连接充电时，应将蓄电池的正负极对应地和充电机的正负极相连。蓄电池的极柱上一般都标有“+”、“-”记号；或正极柱上涂红色。如果标记模糊不清，可以通过观察极柱的颜色判断，使用过的蓄电池正极柱呈深棕色，负极柱呈淡灰色。

3）充电时，导线必须连接可靠；充电时应先接牢电池线，再打开充电机的电源开关。停止充电时应先切断电源，再拆下电池线。在充电过程中，不要连接或断开充电机引线。

4）充电过程中，要密切观察各单格电池的电压和密度变化，及时判断其充电程度和技术状况。

5）在充电过程中，要密切观察各单格电池的温升，以免温度过高而影响蓄电池的使用性能。

6）配制和注入电解液时，一定要严格遵守安全操作规则和器皿的使用规则。

7）充电场所要备用冷水、10%苏打溶液或10%氨水溶液。

8）室内充电，打开蓄电池加液孔盖，使气体顺利逸出，以免发生事故。室内要安装通风装置，并要严禁明火。

七、蓄电池故障应急处理

汽车蓄电池存电不足并发生起动困难时，可采用与其他汽车蓄电池联合来起动，通过跨接电缆将两个蓄电池的负极和负极相连、正极和正极相连的方法。

1）拉紧驻车制动器拉杆，把变速器置于空档或驻车挡。

2）关闭两辆车上的点火开关和全部电气附件。

3）检查电池加液螺塞通气孔是否畅通，检查蓄电池电解液液面高度。

4）按以下顺序连接电缆：

① 将正极（红色）跨接电缆的夹子连接至放完电的蓄电池的正极接头（+）。

② 将正极（红色）跨接电缆另一端的夹子连接至充电用蓄电池的正极接头（+）。

③ 将负极（黑色）跨接电缆的夹子连接至充电用蓄电池的负极接头（-）。

④ 将负极（黑色）跨接电缆另一端的夹子连接至放完电的蓄电池车辆的一个未涂装过的稳固金属固定点上。

5）起动提供充电电池的发动机，让它以较高怠速（一般在2000r/min以上）运转几分钟，然后再发动被充电电池的发动机，并等待2~3min直至发动机平稳运转。

6）如果发动机运转，按完全相反的程序，小心拆除电缆：拆卸跨接电缆时应先拆下被充电电池负极一端的跨接电缆，最后拆下两电池正极间的跨接线。

注意事项：

1）两辆汽车之间不可以有接触，否则正极连接时，电流可能会接通。

2）仅可使用截面积足够大的跨接电缆。仅可使用有绝缘电极夹的跨接电缆。

3）在发动机起动过程中，不要让跨接电缆靠近任何运动的部件。

4）如果需要，可取下充电用蓄电池和放完电的蓄电池的所有加液孔盖。当发动机起动

后，必须将所有的蓄电池加液孔盖放回原处。

5）在打开的蓄电池加液孔盖上盖一块布，这有助于减少爆炸危险、人员受伤和灼伤。当发动机起动后，小心取下盖在蓄电池上的布块，因布上可能粘有硫酸。

【任务工单】

	汽车维护与保养	学习单元 8　汽车电气系统的维护与保养	
		学习任务 4　汽车蓄电池的维护与保养	
班级：	日期：	姓名：	学号：
自我评价		教师评价	

任务描述：丰田卡罗拉汽车进行 5000km 例行保养时，进行蓄电池的维护与保养。

1. 填空题

1）发动机起动时，________向起动机和点火系统供电。

2）________相当于一个大电容器，能吸收电路中出现的____________，保护电子元器件，保持汽车电气系统电压稳定。

3）蓄电池在使用中常出现部分放电的情况，为了避免活性物质长期不工作而收缩，可每隔________个月进行一次循环锻炼充电。

2. 判断题

1）蓄电池主要包括正负极板、隔板、电解液和外壳等。(　　)

2）蓄电池可以缓和电气系统中的冲击电压。(　　)

3）蓄电池在汽车上与发电机及所有用电设备都是并联的。(　　)

3. 选择题

1）蓄电池电解液的相对密度一般为____ g/cm^3。

A. 1.24～1.30　　B. 1.15～1.20　　C. 1.35～1.40

2）蓄电池在放电过程中，其电解液的密度是____。

A. 不断上升　　B. 不断下降　　C. 保持不变

3）蓄电池在正常使用过程中，如发现电解液的液面下降，应及时补充____。

A. 电解液　　B. 稀硫酸　　C. 蒸馏水

4. 问答题

1）蓄电池的拆装步骤有哪些？

2）蓄电池的常规检查项目有哪些？

学习任务5　汽车空调系统的维护与保养

【任务目标】

1）熟悉汽车空调系统的工作原理。

2）能进行汽车空调系统的日常维护与保养。

【任务描述】

丰田卡罗拉汽车进行5000km例行保养时，进行空调系统的维护与保养。

【相关知识】

一、空调系统的作用

空调系统是使车内环境保持舒适温度和湿度的装置的总称。空调系统具有调节温度、调节湿度、调节空气循环以及净化空气的功能，一般包括制冷系统、供暖系统以及通风装置，如图8-5-1所示。按操纵方式可将其分为手动空调和自动空调，手动空调在驾驶人需要时可手动调节气温；而自动空调则根据驾驶人设定的温度自动运行，使车内保持恒温状态。

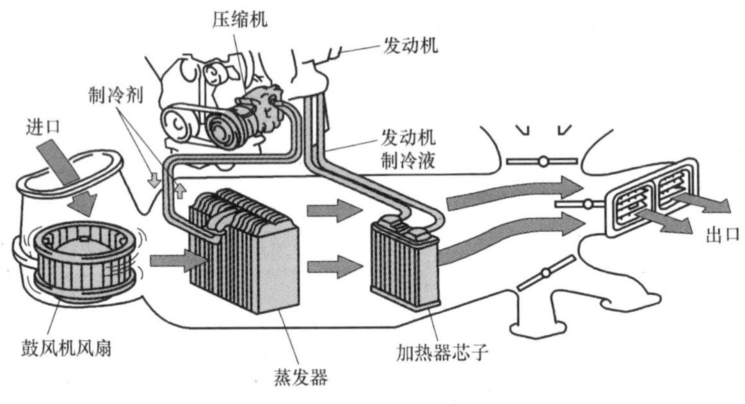

图8-5-1　汽车空调系统的组成

二、制冷系统的工作原理

制冷剂在封闭的系统中循环流动，并根据空调的要求变化状态，对驾驶室和车厢内的空气进行冷却。实现制冷的主要部件有压缩机、冷凝器、储液干燥器、膨胀阀、蒸发器、导管与软管、压力开关等。制冷系统工作示意图如图8-5-2所示。

【任务准备】

1）安全、整洁的汽车维修车间或模拟汽车维修车间。

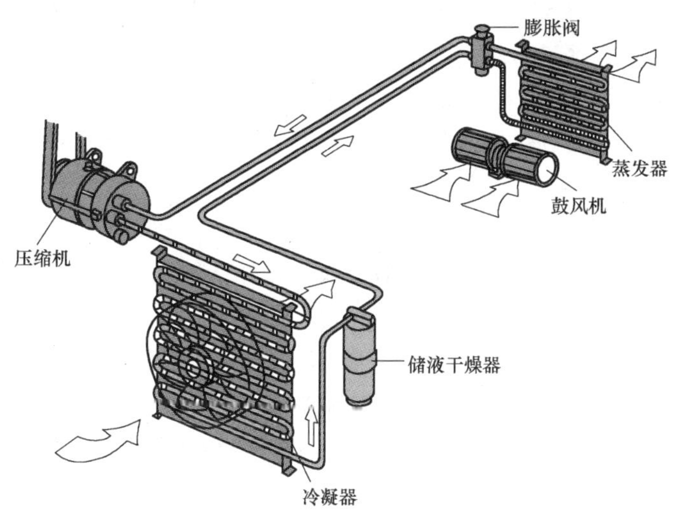

图 8-5-2　制冷系统工作示意图

2）齐全的消防设施、个人防护用具、清洁用品等。

3）实训用整车及防护用品、空调实验台架。

4）汽车举升机、常用工具、检测仪器。

【任务实施】

一、空调系统的维护与保养

1. 汽车空调系统的日常保养

1）保持冷凝器的清洁。

2）定期清洁空调滤芯，保持送风通道的空气进口滤清器的清洁。

3）定期检查制冷压缩机驱动带的使用情况和松紧程度。

4）经常检查制冷系统的各管道接头和连接部位、螺栓、螺钉是否有松动现象，是否与周围机件相摩擦的现象，胶管是否有老化，进出叶子板处的隔振胶垫是否脱落或损坏。

5）在春、秋或冬季不使用冷气的季节里，应每半个月起动空调压缩机一次，每次5～10min。这样制冷剂在循环中可把冷冻油带至系统内的各个部分，从而可防止系统管路中各密封胶圈、压缩机轴封等因缺油干燥而引起密封不良和制冷剂泄漏等。

2. 汽车空调系统部件的定期保养

1）压缩机的检查和保养。一般是每三年进行一次，主要检查进排气压力是否符合要求，各紧固件是否松动，是否漏气等。

2）冷凝器及其冷却风扇的检查与保养。一般每年进行一次，主要是清除冷凝器表面的杂质、灰尘，用扁嘴钳扶正和修复冷凝器的散热片，仔细检查冷凝器表面是否有异常情况，并用检漏仪检查制冷剂有否泄漏。如防锈涂料脱落，应重新涂刷，以防止因生锈穿孔而泄漏。检查冷凝器冷却风扇是否运转正常，检查风扇电动机的电刷是否磨损过量。

3）蒸发器的检查和保养。一般应每年用检漏仪进行一次检漏作业，每2~3年应拆开蒸发器箱盖，对蒸发器内部进行清扫，清除送风通道内的杂物。

4）电磁离合器的检查和保养。每1~2年检修一次，重点检查其动作是否正常，是否有打滑现象，接合面是否磨损，离合器轴承是否磨损。同时，用塞尺检查电磁离合器间隙是否符合要求。

5）储液干燥器的更换。轿车空调在正常使用情况下，一般3年左右更换一只储液干燥器，如因使用不当使系统进入水分后应及时更换。另外，如系统管路被打开，一般也应更换储液干燥器。

6）膨胀阀的保养。一般1~2年检查一次其动作是否正常，开度大小是否合适，进口滤网是否被堵塞，如不正常，应更换或适当调整。

7）制冷系统管路的保养。应每年检查一次，并用检漏仪检查其密封情况。配管检查其是否与其他部件碰撞，检查软管是否有老化、裂纹现象，一般3~5年更换一次软管。

8）驱动机构的检查与保养。V带应每使用100h检查一次张紧度和磨损情况，使用3年左右应更换新品。张紧轮及轴承每年检查一次，并加注润滑油。

9）在空调使用季节，建议每月清洁空调滤芯；一般2年更换一次空调滤芯。

3. 空调系统的检查

对空调系统进行检修时，应对温度、制冷剂循环状况、压缩机传动带和压力进行测试和观察。

(1) 温度检查　在进行温度检查前，首先要热机，并使发动机转速保持在3000r/min，盖好发动机罩，打开空调控制开关使鼓风机开到最大风量（外部进空气），同时打开所有通风口。

在制冷系统工作3min以后，测定中央通风口的温度和外界温度，然后根据测得并绘制温度曲线。

(2) 制冷剂循环状况检查　通过干燥罐视窗检查制冷剂的循环状况，同时可对系统中制冷剂的数量进行粗略的检查。起动发动机，打开空调系统，使发动机在高怠速（1500~2000r/min）状态下运转5min后，观察干燥罐视窗。如果液体正常流动，则说明循环正常；如果液体不流动，则应检查系统的密封性并予以修复；如果出现气泡，则说明缺少制冷剂，应检查系统的密封性并予以修复，然后再添加合适的制冷剂；如果出现乳白状气泡，则说明制冷系统的湿度过大。如图8-5-3所示。

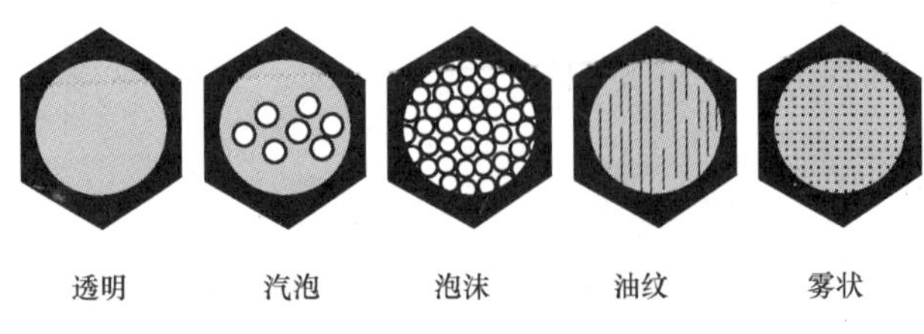

图8-5-3　制冷系统循环状况检查

（3）空调压缩机传动带的检查　检查空调压缩机传动带的状况是否良好；传动带是否正确地安装在带槽内；传动带的张力是否适中。检查传动带张力时可用传动带张力检测仪，传动带张力应为250N。如果张力达不到规定值，则必须调整预紧螺钉，使之达到规定值，如图8-5-4所示。

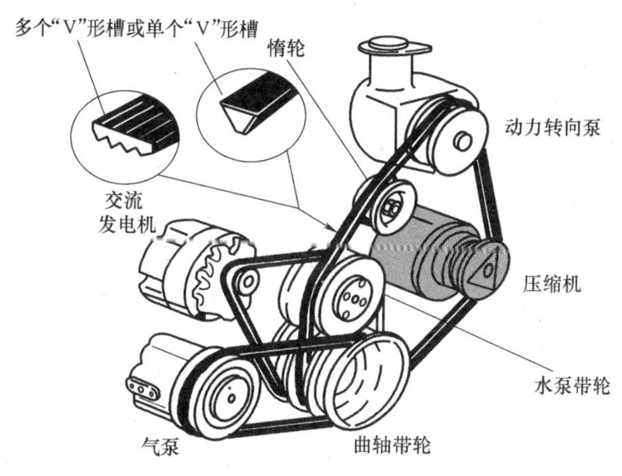

图8-5-4　压缩机传动带检查

（4）压力检查　压力检查是一种用歧管仪表查找故障部位的方法，其前提条件是发动机转速为1500r/min；鼓风机转速处于高速状态；温度控制开关置于最冷位置。

安装歧管仪表时，应关闭高压手阀和低压手阀，然后将注入软管连接到加注阀上，将低压软管接到低压加注阀上，高压软管接到高压加注阀上，最后用手拧紧软管螺母。在安装过程中需要注意的是，不能将压缩机机油涂到连接座圈上。

安装好歧管仪表后即可获得歧管仪表的压力读数，根据这些读数可进行相应的空调系统运转状况分析。需要说明的是，仪表的读数由于环境温度条件可能会略有变化。

4. 空调滤芯的保养

（1）空调滤芯的作用

1）能使空调格贴紧壳体，保证未过滤空气不会进入车厢。

2）能分隔空气中的灰尘、花粉、研磨颗粒等固体杂质。

3）能吸附空气中的水分、煤烟、臭氧、异味、碳氧化物、SO_2、CO_2等。

4）能使汽车玻璃不会蒙上水蒸气，使司乘人员视线清晰，行车安全；能给驾乘室提供新鲜空气，避免驾乘人员吸入有害气体，保障驾驶安全；能强效杀菌除臭。

5）能保证驾乘室空气清洁而不滋生细菌，创造健康环境；能有效分隔空气中的灰尘、芯粉、研磨颗粒等固体杂质；能有效拦截花粉，保证驾乘人员不会因过敏反应而影响行车安全。

（2）空调滤芯的维护及更换周期　正常情况下，原厂空调滤芯使用寿命是30000km或一年，如果经常对空调滤芯进行清理，能够延长空调滤芯的使用寿命。车辆已经使用超过20000km以上，建议更换空气滤芯。空调滤芯上的粉尘，用高压气枪之类的吹去浮尘，千万不要用水清洗。

【任务工单】

	汽车维护与保养	学习单元 8　汽车电气系统的维护与保养 学习任务 5　汽车空调系统的维护与保养	
班级：	日期：	姓名：	学号：
自我评价		教师评价	

任务描述：丰田卡罗拉汽车进行 5000km 例行保养时，进行空调系统的维护与保养。

1. 填空题

1）所谓空调器就是使车内环境保持舒适__________和__________的装置的总称。

2）实现制冷的主要部件有__________、__________、__________、__________、__________、__________和__________等。

3）在春、秋或冬季不使用冷气的季节里，应每__________月起动空调压缩机一次，每次运转__________ min。

2. 判断题

1）在春、秋或冬季不使用冷气的季节里，不需要起动空调压缩机。（　　）

2）压缩机的检查和保养一般是每年进行一次。（　　）

3）轿车空调在正常使用情况下一般 2 年左右更换一只储液干燥器。（　　）

3. 问答题

1）汽车空调系统部件的定期保养有哪些？

2）如何检查制冷剂的循环状况？

3）如何检查空调压缩机传动带？

学习任务6　汽车刮水器的维护与保养

【任务目标】

1）掌握汽车刮水器的工作原理。

2）能进行汽车刮水器的维护保养。

【任务描述】

丰田卡罗拉汽车进行5000km例行保养时，进行刮水器的维护与保养。

【相关知识】

一、刮水器的作用

刮水器的作用是用来清除风窗玻璃上的雨水、雪或尘土，以保证驾驶人良好、清晰的能见度。目前，应用于汽车上的刮水器电动机基本上都是永磁式直流电动机。其定子磁场是由锶钙铁氧体（或其他永磁材料）形成的一组永久磁场。它具有结构简单、比功率大、耗电省、机械特性较硬等优点。

二、刮水器的结构

（1）刮水片　最终完成刮水作用的是橡胶片，即刮水片。刮水片靠骨架支撑，铰接在弹性刮水臂上，使刮水片紧紧贴在风窗玻璃上，当使用刮水器时，刮水器电动机会通过联动杆件带动刮水臂左右摆动，刮水片就会在风窗玻璃上清扫雨水及杂物。

（2）电动机　刮水器的动力源，为直流变速电动机，内有快慢两个线圈，电动机输出经蜗轮减速器减速，并改变输出方向。

（3）联动机构　把电动机的旋转运动传递给刮水臂并转化为摆动，并能够控制刮水片的摆动范围。

（4）刮水控制开关　刮水控制开关安装在组合开关右手边的操作杆上，控制刮水片的动作。如图8-6-1所示。

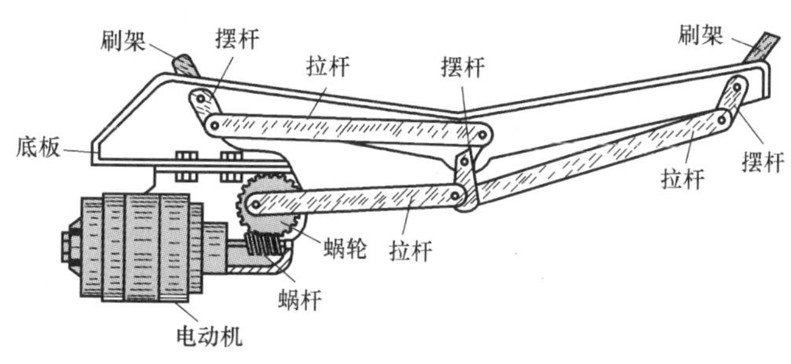

图8-6-1　刮水器的结构

三、喷水器的功能和结构

风窗玻璃喷洗器喷射洗涤液除去灰尘或油，这是仅用刮水器无法除去的。

风窗玻璃喷洗器系统主要由洗涤液储存罐、喷洗器电动机、软管、喷洗器喷嘴和洗涤液等组成，如图 8-6-2 所示。

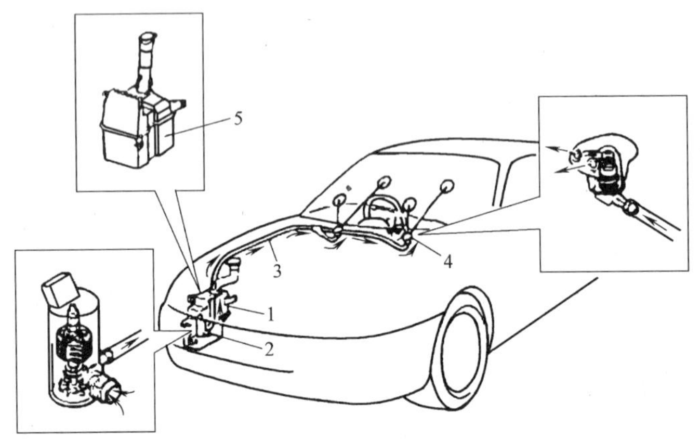

图 8-6-2　风窗玻璃喷洗器的组成

1—喷洗器储存罐　2—喷洗器电动机　3—软管　4—喷洗器喷嘴　5—喷洗液

【任务准备】

1）安全、整洁的汽车维修车间或模拟汽车维修车间。

2）齐全的消防设施、个人防护用具、清洁用品等。

3）实训用整车及防护用品。

4）汽车举升机、常用工具。

【任务实施】

一、刮水器的维护与保养

1）由于刮水片胶条在制造过程中加了少量防止老化的蜡质，在第一次使用刮水前，用软布蘸少许洗窗液对刮水片胶条“刮舌”数次，以洗去其表面的蜡质。因为风窗玻璃和“刮舌”表面的任何油性物质都会增加刮刷阻力，降低刮刷的刮净度。当然，对刮水片的“刮舌”养护并非一次就大功告成，因为空气中灰尘以及车辆尾气排出的油污等微小物质均会附着在风窗玻璃和刮片上，增加刮刷时的摩擦力。同时，若“刮舌”表面附着大量灰尘，还会降低其弹性，影响使用寿命。

2）当风窗玻璃干燥或有积雪、结冰、泥浆块、干硬鸟粪等障碍物时，不要使用刮水器，否则会损坏刮水片、刮水电动机和玻璃。

3）冬季寒冷天气使用刮水器前，应先检查刮水片是否已冻结在车窗上，如已冻结应先开启风窗加热功能，确保前后风窗玻璃及刮片间的冰融化后方可正常使用。此外，冬季冰雪天气，刮水片胶条的楔型槽中如果夹有冰粒会使“刮舌”变硬，妨碍正常翻转，必须通过风窗加热功能融化刮片上的冰粒，恢复“刮舌”的弹性。

4）如果在使用风窗玻璃清洗器后风窗玻璃仍不干净或者工作时刮水片振动。这可能是在风窗玻璃上或刮水片上有蜡或其他物质。用清洗液或温和的清洗剂清洗风窗玻璃的外表面。如果用水清洗时不再形成水珠，则说明风窗玻璃已经干净了。通过在清洗液或温和清洁剂中打湿的布擦拭刮水片来清洁，然后用水冲洗刮水片。如果在清洗刮水片和使用刮水器后，风窗玻璃仍不清洁，应更换刮水片。

5）刮水器电动机多是永磁交流电动机，电动机磁极多采用陶瓷材料。因此拆卸时应防止电动机从高处跌落，以免损坏。刮水器电动机多为封闭式。不可随意拆卸，只有在必要时方可进行拆解保养、清洗内部、在含油轴承毛毡上加注润滑油、更换或补充减速箱内润滑脂。拆解保养后，重新装配电动机时应注意不要让金属屑吸入机壳内。各部分的配合也不得过紧，以免转动阻力过大而烧坏电动机。若接通开关时刮水器嗡嗡作响而不转动，说明转动部分有锈死或卡住，应立即切断开关，以防烧毁电动机。

二、刮水器的使用

1）刮水器能发挥良好作用的关键是：橡胶的刮水条能保持充足的湿润度。只有保持充足的湿润度，它才能有非常好的韧性，以保持和车窗玻璃接触的紧密性。

2）刮水器是用来刮雨用的，不是用来刮“泥”用的。所以正确地使用刮水器，不仅能够延长刮水器的使用寿命，还能有效地保持良好的视线，更有利于安全行车。

3）应该养成每天早晨出车前，用湿布擦一遍风窗玻璃的习惯。刮水器是干的，想在出车时用刮水器把积在前窗上的灰尘刮干净，这样的干磨，不仅很难达到良好的效果，还容易损坏刮水器。正确的方法是：湿布擦完后，再喷水刮一次。洗玻璃水带有挥发性，能很快让窗面达到干燥，从而避免潮湿的玻璃吸灰起泥。

4）养成收车时，清理干净前窗的习惯。尤其是从雨中回来，积在前窗上的水滴，第二天早晨干成水渍后，再掺入吸附的灰尘，是很难单靠刮水器刮干净的。

5）开车途中，掉小雨点时，不要急着开刮水器。这时前窗上的水分不足，刮水器干刮，只会产生适得其反的效果。前窗上刮花的泥渍，还很难再刮干净。如果雨点积得很慢，不影响视线，最好是等前窗上雨点积的更多点再开刮水器。

6）刮水器最好使用第二档，连续的来回刮。小雨时使用间歇的模式来刮，这样不太好。在路上，不仅仅是要防天上的雨，还更好防前车溅起的泥水，间歇模式很容易把前窗刮成泥渍的花纹，严重影响视线。

【知识扩展】

一、无骨刮水器的优点

与传统刮水器相比，无骨刮水器没有噪声，而且与玻璃贴合紧密，受力均匀，刷得干净。传统刮水器的力量是通过层层压条传递下来的，刮片上存在多个受力点，受力不均衡；而无骨刮水器是一个整体的橡胶片。有骨刮水器目前最大的优势体现在成本方面。

现代轿车风窗玻璃通常都带有一定弧度，这样两者贴合很好，不会出现一些传统刮水器存在的某部分风窗玻璃刷不干净，某部分又长期受力过重的情况。

除此之外，无骨刮水器构造相对简单，材质总体重量轻巧，这样无疑减轻了电动机和摇

臂的负担。在运行时，无骨刮水器不但噪声小甚至无噪声，而且寿命也相对较长。一般情况下，传统刮水器需要一年一换，而无骨刮水器的寿命是传统刮水器的 2 ~ 3 倍，只要二年或三年更换一次就可以。由于刮水器橡胶条与玻璃贴合紧密，无骨刮水器也很少出现传统刮水器常遇见的刮片间夹杂沙砾的情况，这不但保护风窗玻璃，对于刮水器自身也是一种很好的保护。

二、能否将自来水与洗洁精等勾兑成玻璃水，或者直接用自来水代替玻璃水使用

用水勾兑洗洁精看似具有一定的清洁效果，但这些材料与水无法完全溶解。长时间使用会在玻璃水壶中形成沉淀物，腐蚀橡胶管路，有可能堵塞玻璃水喷水口，在严重情况下极易导致水泵电动机损坏。而且一般家用洗涤剂多为碱性，会对刮水器片橡胶造成腐蚀，硬化的刮水器片在工作时还易刮花风窗玻璃，形成视线阻碍，影响驾驶安全。

水中同样含有较多杂质，而且在恶劣天气时不但不能起到清洁作用，还有可能在玻璃水壶中结冰，冻裂喷水管路。如遇紧急情况最好能用杂质较少的纯净水代替，短暂使用后及时添加专用玻璃水。

【任务工单】

	汽车维护与保养	学习单元 8　汽车电气系统的维护与保养	
		学习任务 6　汽车刮水器的维护与保养	
班级：	日期：	姓名：	学号：
自我评价		教师评价	

任务描述：丰田卡罗拉汽车进行 5000km 例行保养时，进行刮水器的维护与保养。

1. 填空题

1）刮水器的作用是用来清除风窗玻璃上的__________、__________，以保证驾驶人良好、清晰的__________。

2）目前，应用于汽车上的刮水器电动机基本上都是__________电动机。

3）刮水器能发挥良好作用的关键是：橡胶的刮水条能保持充足的__________。

2. 填写下面各部分名称

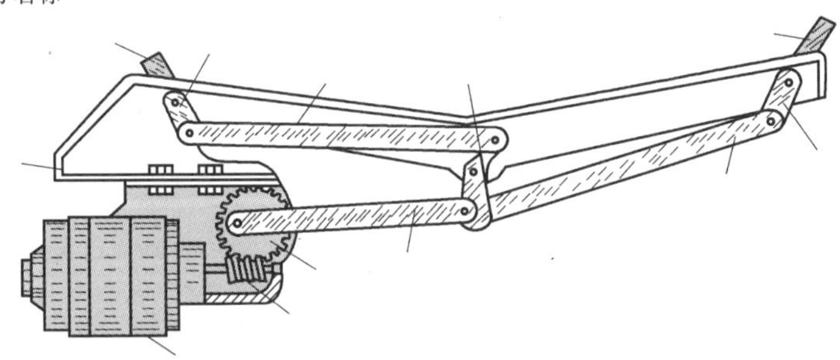

3. 问答题

1）刮水器的保养要点有哪些？

2）刮水器的使用注意事项有哪些？

学习单元9 汽车电控系统的维护与保养

【任务目标】

1）熟悉汽车常见电控系统维护的内容。

2）掌握汽车常见电控系统维护的方法。

【任务描述】

客户丰田卡罗拉汽车进行10000km例行保养，对汽车电控系统进行维护与保养。

【相关知识】

一、汽车电控系统的使用与维护

1. 汽车日常使用时电控系统的自检

现代汽车电控系统具备自检功能。正常情况下点火开关位于ON而不起动发动机时，车辆进行自检，此时仪表上的大部分指示灯会被点亮，发动车辆后熄灭，如图9-1-1所示。

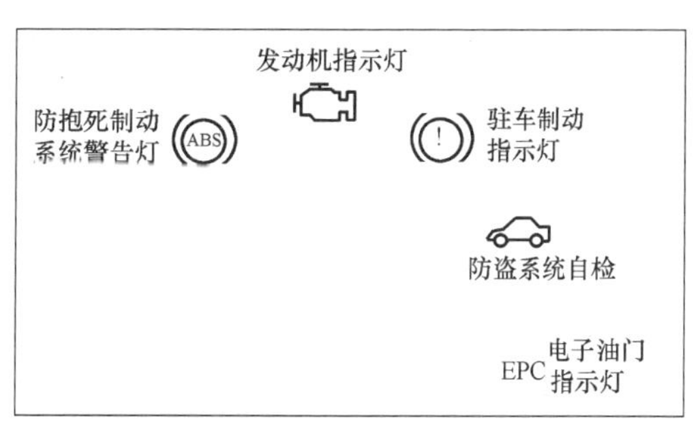

图9-1-1 汽车电控系统自检

汽车电控系统一般由传感器、电子控制单元（ECU）和执行器组成。这些系统在发生故障时会有相应的故障码。当汽车电控系统出现故障时，计算机故障自诊断系统便通过仪表板上的故障指示灯的闪亮来提示驾驶人或使用人员。由于电子控制系统不同，故障指示灯在仪表板上的位置和标识不同，如发动机电控系统的故障指示灯为“Check Engine”灯、安全气囊电子控制系统为“SRS”灯、防抱死制动系统为“ABS”灯等。这时需要到专业的维修部门进行检查。

2. 车辆用油

汽车电控燃油喷射发动机对汽油的清洁度要求很高，应使用牌号和质量完全符合要求的无铅汽油。汽油中不可添加防冻剂，汽油滤清器应定期更换，以防喷油器堵塞和氧传感器丧失工作性能。特别应指出的是，电控燃油喷射发动机普遍采用闭环控制方式，在其排气歧管中均装有氧传感器，一旦使用含铅汽油，便会导致氧传感器因中毒而失效，造成发动机工作性能下降，排放增加。

3. 发动机

电控燃油喷射发动机在起动前应先检查油路。油路中无油时，不能运转燃油泵，否则会导致燃油泵磨损、过热而损坏。由于电控燃油喷射发动机的起动工况也是由电控单元控制的，起动喷油量的大小由电控单元根据传感器传来的起动工况信号决定，不需要人为额外供给燃油。

同时，刚刚起动的发动机也不应进行高速运转。用起动电源起动发动机时，必须在蓄电池安装良好的情况下进行，以免损坏电控单元。在没有蓄电池或蓄电池断路的情况下，不允许用反拖的方法起动发动机。

4. 汽车运行过程中的监控

汽车在运行过程中，要注意各种仪表指示灯是否正常，特别是在发出各种警告信号时，应采取相应的措施。

二、汽车电控系统维护保养注意事项

现代汽车上越来越多地采用了电子控制系统，部分汽车还使用了微型计算机系统，这不但大大提高了汽车的使用性能，而且使汽车的结构变得更为复杂。这些电子产品对使用环境的要求比较高，尤其对温度、湿度和电源系统电压的平稳性要求非常严格，使用中如有不当，则会造成系统某部分的人为损坏，甚至使整个系统的工作受到不可修复的破坏。因此，使用中除了要严格遵守使用手册中的各项要求外，还应特别注意以下事项。

1. 搞好蓄电池的维护保养

蓄电池是汽车电子控制系统的主要电源，在使用和维护保养中应注意以下几项：

1）正常使用中不要随意拆下蓄电池上的电源导线和搭铁线，以免因断电而使储存在微机系统中的信息，如音响系统、电动座椅、转向盘位置的储存信息等丢失。

2）如果确实需要更换蓄电池时，应在电控系统的工作处于正常时进行更换，至少应在更换蓄电池前读出控制单元内的故障码。

3）在对蓄电池进行拆卸与安装时，务必使点火开关和其他用电设备开关均置于关闭位置（OFF）。

4）当汽车电控系统出现故障时，如果故障指示灯点亮，在从自诊断系统中读取故障码前，不要将蓄电池从电路中断开，防止由于断电造成故障码丢失。

2. 避免瞬间高电压损坏电子控制系统

1）在对电控系统进行检查和检修时，不论发动机是否处于运转状态，只要点火开关接通，绝不可断开任何正在工作的电气装置。因为这些装置往往具有一定的电感，当突然切断其工作电流时，会在电路中产生很高的瞬时电压，有些装置产生的感应电动势甚至会超过7kV。这样高的瞬间脉冲，通过电源线或搭铁线作用在微机或其他电子元器件上，将造成电子元器件的损坏。尤其对下列电气装置进行断电操作时，必须在点火开关关闭后方可进行。如蓄电池的电源线和搭铁线、混合气控制电磁阀、电磁喷油器、怠速控制装置执行机构（步进电动机、电磁阀等）、点火装置连接导线、空调鼓风机、空调离合器、二次空气喷射装置的电磁阀、连接微机控制单元的任何导线、对微机系统中任何集成电路芯片的启拔与插装等。

2）当需要将装有电控系统的汽车与其他车辆进行电源跨接起动时，必须先关闭电控汽车上的点火开关，方可进行跨接线的拆装。

3）在对装有电控系统的汽车进行电弧焊接时，应断开电控单元的供电电源线，避免电弧焊接时的高电压造成电控单元的损坏。

3. 避免使用输入阻抗过小的检测工具对电控系统进行检查

不要使用输入阻抗过小的检测工具对电控系统进行检查，避免系统由于过载而损坏。电子控制系统中，控制单元与传感器的工作电流通常都比较小，因此，与之相应的电路元器件的负载能力也比较小。在对其进行故障检查时，若使用输入阻抗较小的检测工具，则可能会因检测工具的使用，造成元器件超载而损坏。

1）不可使用试灯对电子控制系统的传感器部分和微机控制单元（包括接线端子）进行检查。

2）除了某些车辆的测试程序中特殊说明外，不能使用指针式万用表检查控制系统各部分的电阻，而应该使用高阻抗的数字式万用表或电控汽车专用检测仪表。

3）在装有电子控制系统的汽车上，禁止用搭铁试火或拆线刮火的方法对电路进行检查。

4. 避免空间强电磁场对微机系统的干扰

任何伴随有电磁场发射的电器装置，它们所形成的电磁场都可能对微机系统的工作造成干扰。因此，在使用时应注意以下两点。

1）汽车扬声器不能安装在离微机系统太近的地方。

2）在电子控制的汽车上，不宜安装大功率的无线电台，若必须安装时，电台及线应尽可能远离汽车电子控制单元，以免对电控单元的工作产生干扰，进而影响其控制程序的正常运行。

5. 注意电子控制系统的防潮与防振

1）切记不可用水冲洗电子控制单元和其他电子装置。

2）电控汽车停放时，应考虑停车环境的湿度不宜太大。

3）防止微机系统受到剧烈的机械冲击与振动。

6. 注重电子控制单元的维护保养

1）在一般情况下，不要打开电控单元盖板，因为电控汽车上的故障大部分是外部设备故障，控制单元故障一般比较少，即使是控制单元的故障，在没有检测手段的情况下，打开电脑盖板也不能解决任何问题。

2）对汽车进行清洗或雨天检修时，应防止将水溅到电子装置及其线路上。

3）在拆下导线插接器时，要注意松开锁紧弹簧或按下锁扣，安装插接器时，应注意一定要插到底并锁好锁止器。

4）电控系统的故障大部分是配线和插接器的故障，一般为导线折断、插接器接触不良、插接器端子被拔出、端子没有插到底或配线搭铁。当确认为是电控单元故障时，应由专业人员对其进行测试和维修。

三、安全气囊系统的维护

1. 安全气囊的工作原理

汽车安全气囊系统（SRS）是轿车上的一种辅助保护系统，也称为空气袋（AIR BAG），是当汽车遭到正面或侧面严重冲击时能很快膨胀的缓冲垫，与座椅安全带配合使用，可以为乘员提供有效的防撞保护，可有效降低汽车乘员及驾驶人的伤亡率，是拯救乘员生命的主要装置。应该指出的是，SRS实际上是安全带的辅助装置，只有在使用安全带的条件下，SRS才能充分发挥保护乘员的作用。

目前按照安全气囊的数量可分为单气囊系统（只安装在驾驶人侧，转向盘中部）、双气囊系统（驾驶人侧和前排乘客侧工具箱上方的仪表板内各有一只）、多气囊系统（后排乘员也有）。一般气囊盖板上标有“AIR BAG”字样，它们的工作原理是相同的。

汽车安全气囊系统主要由用于驾驶人（在转向盘内）和用于前排乘客（在乘客侧的仪表板内）的空气囊总成、碰撞传感器、收紧器机构、螺旋电缆和插接器等组成，如图9-1-2、图9-1-3所示。

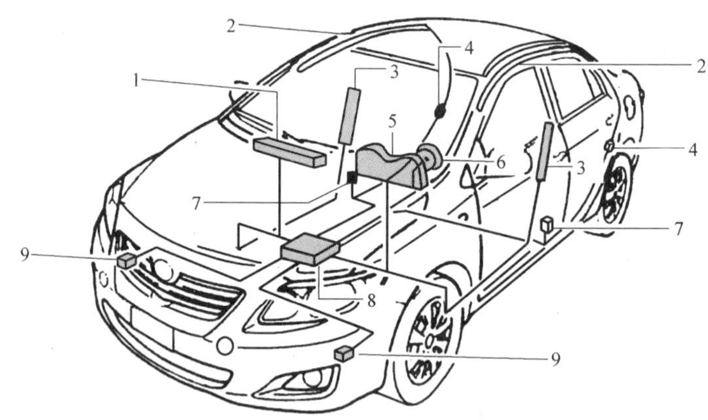

图9-1-2　安全气囊系统主要部件

1—前排乘客空气囊　2—帘式空气囊　3—侧空气囊　4—帘式空气囊传感器　5—SRS警告灯　6—驾驶人空气囊　7—侧空气囊和帘式空气囊传感器　8—空气囊传感器总成　9—前空气囊传感器

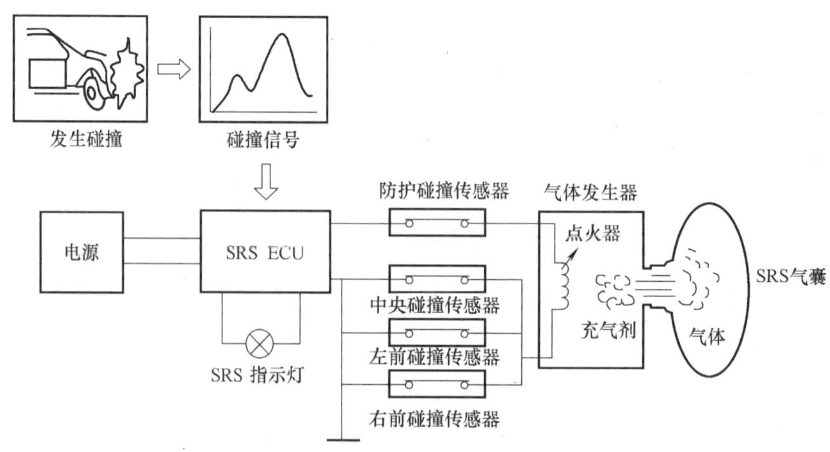

图9-1-3　安全气囊的工作原理

2. 安全气囊使用和维修注意事项

(1) 汽车使用时的注意事项

1) 在正常使用时，在汽车内部饰板上标有“AIR BAG”字样处不能粘贴胶带和饰品，以免在发生事故时气囊不能打开或打开时饰品被气囊弹射伤到驾驶人和乘客。

2) 驾驶人或维修人员在打开点火钥匙后，观察 AIR BAG 指示灯，4~6s 内指示灯由明亮转为熄灭，说明气囊系统工作正常，但并不代表可以不系安全带。特别提醒的是，行驶前一定要系好安全带。

(2) 汽车在检查维修时应该注意的事项

1) 点火开关关闭（OFF）后 90s 以内或蓄电池断开后 90s 以内不允许维修，如果采用不正确的维修方法，气囊可能爆炸充气伤害维修人员。

2) 维修时车上的黄色插头不要轻易使用或插拔，以免爆炸和制造人为故障。

3) 维修人员一定要按照正确的检查维修程序进行，以确保气囊系统能正常工作。

3. 安全气囊系统的检测方法

第一步：安全气囊警告灯的检查，如图 9-1-4 所示。

a) 点亮

b) 熄灭

图 9-1-4　安全气囊警告灯的检查

1) 将点火开关旋至 ON 位置，观察 AIR BAG 指示灯，指示灯开始点亮，说明安全气囊系统开始自检。

2) 将点火开关旋至 ON 位置保持，指示灯点亮 6s 后熄灭，不再亮，说明安全气囊通过了自检，系统正常。

3) 将点火开关旋至 ON 位置保持，指示灯点亮 6s 后熄灭，指示灯熄灭后又点亮，说明安全气囊系统通过了自检，但有故障存在。

第二步：安全气囊配置查找，如图 9-1-5 所示。

检查转向盘上是否有 AIR BAG 字样，检查乘客侧仪表台是否有 AIR BAG 字样，检查左右座椅外侧是否有 AIR BAC 字样，检查转向盘下方是否有 AIR BAG 字样，检查门上方是否有 AIR BAG 字样，检查前后座椅头枕是否能上下调节。

第三步：利用检测仪对安全气囊配置确认查找，如图 9-1-6 所示。

1) 确认故障码（DTC）的读取条件：蓄电池电压不低于 11V，起动时电压低于 9V，节气门完全关闭。

图 9-1-5　安全气囊配置查找

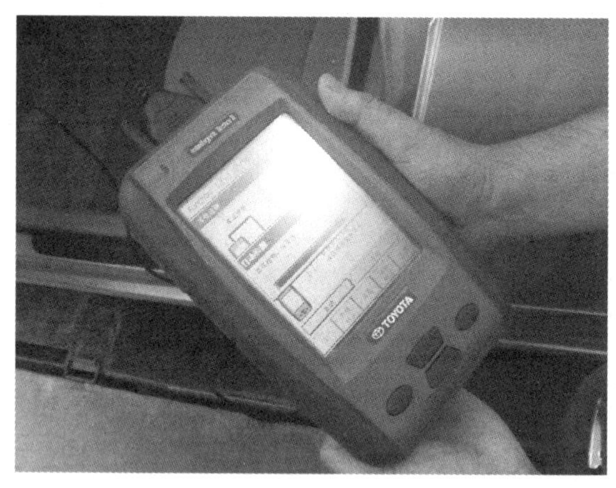

图 9-1-6　利用检测仪对安全气囊配置确认查找

2）变速器处于“P”或“N”状态，空调开关位于“OFF”。

3）诊断仪器的连接：首先进行 IT-Ⅱ主机、诊断卡、诊断线的连接，然后与汽车诊断座连接，将点火开关旋至“ON”位置，开机并选择诊断车型菜单模式：自动、手动，选择“车身”→“SRS”→“确定”，读取系统版本信息和故障内容，读取数据流并记录相关信息，最后清除故障码，系统正常。

四、车身稳定控制装置维护

1. 防抱死制动系统（ABS）

在遭遇紧急情况时驾驶人踩死制动踏板，未安装 ABS 的车辆来不及分段缓刹，只能立刻踩死，制动轮毂抱死车轮。由于车辆的惯性，瞬间可能发生侧滑、行驶轨迹偏移与车身方向不受控制等危险状况。ABS 使车辆在车轮即将达到抱死临界点时，制动在 1s 内可作用 60～120 次，相当于不停地制动、放松，即相似于机械自动化的“点刹”动作。此举可避免紧急制动时方向失控与车轮侧滑，同时加大轮胎摩擦力，制动效率可以达到 90% 以上。

（1）ABS有故障时的典型特征 判断ABS工作状态是否正常的方法有以下几种：

1）在汽车以40km/h左右的速度行驶时实施紧急制动，如果车轮不滑移，并感到制动踏板在连续跳动，说明ABS工作正常。

2）如果汽车正常行驶时ABS警告灯点亮，或紧急制动时ABS不起作用，则说明ABS有故障。

3）如果在起动发动机之前，将点火开关旋至ON位置，ABS警告灯不亮，或将点火开关旋至ON位置，ABS警告灯点亮3s后不熄灭，也表示ABS有故障。

（2）根据ABS警告灯状态判断故障原因 ABS警告灯安装在仪表板上，当ABS出现故障时此灯点亮，提醒驾驶人ABS有故障，应及时检修。维修人员根据ABS警告灯的状况，也可以初步判断ABS的故障原因。

（3）ABS故障的初步检查 使用中，如果ABS出现故障，用户或维修人员可首先进行下述检查，以便迅速查明故障原因，为进行故障自诊断或下一步的检修做好准备。

1）检查蓄电池以及各熔丝、继电器是否正常，安装是否可靠，接触是否良好。

2）检查ABS-ECU、ABS执行器以及各传感器、电磁阀线束连接器是否连接可靠，接触是否良好。

3）检查液压系统工作是否正常。如果有故障，应先对其进行检修。

2. 电子制动力分配（EBD）

电子制动力分配的英文全称是Electric Brake-force Distribution，简称EBD。汽车在制动时，四只轮胎附着地面的条件往往不一样，比如有时左前轮和右后轮附着在干燥的水泥地面上，而右前轮和左后轮附着在水中或泥水中，这种情况会导致汽车制动时四只轮子与地面的摩擦力不一样，制动时容易造成打滑、倾斜和车辆侧翻事故。EBD的工作原理就是利用计算机在汽车制动的瞬间，分别对四只轮胎所附着的不同地面进行感应、计算，从而得出不同的摩擦力数值，使四只轮胎的制动装置根据不同的情况采用不同的方式和力量制动，并在运动中不断高速调整，使制动力与摩擦力相匹配，从而保证车辆的平稳、安全。从理论上讲，在制动车轮紧急抱死的情况下，EBD在ABS动作之前就已经平衡了每一个车轮的有效地面抓地力，可以防止出现甩尾和侧移，并缩短汽车制动距离。由此看来，EBD实际上是ABS的辅助功能，它可以改善并提高ABS的功效。

1）带EBD的ABS（机械辅助制动），如图9-1-7所示。

2）制动装置系统的检查维护。将点火开关旋至ON位置，观察ABS、VSC、防滑等指示灯，指示灯点亮6s，说明ABS、VSC、防滑等系统存在；将点火开关旋至ON位置保持，指示灯点亮6s后熄火，不再亮，说明ABS、VSC、防滑等系统通过了自检，系统正常；将点火开关旋至ON位置保持，指示灯点亮6s后熄灭，指示灯熄灭后又点亮，说明ABS、VSC、防滑等系统通过了自检，但有故障存在。制动装置警告灯的检查如图9-1-8所示。

在上述方法无法检查时，使用故障诊断仪（解码器）快速自动扫描全车配置，也可以参照维修手册配置参数进行检查与维护。

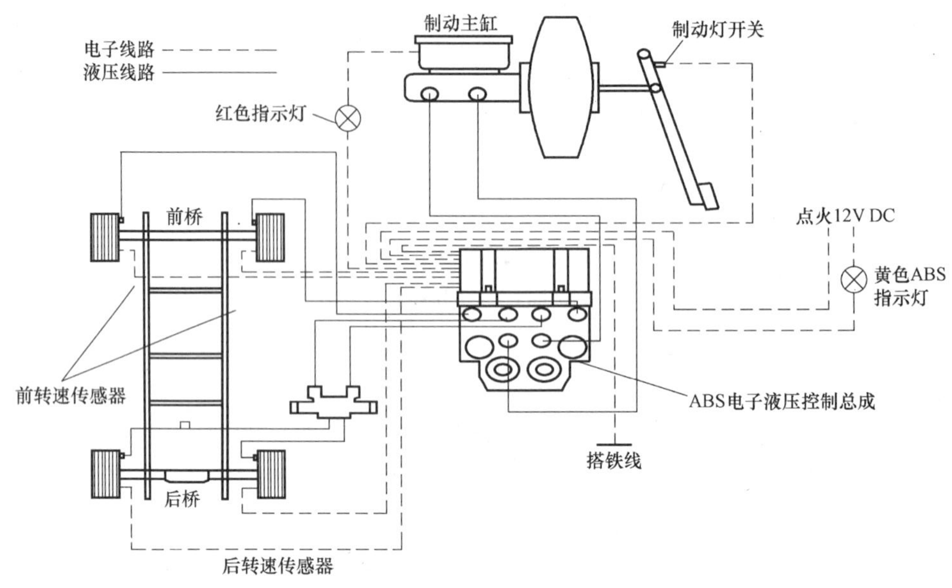

图 9-1-7 带 EBD 的 ABS（机械辅助制动）

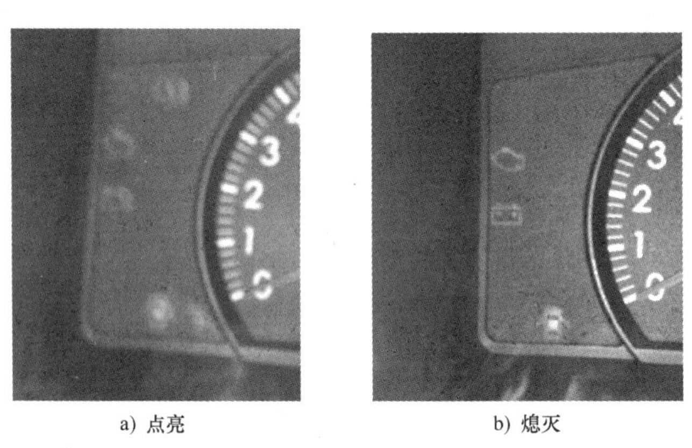

a) 点亮　　b) 熄灭

图 9-1-8 制动装置警告灯的检查

【知识拓展】

1. 牵引力控制系统（TCS）

牵引力控制系统的英文全称是 Traction Control System，简称 TCS，又称为循迹控制系统。汽车在光滑路面制动时，车轮会打滑，甚至使方向失控。同样，汽车在起步或急加速时，驱动轮也有可能打滑，在冰雪等光滑路面上还会使方向失控而发生危险，TCS 就是针对此问题而设计的。TCS 依靠电子传感器探测到从动轮速度低于驱动轮时（这是打滑的特征），就会发出一个信号，进而调节点火时间、减小节气门开度、降档或制动车轮，起到使车轮不再打滑的作用。

2. 电子制动辅助（EBA）

电子制动辅助的英文全称是 Electronic Brake Assist，简称 EBA。这个系统可以感应驾驶人对制动踏板动作的需求程度，当计算机系统从制动踏板检测到制动动作时，EBA 系统判断驾驶人此次制动的意图。如果属于非常紧急、急迫的制动，EBA 此时将会控制制动系统产生更高的油压使 ABS 发挥作用，而使制动力更快速地产生，以缩短制动距离。电子制动辅助系统尤其是对脚力较差的妇女及高龄驾驶者，在规避紧急危险的制动时非常有帮助。EBA 可以根据驾驶人踩制动踏板的力度与速度，极快地做出反应并计算紧急程度，瞬间增加制动液压，缩短制动距离。据悉它能使车速高达 200km/h 的汽车完全停止的距离缩短 21m，可以避免许多意外，尤其是在高速公路上，EBA 更能有效防止“追尾”事故。

3. 电子车身稳定控制（ESP）

电子车身稳定控制的英文全称是 Electronic Stability Program，简称 ESP。ESP 综合了 ABS（制动防抱死系统）、EBA（电子制动辅助系统）和 TCS（牵引力控制系统）三个系统的作用，功能更为强大。ESP 系统由电子控制单元（ECU）及转向传感器、车轮传感器、侧滑传感器、横向加速度传感器和执行器组成，其目的是在计算机实时监控汽车运行状态的前提下，对发动机及制动系统进行干预和调控。

ESP 系统的工作原理是，在汽车行驶过程中，转角传感器感知驾驶人转弯方向和角度、车速传感器感知车速、节气门开度和转速力矩，制动传感器感知制动力，而摆角传感器则感知车子的倾斜度和侧倾速度。ECU 了解这些信息之后，通过计算，判断汽车要正常安全行驶和驾驶人操纵汽车意图的差距，然后，由 ECU 发出指令，调整发动机的转速和车轮上的制动力，从而修正汽车的过度转向或转向不足，以避免汽车打滑、转向过度、转向不足和抱死，从而保证汽车的行驶安全。

4. 前向防撞系统

（1）前向防撞系统的工作原理　前向防撞系统是通过在汽车前侧加装雷达或激光测距装置，以及视频成像设备，根据测距装置返回的距离信息，结合图像分析，车载系统自动判断汽车行驶方向的周围是否出现障碍物，采用声光报警提醒驾驶人，如驾驶人未采取任何措施，系统即自行控制加速和制动，从而达到减慢车速乃至制动的安全目的。

（2）前向防撞系统的系统结构　前向防撞系统由测距装置、视频成像设备、电子控制单元及执行元件等构成。

1）测距装置：主要有测距微波雷达、激光测距，利用多普勒效应，精确测量物体间的距离。前向防撞系统安装的测距设备，分布在车头前方、两侧、尾部，分别测量各个方向的障碍物距离数据，提供给车载系统进行分析判断。

2）视频成像设备：在车辆前方安装全天候成像功能的摄像头，拍摄行驶前方的图像，通过分析图像，对测距装置返回的数据进行辅助判断，减少各种干扰，提高判断的准确率。

3）电子控制单元：由具有高速运算能力的 DSP 芯片和单片机构成车载系统，存储有判断及控制程序，处理各种输入数据，并将控制信息传递到发动机系统、ESP 系统，达到控制车辆的目的。

【任务工单】

	汽车维护与保养	学习单元9　汽车电控系统的维护与保养	
		学习任务　汽车电控系统的维护与保养	
班级：	日期：	姓名：	学号：
自我评价		教师评价	

任务描述：客户丰田卡罗拉汽车进行10000km例行保养，进行汽车电控系统的维护与保养。

1. 填空题

1）汽车电控系统一般由______、______和______组成。

2）在检查电控系统前，要对蓄电池的______进行检查，蓄电池静态电压不应低于______，发动机运转时电压不应低于______。

3）电控系统检查要依照______的原则。当汽车电控系统出现故障时，开启点火开关而不起动发动机，计算机故障自诊断系统便通过仪表板上的______的闪亮来提示驾驶人或使用人员（其电子控制系统不同，故障指示灯在仪表板上的位置和标识不同）。

4）汽车安全气囊系统（SRS）是轿车上的一种辅助保护系统，也称为______，是当汽车遭到______或______严重冲击时能很快膨胀的缓冲垫，与______配合使用，可以为乘员提供有效的防撞保护，可有效降低汽车乘员及驾驶人的伤亡率，是拯救乘员生命的主要装置。应该指出的是，SRS实际上是安全带的______，只有在使用安全带的条件下，SRS才能充分发挥保护乘员的作用。

5）在遭遇紧急情况时驾驶人踩死制动踏板，未安装ABS的车辆来不及______，只能立刻______，制动轮毂抱死车轮。

6）牵引力控制系统的英文全称是______，简称TCS，又称为______。汽车在光滑路面制动时，车轮会______，甚至使方向______。

7）EBA可以根据驾驶人踩制动踏板的______与______，极快地做出反应并计算紧急程度，瞬间增加______，缩短______。据悉它能使车速高达200km/h的汽车完全停止的距离缩短21m，可以避免许多意外，尤其是在高速公路上，EBA更能有效地防止“追尾”事故。

2. 问答题

1）如何判定安全气囊系统是否正常工作？

2）如何根据ABS警告灯的指示判定ABS的工作状态？

学习单元10

汽车整车维护实务

汽车在驾驶一段时间后，由于机件磨损、自然腐蚀和其他原因，技术性能将有所下降，如长期缺乏必要的维护，不仅车身的寿命会缩短，也会成为交通安全的一大隐患。所以汽车在行驶一段时间后都应该进行一系列必要的维护与保养。

学习任务1　丰田汽车5000km车辆维护

【学习目标】

1）熟悉安全生产的知识。

2）熟悉汽车维护基本操作。

3）掌握5000km车辆维护的基本知识。

【任务描述】

客户丰田卡罗拉汽车进行5000km例行保养，说明5000km车辆维护的内容、流程和方法。

【相关知识】

车辆的维护主要有两个方面：一是由维修站为车辆提供的强制维护，二是车主自己做的一些日常维护。车辆的正常维护关系到车辆的使用寿命和驾驶人与乘客的安全。若维护或使用不当会引发车辆故障，带来安全隐患。所以车主除了按时到维修站进行强制维护外，自己还应做好日常的维护工作，这有益于车辆的“健康”。一般建议新车在5000km以内进行首保，之后车辆每行驶5000km或行驶时间达到6个月（以先到者为准。具体详见不同车型的维修手册或维护手册说明）要求车辆到维修站进行定期维护。

【任务准备】

1）安全、整洁的汽车维修车间或模拟汽车维修车间。

2）齐全的消防用具、个人防护用具、清洁用品等。

3）实训整车及其防护用品。

4）汽车举升机、实训用备品如机油、机滤等，常用工具。

【任务实施】

一、5000km 车辆维护的预检工作

检查前，应在客户车辆内部安装好 2 件保护套（有的是 5 件保护套）等，以防止灰尘、油污或划伤，准备开始检查。

1. 驾驶人座椅

放上座椅套、地板垫、方向罩，打开发动机盖（通过拉动发动机盖释放柄）。

2. 车辆的前部

打开发动机盖，放好翼子板布、前格栅布（前罩），用车轮挡块挡住车轮，如图 10-1-1 所示。

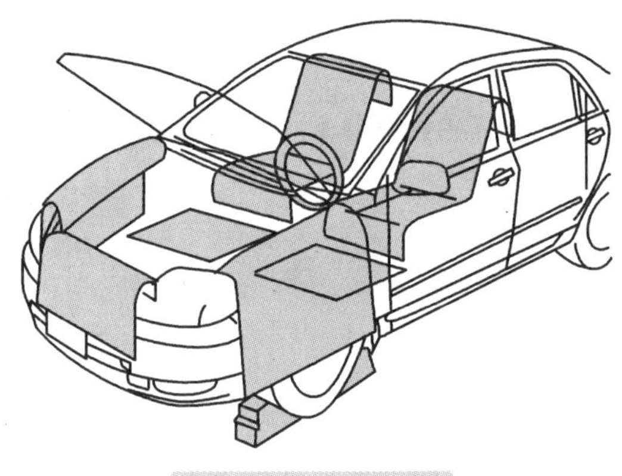

图 10-1-1 预检工作

3. 发动机室

1）检查机油和油液。具体检查方法是：拿出机油尺，用干净的布擦干，再把油尺重新插入，一直到底卡住；然后再次拿出油尺，观察油面是否在上限（MAX）与下限（MIN）之间。确认散热器储液罐内有充足的冷却液：检查制动总泵的储液罐内是否有适量的制动液；用液位尺检查喷洗器储液罐内的液位，如图 10-1-2 所示。

图 10-1-2 发动机室检查

1—散热器储液管 2—发动机油尺 3—制动总泵储液管 4—喷洗器液位尺 5—机油加注口盖

2）拆卸机油加注口盖（以便排放发动机机油）。

注意事项：

1）车辆停放在一个平整地面上时检查油位。

2）发动机停止 5min 以上，检查油位，目的是使发动机各个区域的机油完全沉积在油底壳中。

3）未更换发动机机油时需要检查的项目有：油位、适当的黏度、无污物和无

污染（燃料或者冷却液）。

二、汽车灯光信号的检查

将点火开关旋至 ON 后，检查车辆的灯是否正常发光和闪烁；用镜子检查车外的灯是否正常发光和闪烁。

1. 将灯光控制开关旋至 1 档

检查示宽灯、牌照灯、尾灯、仪表盘灯等车灯是否亮起，如图 10-1-3 所示。

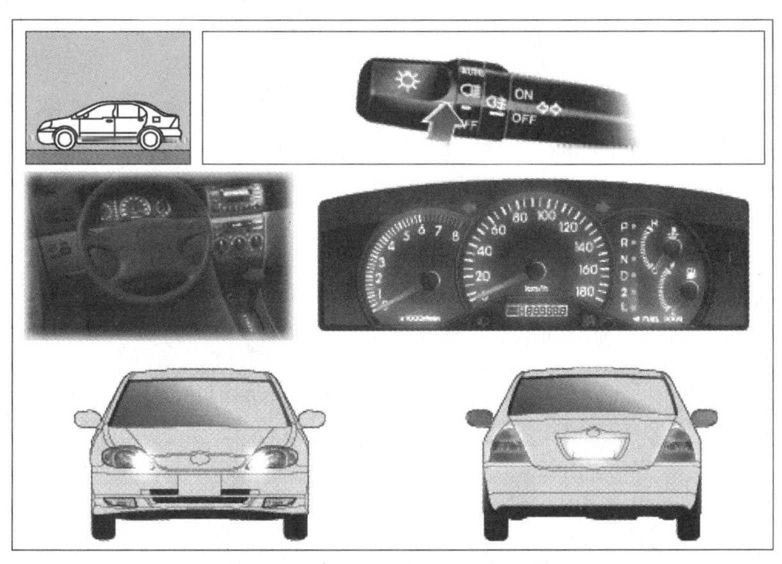

图 10-1-3　灯光开关旋至 1 档的检查

2. 将灯光控制开关旋至 2 档

检查大灯是否发亮。然后，将变光器开关向前推，检查大灯是否发光及仪表盘指示灯是否发亮，如图 10-1-4 所示。

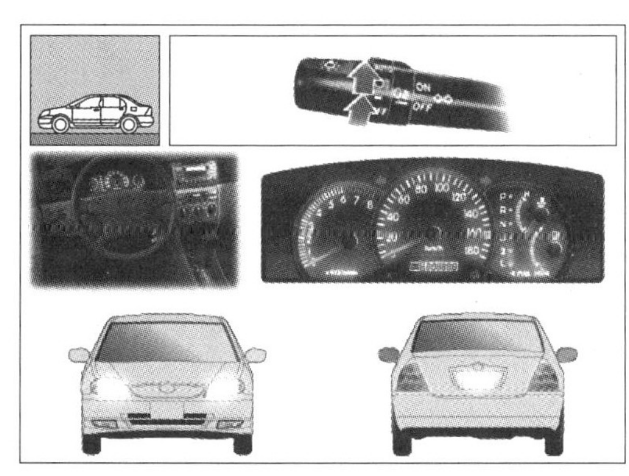

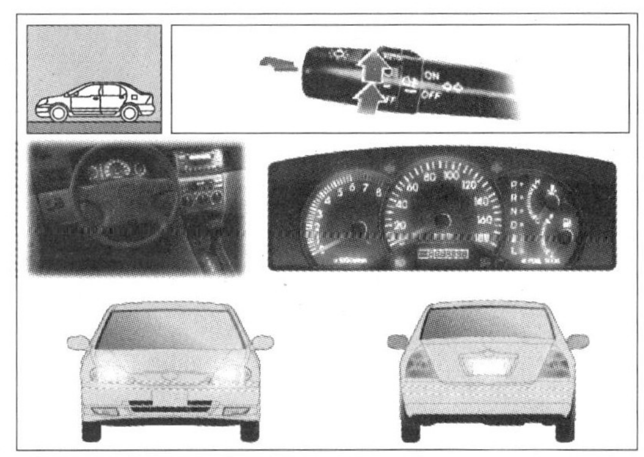

图 10-1-4　灯光开关旋至 2 档的检查

3. 变光器开关向后拉或上下移动

检查下面的灯，当把变光器开关向后拉或上下移动转向信号转换开关时，检查这些灯是否正常亮或闪烁，如图 10-1-5a、b 所示。

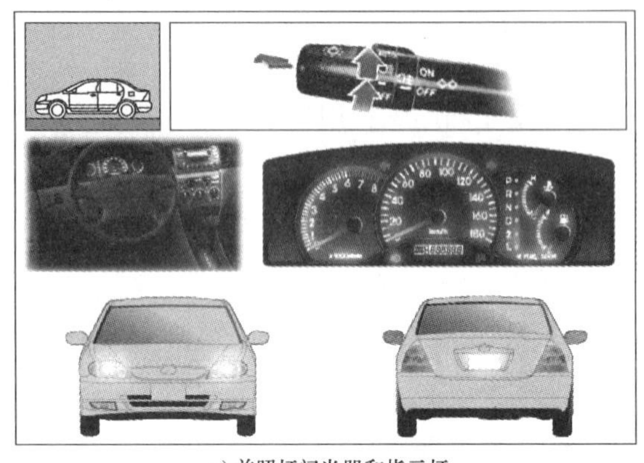

a) 前照灯闪光器和指示灯

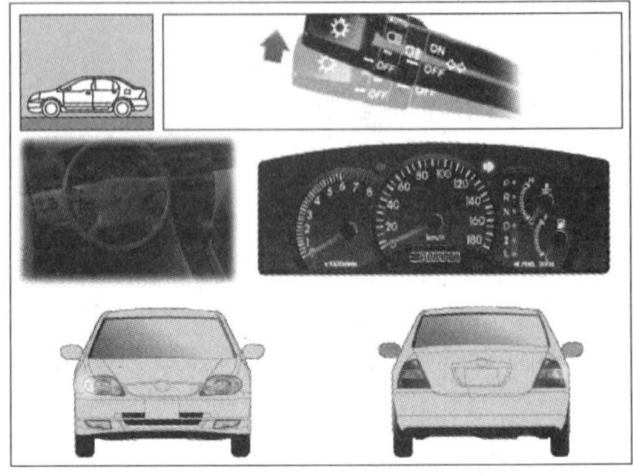

b) 右转向信号灯和指示灯

图 10-1-5　变光器开关向后拉或上下移动转向信号灯转换开关检查

4. 检查危险报警闪光灯和指示灯、停车灯和倒车灯

当每一开关工作时，检查下面的灯是否正常亮或闪烁。主要包括：危险报警闪光灯和指示灯、停车灯和倒车灯等，如图 10-1-6 所示。

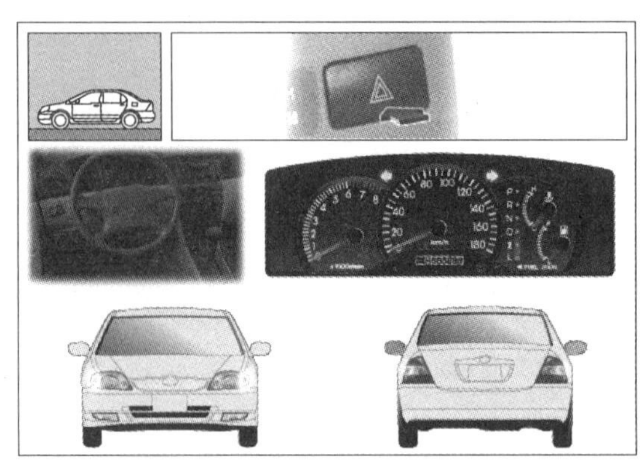

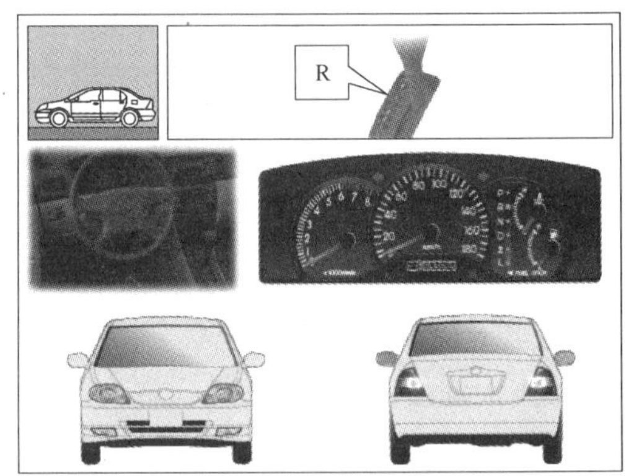

图 10-1-6　危险报警闪光灯和指示灯、停车灯和倒车灯的检查

5. 变光器开关自动回位检查

车辆朝向正前方，上（下）转动变光器开关，然后顺时针（或逆时针）转动转向盘约 90°并接着转回初始位置，检查变光器开关是否回到中间位置。

6. 组合仪表警告灯操作

1）将点火开关转到 ON，检查所有的警告灯是否亮。主要包括：充电指示灯、故障指示灯和机油压力指示灯等。

2）检查发动机起动后所有的警告灯是否熄灭。因型号不同，警告灯熄灭方式也不同，具体查看车辆使用手册。

三、蓄电池的检查

（1）电解液液位　检查蓄电池各个单元的液位是否处于上线和下线之间。

（2）损坏　检查蓄电池盖是否有裂纹或者渗漏，如图 10-1-7a 所示。

（3）腐蚀　检查蓄电池端子是否腐蚀，如图 10-1-7b 所示。

(4) 松动　检查蓄电池端子导线是否松动，如图 10-1-7c 所示。

(5) 通风孔塞　检查蓄电池的通风孔塞是否损坏或通风孔是否阻塞，如图 10-1-7d 所示。

四、动力转向液的检查

1) 检查储液罐中的液位是否处于规定的范围内。检查发动机运行和停止时的液位偏差是否在 5mm 以内。此时，检查液体是否起泡或者乳化。

2) 不要使方向盘完全停留在任何一侧超过 10s。

3) 检查与储液罐相连的软管是否渗漏。

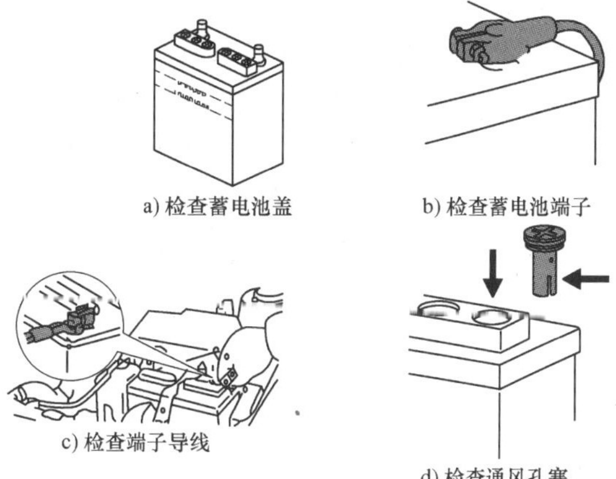

图 10-1-7　蓄电池的检查

五、发动机传动带的检查

(1) 张紧度的检查　通过用手指按压传动带检查弯曲程度。通过在维修手册中规定的区域施加一个 98N (10kgf) 的力检查松紧程度。

检查传动带张力的另外一个方法是使用一个传动带张力计。

(2) 磨损的检查　检查传动带的整个外围是否有磨损、裂纹、分离或者其他损坏。如果无法检查传动带的整个外围，则通过在发动机转动方向转动曲轴带轮检查传动带，如图 10-1-8 所示。

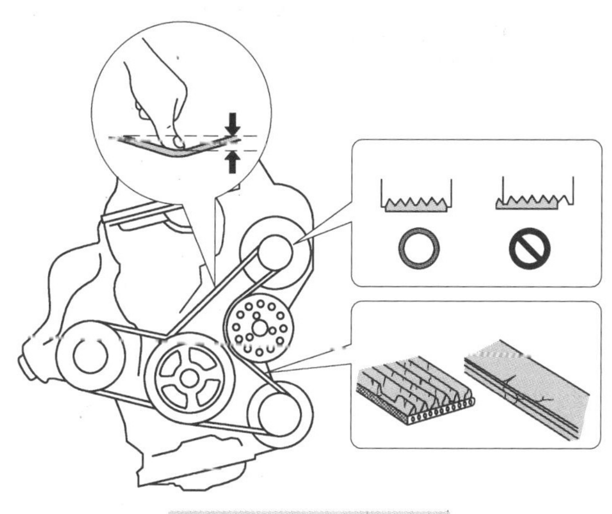

图 10-1-8　传动带的检查

(3) 安装检查　检查传动带以确保其已正确地安装在带轮槽内。

六、空气滤清器的维护和检查

(1) 清洁　检查前使用压缩空气清除污物。

1) 首先从空气滤清器滤芯的发动机侧吹入压缩空气。

2）同时清除空气滤清器盖内的污物。

（2）灰尘和积聚微粒　检查空气滤清器滤芯中是否有灰尘、微粒或者破裂。

（3）安装　检查空气滤清器滤芯上的橡胶密封是否良好，并且确保其没有裂纹或者其他损坏。

七、发动机机油及滤清器更换

1）机油的主要功能：润滑、冷却、清洁、密封、防腐蚀。

2）发动机机油的更换。

3）发动机机油滤清器的更换。

注意事项：

1）如果滤清器阻塞，机油就不能流过滤清器，然后释放阀开启，将脏的机油送入发动机。

2）在新的机油滤清器垫片上涂清洁的发动机机油，如图10-1-9所示。

3）在某些类型的发动机上，机油滤清器从发动机室更换。

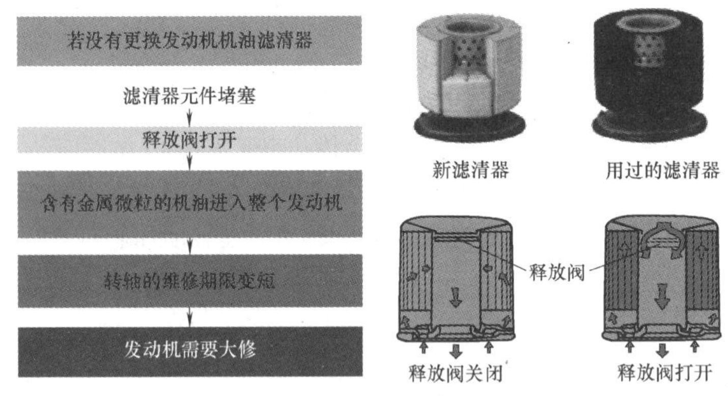

图10-1-9　机油滤清器

八、发动机冷却液的检查

1. 检查冷却液

1）冷却液渗漏检查。

2）连接软管损坏检查。

3）连接软管检查。检查软管连接和管箍的安装是否松动。

2. 检查冷却液液位

见学习单元6相关内容。

注意事项：

1）如果在发动机仍然发热时拆卸散热器盖，可在盖上放一块布并且松开45°以便释放压力。然后，拆卸散热器盖。不要立即拆卸散热器盖，否则冷却液将会溅出。

2）散热器冷却时检查冷却液液位。因为如果散热器发热，冷却液将会是高液位，如图10-1-10所示。

九、自动变速器液位及ATF油液质量的检查

发动机怠速时，按照从P到L的顺序转换变速杆，然后再从L到P拉回。然后检查液位尺（油尺）度数是否在“热”范围内并查看油液质量。具体见学习单元 7 相关内容。

注意事项：

液位应当在正常运行的条件下检查（液温 75℃ ±5℃）。虽然作为一个参考点给出了冷范围标记，正确的检查还是在热范围内进行。因为此时即使有渗漏，液位也不会下降。所以，当液位较低时，检查液温并且在补充液体之前要检查是否有渗漏。

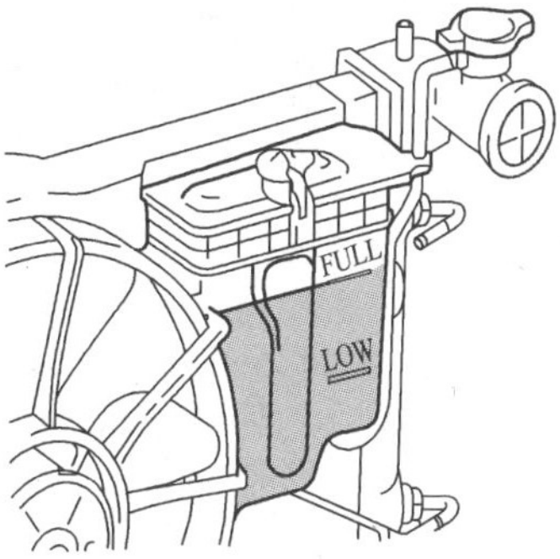

图 10-1-10 液位的检查

十、风窗玻璃刮水器和喷水器的检查

1. 检查风窗玻璃喷洗器。

1）起动发动机。

2）检查风窗玻璃喷洗器喷洒压力是否足够，如果车辆配备有风窗玻璃喷洗联动刮水器功能，还要检查刮水器是否协同工作。注意：如果刮水器开动时无喷洗液喷出，则说明电动机有可能被烧坏。

3）检查喷洗器的喷洒区是否集中在刮水器工作范围内，必要时要进行调整。如图 10-1-11 所示。

2. 风窗玻璃喷洗器喷射位置的调整

在喷嘴内插入一根与风窗玻璃喷洗器喷嘴的孔相匹配的钢丝，以便调整喷洒的方向。对准喷嘴以便喷洗器喷洒范围大约落在刮水器刮水范围的中间。如图 10-1-12 所示。

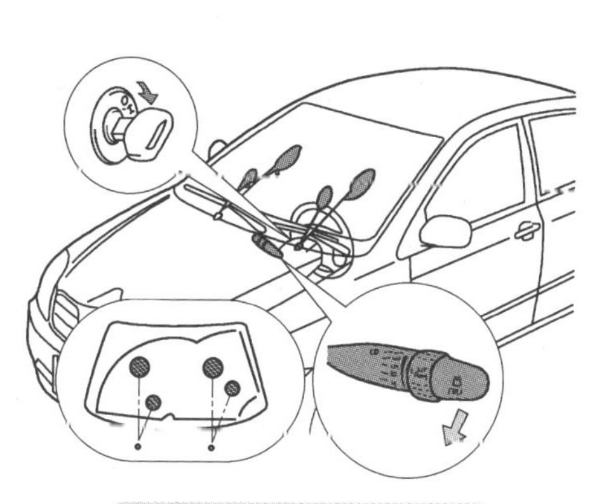

图 10-1-11 喷洗器的检查

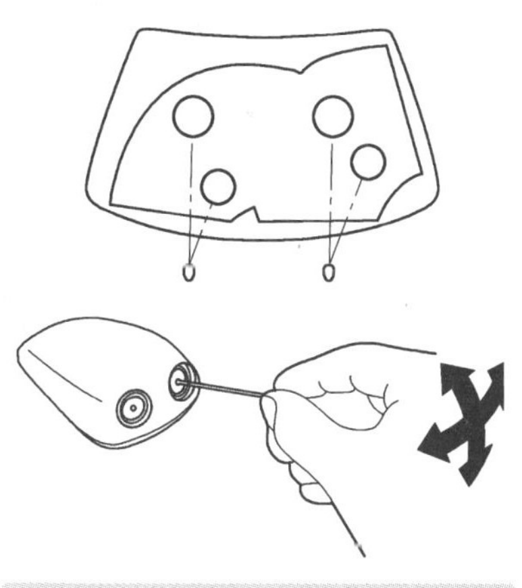

图 10-1-12 喷洗器喷射位置的调整

3. 检查刮水器

刮水器的检查如图 10-1-13 所示。

十一、轮胎的检查

（1）裂纹或者损坏检查 检查轮胎胎面和胎壁是否有裂纹、割痕或其他损坏。

（2）嵌入金属颗粒或者其他异物 检查轮胎的胎面和胎壁是否嵌入金属颗粒、石子或者其他异物。

（3）磨损检查 检查周期为每 10000km 或 6 个月。使用轮胎深度规测量轮胎胎面沟槽的深度。当轮胎胎面花纹深度磨损到小于3mm时，应更换轮胎。

如果轮胎胎面花纹的磨损深度达到1.6mm，轮胎表面的轮胎标志器就会出现，表明需要更换，因轮胎已磨损到极限，如图10-1-14所示。

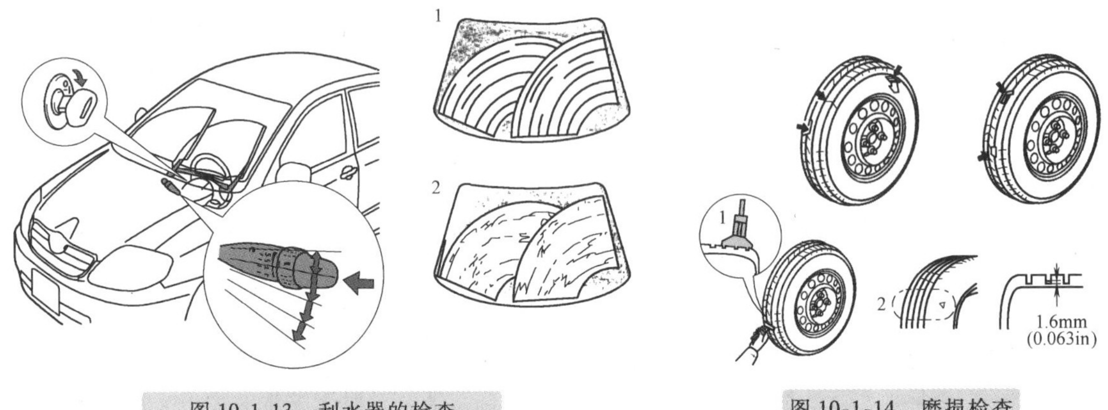

图10-1-13 刮水器的检查

1—条纹式的刮水痕迹 2—刮水效果不好

图10-1-14 磨损检查

(4) 异常磨损 检查车胎整个外围是否有均匀磨损或者阶段磨损，主要检查是否存在双肩磨损、中间磨损、薄边磨损、单肩磨损和跟部磨损。

(5) 气压 如果气压异常低，可能是轮胎漏气，轮胎气压的设定值可参照用户手册。检查轮胎的同时，还应检查备胎。

(6) 漏气 检查气压后，可通过在气门周围涂肥皂水检查是否漏气。

十二、车窗的检查

1）应经常保持车窗洁净，清理胶条内的污物，然后可涂上少量的橡胶维护剂，有助于润滑，还可防止胶条龟裂老化。

2）车窗动作不顺畅的另一个原因是升降机内的油分耗尽，拆开升降机，然后在齿轮的内部喷上油脂。一边喷涂一边上下移动就可以使很细小的部分也能涂上油脂。

3）若是玻璃完全不能上下，则有可能是开关故障。检查熔丝是否熔断只是一般常识。此时，可翻阅使用说明书，仔细查看哪一条熔丝是用于电动车窗的，并且查看是否熔断，若熔断则应更换为同一型号的熔丝。

十三、制动器和制动液的检查

1. 驻车制动器的检查

1）驻车制动杆行程检查。

2）检查指示灯的工作情况。

3）驻车制动杆行程的调整。

2. 制动器的检查与调整

1）检查制动踏板状况。

2）检查制动踏板高度。

3）调整制动踏板自由行程。

3. 检查制动液

1）检查液位：检查制动总泵储液罐中的液位是否在最高线和最低线之间。

2）检查液体渗漏：检查制动总泵是否有渗漏。

学习任务2　丰田汽车20000km车辆维护

【学习目标】

1）熟悉安全生产知识。

2）熟悉汽车维护基本操作。

3）掌握20000km车辆维护的基本知识。

【任务描述】

客户丰田卡罗拉汽车进行20000km例行保养，说明20000km维护的内容、流程和方法。

【相关知识】

20000km车辆维护是在5000km维护作业的基础上进行的，项目涉及的内容不尽相同。在汽车维护过程中，有些机件需要拆卸和分解。拆卸与分解应要按照一定的程序和操作规范进行，同时在拆卸过程中应注意以下几点：

1）在拆卸有配合要求或不能互换的配合机件时，应检查有无配合标记，无标记时应做好标记。

2）拆卸时，应根据具体结构选用合适的工具，严禁直接敲打零件的工作表面。

3）拆卸带有调整垫片的机件时，应注意调整垫片不能错乱、丢失或损坏，最好装回原位。

4）拆卸滚动轴承或过盈配合机件时，应使用专用工具。

5）因机件锈蚀造成拆卸困难时，可用汽油、煤油浸润或加温，然后再进行拆卸，切忌胡乱敲打。

6）对于拆下来的螺栓和螺母，在不影响操作的条件下，应装回原位，以防丢失。

一、蓄电池的检查

当处理蓄电池时，必须采取下列预防措施：充电时应当远离明火，因为此时有氢气排出；电解液应远离身体、衣服和车身，因为其中含有的稀硫酸具有腐蚀性；蓄电池正负极端子如果与水接触，会发生线路短路危险；当正负极端子接反时，车辆或者元器件会遭受短路故障而发生损坏。

（1）电解液液位　检查蓄电池各个单元的液位是否处于上线和下线之间，如图10-2-1所示。

注意事项：

1）某些类型的蓄电池可以通过蓄电池指示器查看液位和蓄电池状况。

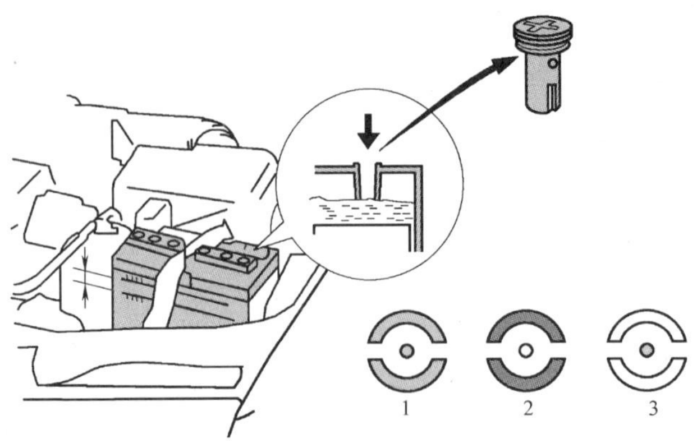

图 10-2-1　蓄电池电解液液位的检查

1—蓝色正常　2—红色电解液液位不足　3—白色需要充电

2）检查蓄电池盖是否有裂纹或者渗漏。

3）检查蓄电池端子是否腐蚀。

4）检查蓄电池端子导线是否松动。

5）检查蓄电池的通风孔塞是否损坏或通风孔是否阻塞。

（2）蓄电池电解液密度的检查　用液体比重计检查蓄电池电解液温度为20℃（68 ℉）时，所有单元的相对密度应为1.250～1.280。一定要确保电池单元之间的相对密度偏差低于0.025，如图10-2-2所示。

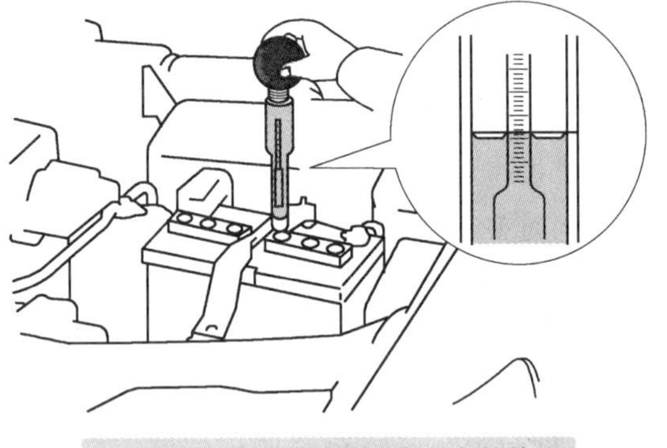

图 10-2-2　蓄电池电解液密度的检查

二、电动座椅与后视镜的检查

1. 电动座椅的检查

汽车电动座椅为驾驶人及乘员提供便于操作、舒适安全、不易疲劳的驾驶位置，普通电动座椅由若干个双向电动机、传动装置及控制开关组成。每个电动机可进行双向动作控制，电动机通电后，其输出动力经动力传动装置传至电动座椅，从而对座椅的不同位置进行调节，如图10-2-3所示。

汽车电动座椅的常见故障有座椅完全不能动作或某个方向不能动作。电动座椅完全不能动作的主要原因有：熔断器熔断、线路断路、座椅开关故障等；电动座椅某个方向不能动作的主要原因有：该方向对应的电动机损坏、开关损坏、对应的线路断路等。

如果是座椅完全不能动作，可以首先检查熔断器是否熔断；若熔断器良好，则应检查所在线路及其插接件是否正常，最后检查开关。对于有存储功能的电动座椅系统还应检查其电子控制单元（ECU）的电源电路及其搭铁线是否正常。如果是某个方向不能动作，可以先检查所在线路是否正常，再检查开关和电动机。

2. 电动后视镜的检查

为了便于驾驶人调整后视镜的角度，现在多数轿车安装了电动后视镜，驾驶人在行车时

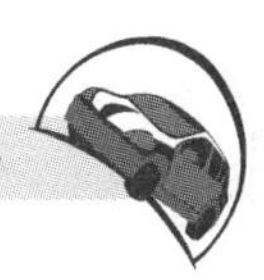

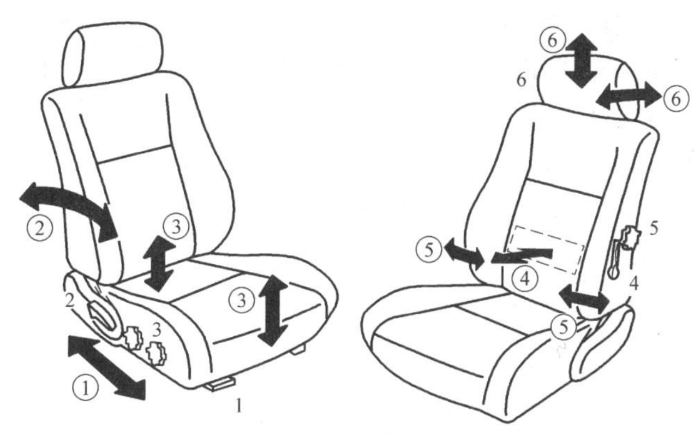

图 10-2-3　汽车电动座椅的检查与调节

就可以方便地调节左右后视镜的角度。

电动后视镜主要由调整开关、双电动机、传动和执行机构、外壳及连接件等组成。电动后视镜的背后装有两套电动机和驱动器，通常上下方向的转动用一个电动机控制，左右方向的转动用另一个电动机控制。通过改变电动机的电流方向，就可完成后视镜的上下、左右方向的调整。有的电动后视镜还带有伸缩功能，由伸缩开关控制伸缩电动机工作，使整个后视镜回转、伸出或缩回。

汽车电动后视镜的常见故障有电动后视镜不工作或部分功能不正常。其主要原因包括熔断器熔断、线路断路或插接件松脱、开关或电动机有故障等。如果两个后视镜都不工作，往往是熔断器熔断、线路断路或插接件松脱等，也可能是开关有故障。可先检查熔断器，然后检查开关上的插接件是否松脱；相关各线有无断路或接触不良等：最后检查开关。如果是部分功能不正常，很可能是个别电动机及控制开关对应部分有故障或相应线路断路、接触不良等。总之，发生故障后，应先检查线路，后检查开关及电动机。

三、检查或更换照灯灯泡

更换灯泡的步骤由于灯泡类型或安装方法的不同而有所不同，基本步骤如下：

1）断开前照灯插接器的连接。

2）拉开橡胶护罩的凸耳并取下橡胶护罩。

3）松开钩住灯泡的弹簧并取下灯泡。

注意事项：

(1) 如果拆下灯泡后长时间放置，则灯罩上可能会堆积异物或水分，为防止这种现象的发生，必须快速更换灯泡；更换时若过分用力抓住灯泡的玻璃表面易使灯泡破碎引起人身伤害，因此需要特别注意。

(2) 安装大灯灯泡　具体步骤如下：

1）将灯泡凸耳和安装槽孔对齐，然后将灯泡放入。

2）钩住弹簧将灯泡安装好。

3）将护罩的“上”标记朝上把护罩安装好。

4）接上前照灯插接器。

(3) 检查运行状况　检查当变光开关打开后，灯光是否点亮。由于卤素灯泡在使用时比普通灯泡热，而且人的汗液中的盐可能沾污灯泡玻璃，如果机油或润滑脂粘在灯泡玻璃表面，将会破裂。因此，在更换灯泡时应抓住法兰部分，防止手指接触灯泡玻璃。

四、刮水器和喷洗器的检查

(1) 刮水器的组成　刮水器的组成如图 10-2-4 所示。

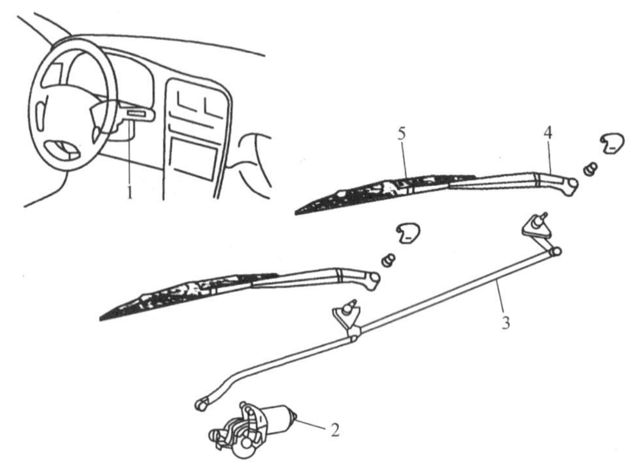

图 10-2-4　刮水器的组成

1—刮水器开关　2—刮水器电动机　3—刮水器连杆　4—刮水器臂　5—刮水器刮片

(2) 喷洗器的组成　风窗玻璃喷洗器系统由洗涤液储存罐、喷洗器电动机、软管、喷洗器喷嘴和洗涤液构成，如图 10-2-5 所示。

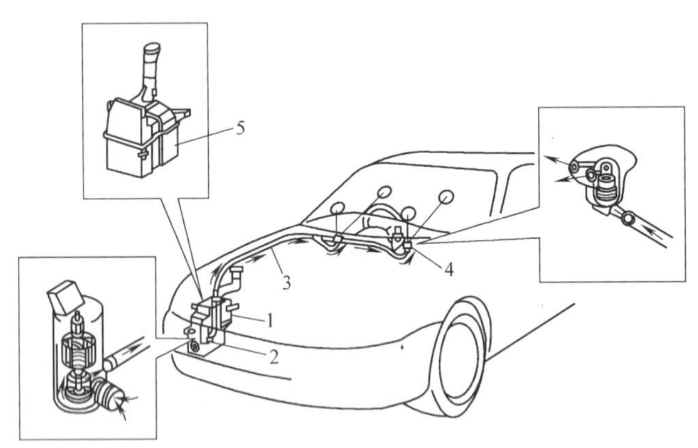

图 10-2-5　风窗玻璃喷洗器的组成

1—喷洗器储存罐　2—喷洗器电动机　3—软管　4—喷洗器喷嘴　5—喷洗液

(3) 刮水器和喷水器的检查　刮水器和喷水器的检查如图 10-2-6 所示。

(4) 检查与更换刮水器橡胶件的重要性　刮水器上安装的橡胶件在风窗玻璃表面滑过，刮去玻璃表面上的水分，随着时间的延长会逐渐磨损。由于黏附在风窗玻璃上的细沙或灰尘颗粒侵入橡胶件，在其上产生划痕时，也会在风窗玻璃上留下刮痕，因此必须定期检查并更

图 10-2-6　刮水器和喷水器的检查

1—刮水器电动机和连杆　2—刮水器臂和刮片总成　3—洗涤液储存罐
4—前喷洗器喷嘴　5—后刮水器臂和刮片总成　6—后喷洗器喷嘴　7—后部刮水器电动机

换刮水器橡胶件。

五、音响系统的检查

（1）天线的检查　将点火开关置于 ACC 位置，打开收音机，检查下列项目：

1）检查天线电缆是否开路。把音量开到最大，用一片金属擦拭天线杆，检查扬声器中有无擦刮的声音。如果有擦刮声来自扬声器，那么说明天线电缆没有开路。

2）检查天线杆是否松开。从 AM 电台中调出一信号，用手指弹击天线杆，检查扬声器有无噪声。如果有噪声，则表示天线杆连接不良。

3）检查天线的灵敏度。从 AM 电台中调一个弱信号，用手去碰天线杆。如果声音变响，说明天线的灵敏度不好；如果声音变弱或不变，说明天线的灵敏度没有问题。

（2）扬声器的检查　从无线电接收机或放大器拆开扬声器线，检查下列项目：

1）测量每个扬声器的电阻：在正（+）和负（-）端子之间测量扬声器的电阻，4Ω 扬声器大约 4Ω，8Ω 扬声器大约 8Ω。

2）检查各扬声器线与车身之间的绝缘电阻，应为无穷大。

（3）CD 放音机的处理

1）当天冷或下雨时，如果 CD 放音机内部结露（有水滴），必须进行通风或除湿处理。否则，CD 放音机可能会跳道或不工作。

2）在不平整的道路上行驶时，会导致严重的振动，放音机会跳道，因此要小心。

3）除光盘以外，不得将任何物体塞入 CD 放音机中，例如不能将螺钉旋具或其他金属物体或磁铁插入光盘装载槽口。

4）CD 在放音机中飞快旋转，因此不得使用开裂的或翘曲的 CD 盘。

（4）CD 盘的处理

1）污垢、灰尘、划痕和翘曲可以使 CD 放音机跳道，处理时要当心，特别在存取 CD 盘时更要注意。

2）如果触摸了播放表面，CD 变脏并且声音质量变差，因此务必在拿取光盘时不要留下指纹。

3）不要将纸或其他材料贴到标签表面上或用圆珠笔在表面上写，不要刮坏 CD 表面。

4）CD 不用时要存放好，不要保存在高温和高湿度处。

5）不要将光盘放在汽车座位或仪表板上阳光直接照射处。

6）清理 CD 时，不得使用苯、唱片喷雾剂、静电去除剂等。

7）如果光盘弄脏了，用一块湿软布从内向外擦（径向），不得沿圆周方向擦。

六、离合器踏板的检查调整

（1）离合器踏板的检查　踩下离合器踏板时，检查是否存在下述故障：

1）踏板的回弹无力。

2）异常噪声。

3）过度松动。

4）感觉踏板沉重。

（2）离合器踏板高度的检查　使用一把测量标尺检查离合器踏板高度是否处于标准值以内。如果超出标准范围，应调整踏板高度。

（3）踏板自由行程的检查　使用手指按压踏板并使用一把测量标尺测量踏板的自由行程量。检查踏板自由行程是否处于标准范围内。如果超出标准范围，应调整踏板高度。用手指按压踏板时，感觉踏板逐渐变重的过程分为以下两步。

第一步：踏板运动直到踏板推杆接触总泵活塞。

第二步：踏板运动直到总泵引起液压上升。离合器分离轴承并推动膜片弹簧以前，随着踏板发生一定量的移动，踏板自由行程也就被确定了。

（4）离合器分离点的检查　发动机怠速运转，拉住驻车制动器，不踩下离合器踏板，慢慢挂入倒档，听到齿轮噪声时停止换挡杆的操作，逐渐踩下离合器踏板，测量踏板开始移动到齿轮噪声停止的行程。

（5）离合器磨损、噪声与变重的检查　发动机怠速时，踩下离合器踏板，换到 1 档或者倒档，检查是否有异常噪声和换档是否平稳。同时，还要检查是否有任何异常噪声或者在踩下踏板时，其重量是否可以接受。

（6）离合器踏板调整。详见学习单元 7 中的相关内容。

1）高度的调整。

2）踏板自由行程的调整。

七、发动机进排气系统的检查

（1）进气系统的检查　进气系统向发动机提供其所需要的清洁空气，其结构如图 10-2-7 所示。

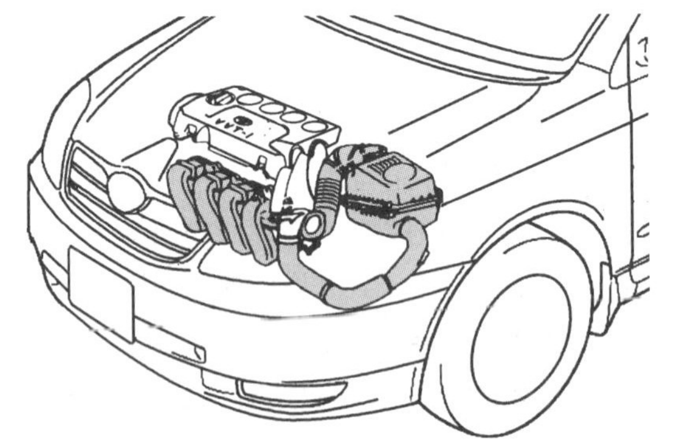

图 10-2-7　进气系统的结构

1）空气滤清器内装有一个滤芯，在外部空气进入发动机时，可从空气中除去灰尘和其他颗粒，因此空气滤清器滤芯必须定期清洁或更换。

2）节气门用拉索和位于车辆内部的加速踏板协同操作，进而调节吸入气缸的空气燃油混合气容积。当加速踏板被踩下时，节气门开启，吸入大量的空气和燃油，使发动机输出功率增加。怠速控制阀可以调节发动机冷态或怠速期间通过节气门体旁通阀的空气量，以便将怠速控制在最佳水平，因此必须定期清洗节气门体。

（2）排气系统的检查　排气系统将发动机产生的废气排放到大气中。它应当具有以下功能：通过改善发动机废气的排放性能，提高发动机效率；通过清除有害成分清洁废气，减少废气发出的爆炸声。

1）损坏和安装状况的检查：检查排气管是否损坏；检查消声器是否损坏；检查排气管支架上的O形圈是否损坏或者脱离；检查垫片是否损坏。

2）排气管渗漏的检查　通过观察接头周围是否有炭黑检查排气管连接部分是否泄漏废气，如图10-2-8所示。

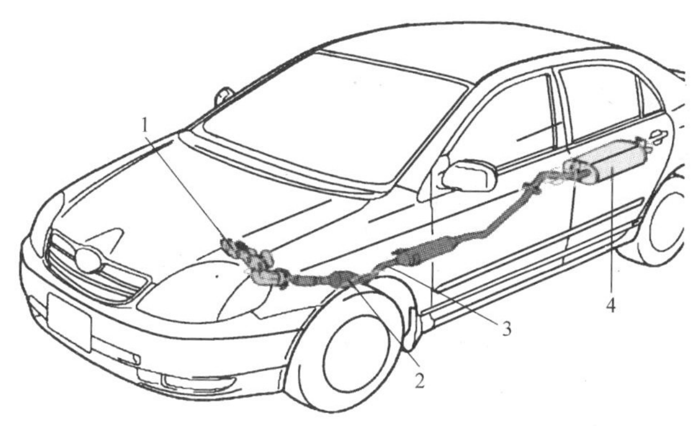

图10-2-8　排气系统的结构

1—排气歧管　2—TWC（三元催化转换器）　3—排气管　4—消声器

八、悬架的检查与维护

（1）检查悬架组件是否损坏　悬架组件的检查与维护如图10-2-9所示。

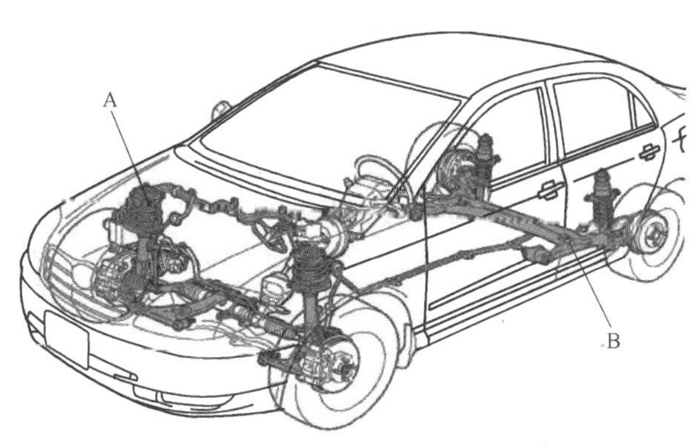

图10-2-9　悬架组件的检查与维护

A—前悬架　B—后悬架

（2）检查减振器是否损坏　检查减振器上是否有凹痕。另外，还要检查防尘罩上是否有裂纹、裂缝或者其他损坏，如图10-2-10所示。

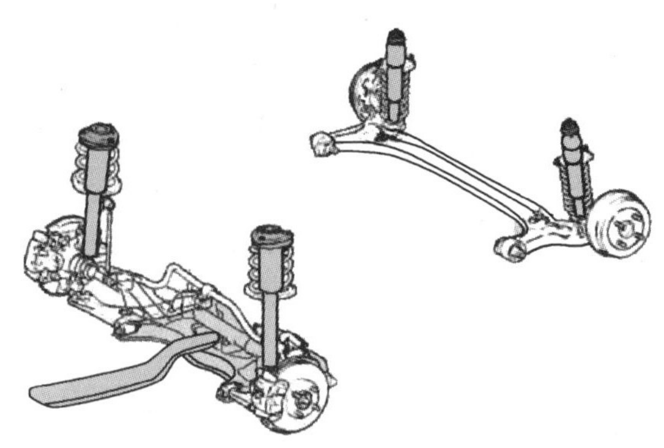

图 10-2-10 减振器的检查

(3) 检查减振器是否漏油 减振器应没有油发生泄漏。

(4) 检查连接摆动 用手摇晃悬架接头上的连接，用以检查衬套是否有磨损或者裂纹，是否摆动，连接是否损坏。

九、制动系统的检查与维护

1) 制动踏板的检查。

2) 驻车制动杆的检查。

3) 盘式制动器的检查。

4) 检查制动液渗漏。

5) 检查制动液。

6) 检查制动管路：

① 检查制动管路连接部分是否有液体渗漏。

② 检查制动管路软管是否扭曲、磨损、开裂、隆起和老化等。

③ 检查制动管路和软管，确保车辆运动时，或者方向盘完全转动到任何一侧时，不会因为振动而与车轮或者车身接触。

附　录

附录 A　丰田汽车 20000km 维护作业表

项目 ＼ 里程(km)/周期(月)	10000/3	15000/6	20000/9	25000/12	30000/15	35000/18	40000/21	45000/24	50000/27	55000/30	60000/33
发动机机油	R	R	R	R	R	R	R	R	R	R	R
机油滤清器	R	R	R	R	R	R	R	R	R	R	R
空气滤清器	I	R		R	I	R	I	R	I	R	I
空调滤清器	I	I	R	I	I	I	R	I	I	I	I
燃油滤清器					R						R
自动变速器油	I	I	I	I	I	I	R	I	I	I	I
动力转向油	I	I	I	I	I	I	I	I	I	R	I
发动机冷却液	I	I	I	I	I	I	I	I	R	I	I
制动液	I	I	I	I	I	I	R	I	I	I	I
火花塞									R		
蓄电池	I	I	I	I	I	I	I	I	I	I	R
传动带	I	I	I	I	I	I	I	R	I	I	I
活性炭罐											R
制动衬块					I	I	I	I	R	I	I
制动盘					I	I	I	I	I	I	I
轮胎			I		I		I		I		R
检查、清洗节气门		R		R		R		R		R	
检查、清洗喷油器			R				R				R
检查、清洗进气道					R						
检查、清洗三元催化						R					R
发动机润滑系统清洗			R				R				R
发动机引擎保护		R			R			R			
自动变速器油道清洗								R			
自动变速器保护								R			
发动机冷却系统清洗									R		
燃油系统清洁			R				R				R

注：1. R 表示更换、更改或者添加，I 表示检查、校正或者调整。

2. 此维护作业表作为保养参考条件，应根据当地车辆实际使用情况，适应环境以及行驶路况再有针对性地进行项目保养。

附表 B　一汽大众宝来轿车交车检查（PDS）

修理单号	底盘号	发动机代码	车辆接收（检验）单位	车辆维修单位

务必使用保养维护手册

项　　目	合格	不合格	消除
说明：久置车辆，应遵照相关手册中的处理措施来执行			
功能检测：所有开关、用电器、指示器和其他操纵件，车钥匙的各项功能			
校准时钟及维修保养间隔显示归零，查询各电控单元的故障记忆			
检查电动窗玻璃升降及中央门锁功能，车外后视镜调整功能，内后视镜防炫目功能，天窗开关功能			
收音机：检查功能，将收音机的密码贴于收音机说明书上			
检查行李箱灯、警告灯、车外灯、车内照明灯及仪表照明灯功能，前照灯灯光手动调整功能			
检查前后杯架是否安好，后遮阳帘是否完好			
自动空调：检查功能状态，将自动空调的温度调至22℃			
检查座椅调整、加热功能及安全带是否正常，后座椅折叠功能是否正常			
检查方向盘调整功能，燃油箱盖开启功能			
检查内饰各部位是否清洁：漆面、装饰件、玻璃、刮水器片、漆面是否完好			
除去车门边角塑料保护膜			
检查轮胎及轮辋状况			
车轮紧固螺栓：按规定力矩检查并紧固			
轮胎：调定气压（气压规定值参见油箱盖）			
备胎：调定气压（气压为油箱盖上规定值的最大值）			
运输安全件：除去前轴减振器上的止动件，取下车内后视镜处的说明条			
目视检查发动机舱中的发动机及其他部件：有无漏油，损伤（不拆下发动机舱下部防护板）			
制动液、软管、液体容器：目视检查有无溢漏和损伤（不拆下发动机舱下部防护板）			
目视检查车身下部（下底板）有无损伤			
蓄电池：检查状态及电压			
刮水器/风窗玻璃清洗电动机：刮水器各档位功能，雨量传感器功能检查，喷嘴调整检查，清洗液添加充足			
机油状态检查：按《保养维护指南》检查机油油位，必要时添加			
目视检查机舱内的发动机及其他部件，有无渗漏和损伤（上部）			
冷却液：检查液面，应接近最高液面标识			
助力转向：检测液面，应接近最高液面标识			
制动液：检查液面，应接近最高液面标识			
保养手册：填写交车检查证明			
检查随车资料及随车工具是否完整，配齐			
试车：检查发动机、变速箱、制动系统、转向系统、悬架系统等功能			

合格＝已检查未发现缺陷　　不合格＝检查中发现缺陷　　消除＝按维修信息消除缺陷

上述工作完成后，在维修保养手册上填写好交车检查证明（PDI）记录

消除所有缺陷，并将此表存档

日期/签名（终检）　　　　　　　　　　日期/签名（用户）

附表C 一汽大众捷达轿车交车检查（PDS）

修理单号	底盘号	发动机代码	车辆接收（检验）单位	车辆维修单位

务必使用保养维护手册

项　　目	合格	不合格	消除
说明:久置车辆,应遵照相关的手册中的处理措施来执行			
功能检测:所有开关、用电器、指示器和其他操纵件			
检查电动窗升降功能,中央门锁功能和电动后视镜调整功能			
检查行李箱灯、警告灯、各车外灯、车内照明灯及仪表照明灯功能			
检查收音机功能,校准时钟			
查询各电控单元的故障记忆			
检查空调功能			
检查座椅调整功能及安全带功能			
检查内饰各部位是否清洁,行李箱是否清洁			
除去车内各种保护套、垫和膜			
装上附带在车内的所有装备件:轮罩、点烟器			
除去车门边角塑料保护膜			
检查内饰各部位是否清洁:漆面、装饰件、玻璃、刮水器片;漆面是否完好			
车轮紧固螺栓:按规定力矩检查并紧固			
轮胎:状态及充气气压检查(气压规定值详见油箱盖)			
备胎:状态及充气气压检查(气压为油箱盖上规定值的最大值)			
目视检查发动机舱中的发动机及其他部件:有无漏油,损伤			
前轴,主传动轴,转向系统,万向节防尘套:目视检查有无漏油和损伤			
制动液、软管、液体容器:目视检查有无溢漏和损伤(不拆下发动机舱下部防护板)			
目视检查车身下部(下底板)有无损伤			
蓄电池:用手检查蓄电池电极卡夹是否牢固到位			
蓄电池:检查状态及电压容量			
刮水器/风窗玻璃清洗电动机:刮水器各档位功能和喷嘴调整检查,清洗液添加充足			
机油状态检查:按《捷达使用说明书》检查机油油位,必要时添加			
目视检查机舱内的发动机及其他部件,有无渗漏和损伤(上部)			
冷却液:检查液面,应接近最高液面标识			
助力转向:检测液面,应接近最高液面标识			
制动液:检查液面,应接近最高液面标识			
保养手册:填写交车检查证明(在保养手册中第4页)			
检查随车资料及随车工具是否完整,配齐			
试车:检查发动机、变速箱、制动系统、转向系统、悬挂系统等功能			

合格=已检查未发现缺陷　　不合格=检查中发现缺陷　　消除=按维修信息消除缺陷

上述工作完成后,在维修保养手册上填写好交车检查证明(PDI)记录

消除所有缺陷,并将此表存档

日期/签名（终检）　　　　日期/签名（用户）